国家出版基金资助项目

中国刑事法制建设丛书·刑法系列　总主编　陈国庆　孙茂利

缓刑制度的理论与实务

左坚卫　著

中国人民公安大学出版社
·北　京·

图书在版编目（CIP）数据

缓刑制度的理论与实务 / 左坚卫著．—北京：中国人民公安大学出版社，2012.2

（中国刑事法制建设丛书 / 陈国庆，孙茂利主编．刑法系列）

国家出版基金资助项目

ISBN 978－7－5653－0773－7

Ⅰ．①缓…　Ⅱ．①左…　Ⅲ．①缓刑－研究－中国　Ⅳ．①D924.134

中国版本图书馆 CIP 数据核字（2012）第 022698 号

中国刑事法制建设丛书·刑法系列　总主编　陈国庆　孙茂利

缓刑制度的理论与实务

左坚卫　著

出版发行：中国人民公安大学出版社
地　　址：北京市西城区木樨地南里
邮政编码：100038
经　　销：新华书店
印　　刷：北京兴华昌盛印刷有限公司

版　　次：2012 年 2 月第 1 版
印　　次：2012 年 2 月第 1 次
印　　张：14.75
开　　本：787 毫米 ×1092 毫米　1/16
字　　数：289 千字

书　　号：ISBN 978－7－5653－0773－7
定　　价：37.00 元

网　　址：www.cppsup.com.cn　　www.porclub.com.cn
电子邮箱：zbs@cppsup.com　　zbs@cppsu.edu.cn

营销中心电话：010－83903254
读者服务部电话（门市）：010－83903257
警官读者俱乐部电话（网购、邮购）：010－83903253
公安业务分社电话：010－83905641

本书咨询电话：（010）63485228　63453145

中国刑事法制建设丛书·刑法系列
编　　委　　会

前　言

我国第一部刑法典诞生至今已三十余年，1997 年进行了全面修正，尤其最近对刑法又进行了较为全面的修改，刑事法网日渐严密。刑法为惩罚犯罪，保护人民，维护社会和谐稳定发挥了重要作用。与之相应，刑法学可谓是我国法学领域里起步最早的学科之一，也是研究相对成熟的学科，涌现了大量的研究成果。随着我国市场经济的发展，各种社会关系愈加错综复杂，刑法学的研究日渐深入，但包括刑法学的基础理论问题仍需要进行深入研究，大量实践中出现的复杂疑难案件亟待从理论上加以解决。这就要求刑法学研究在积极吸取国外优秀成果的同时努力实现与本国刑事立法和司法实践的对接，在致力于对现行刑法规范进行注释解读的同时综合运用哲学、社会学、政治学、经济学等手段从刑事政策、犯罪学、国际刑法学等多角度拓展刑法学研究视野，并最终服务于刑法目的的实现。

受国家出版基金的资助，中国人民公安大学出版社启动了《中国刑事法制建设丛书》出版项目，将“刑法系列”作为丛书的重要组成部分。为了给广大从事刑法学研究的专家学者提供一个高层次的交流平台，也使广大读者系统和全面地了解刑法理论和实践研究的成果，本丛书力求兼顾以下几方面特点：

第一，本丛书入选书目的内容全面覆盖我国现行刑法中各项重要制度和刑法学中若干重大理论问题。本丛书对刑法理论研究和司法实践中的热点问题予以充分关注，着力推荐针对刑法学中某一具体制度或理论进行系统深入研究的作品。近年来，我国刑法学者对德日刑法理论进行了更为细致的研究，引起了对犯罪论体系进行改造等诸多关于刑法基础理论问题的争鸣，这些争论有助于进一步深化刑法学研究的根基和深层次解决当前司法实践中遇到的重大疑难问题。因此，本丛书吸纳了一批介绍国外刑法理论，并能对我国司法实践作出积极回应的具有开创性的作品。

第二，本丛书的出发点是在现行刑法典的基础上，深入研究刑法学的基本原理、刑法的基本制度和刑法解释方法，以期对刑法立法的完善起到积极作用，帮助广大司法工作者正确理解法律精神，在办案中准确解释法律。为此，本丛书选择了一批对我国现行刑法及其相关司法解释的制定背景、具体内容进行解读或者阐释的作品。希望这些成果能直接服务于刑事立法和司法工作，尤其是对公检法机关的司法工作人员规范执法、提高办案质量发挥指导作用。

第三，本丛书由最高人民检察院、公安部等长期从事刑事业务指导工作的专家担任总主编，选择了具有前瞻性、创新性、实用性和建设性的刑法领域的优秀研究成果收入本丛书。

希望在国家出版基金的资助下，《中国刑事法制建设丛书》为我国的刑事法制建设发挥积极的推动作用。

欢迎广大读者批评指正。

中国刑事法制建设丛书·刑法系列编委会

2011 年 5 月

目　录

第一章 缓刑概述

“缓刑是当代刑罚制度的宠儿。”① 在刑事政策中被称为除刑罚和保安处分之外的第三支柱，② 并被视为一种具有“多元作用的独立性的刑法反应手段”③。它集刑罚社会化、个别化、人道化于一身，符合刑罚发展的基本趋势和人类文明进步的潮流，从世界范围内来看，缓刑的适用仍然十分普遍。在我国，缓刑制度仍处于不断完善之中，适用对象在继续扩大，适用条件趋于放宽。2011 年 2 月 25 日全国人大常委会通过的《中华人民共和国刑法修正案（八）》（以下简称《刑法修正案（八）》），对缓刑规定作了较大调整，这是国家重视缓刑制度在立法上的体现。在刑事司法中，司法机关也日益重视缓刑的适用，最高人民法院屡次发布司法解释，规范缓刑适用的对象和条件。

第一节 缓刑的种类及其定义

所谓缓刑，简而言之，是指有条件地不执行或者不宣告刑罚的这样一种刑罚制度。现有缓刑种类繁多，在此略加介绍。

一、各国现有的缓刑种类及其定义

缓刑制度在大多数国家的刑法中都有规定，但种类有所不同。综合起来看，主要有缓宣告缓刑、缓执行缓刑、不执行余刑的缓刑和缓予起诉四种。不同的缓刑种类，由于内涵和外延均不相同，其定义自然不同。

（一）缓宣告缓刑

所谓缓宣告缓刑，是指对被认定有罪的被告人，暂缓宣告其被判处的刑罚，

① 甘雨沛著：《比较刑法学大全》（下册），北京大学出版社 1997 年版，第 1137 页。

② 参见林山田著：《刑罚学》（修订版），（台湾）商务印书馆 1992 年版，第 207 页。

③ 苏俊雄著：《刑法总论》（Ⅲ），（台湾）大地印刷厂股份有限公司 2000 年版，第 323 页。

或者暂缓对其进行刑罚裁量，交付考验的缓刑制度。这类缓刑制度又可以分为两种，一种是暂缓作出有罪判决，另一种是暂缓作出刑罚宣告。

1. 暂缓作出有罪判决的缓宣告缓刑

暂缓作出有罪判决的缓宣告缓刑，是指对根据案件事实可能被判决有罪的犯罪嫌疑人，停止在法律上认定其有罪的诉讼程序，从而暂缓作出有罪判决，同时交付考验的缓刑制度。有学者认为，所谓缓宣告主义，“乃当被告刑事责任可能确认时，在一定时间内，将刑事责任之宣告和刑罚之量定置于停止状态，以观察其行状；被告如在一定期间内，保持善行，未发生特定之不良事故，即对该犯罪行为不再为有罪之宣告；被告如在该一定期间内不能保持善行，发生特定之不良事故，则除追究新事故之刑责外，对于原犯罪行，仍应宣告其罪刑而执行之”①。例如，甲因盗窃被检察机关诉至法院，经审理后，甲当庭认罪，法官考虑到甲未满18周岁，认罪态度好，又没有前科，决定暂停认定甲构成盗窃罪，将甲交由有关部门监督考察6个月。考察期满后，重新开庭，审查考察期间甲是否有违法犯罪活动，经审查没有，便裁定甲无罪。这种缓刑制度在国外存在，如现行《加拿大刑法典》规定了这种缓刑制度，该法典第736条规定，当被告人（法人除外）答辩有罪或者被确定有罪，但不是法定最低刑罚或者可判处14年监禁或终身监禁的可诉罪时，如果审判法院认为基于最有利于被告人利益考虑并且不因此有悖于公共利益，可以不对被告人定罪，而以裁定指示无条件或者以缓刑令附条件免除被告人刑事责任。当法庭根据前述指示免除被告人刑事责任时，被告人应当视为未被定罪。② 在我国，立法没有规定缓宣告缓刑，但一些地区的法院已经在做这方面的尝试。

2. 暂缓作出刑罚宣告的缓宣告缓刑

暂缓作出刑罚宣告的缓宣告缓刑，是指在认定被告人构成犯罪的基础上暂缓宣告其刑罚的缓宣告缓刑。这种缓刑我国目前也不存在。根据暂缓宣告的刑罚是否已经作出，这种缓刑又有两种表现形式，一种是在对刑罚已经作出裁量之后暂缓宣告。现行《德国刑法典》和现行《韩国刑法典》规定了这种缓刑。例如，现行《德国刑法典》第59条规定，在符合有关条件的情况下，如果某人被判处低于180日额的罚金刑，法院可以作出责任宣告并警告他，确定一个罚金刑，同

---

① 刁荣华主编：《现代法学论文精选集》，（台湾）台北汉苑出版社1976年版，第131页。

② 参见卞建林等译：《加拿大刑事法典》，中国政法大学出版社1999年版，第490页。现行《加拿大刑法典》于1985年修订，以下有关现行《加拿大刑法典》的规定未注明出处的，均引自该书。

时保留对该刑罚的宣判。[1] 另一种是在未量定刑罚的情况下决定暂缓宣告刑罚。现行《法国刑法典》规定有这种缓刑，该法典第 132－60 条规定："如表明罪犯正获重返社会，所造成的损害正在赔偿之中，由犯罪所造成之危害即将停止，法院得推迟刑罚宣告。在此场合，法院在其决定中确定将作出判刑决定的日期。"[2] 既然法院必须在推迟刑罚宣告的决定中确定作出判刑决定的日期，就说明刑罚尚未量定，否则就不存在确定将作出判刑决定的日期的问题了。可见，现行《法国刑法典》规定的缓宣告缓刑是在未量定刑罚的情况下决定暂缓宣告刑罚。

（二）缓执行缓刑

所谓缓执行缓刑，又称"缓执行主义"或者"执行犹豫主义"，"乃当被告刑事责任可能确认时，虽为罪刑之宣告，但于一定期间内缓其刑之执行，以促其自新，如果在该一定期间内，并无特定不良事件之发生，即不再执行该项已宣告之刑罚"[3]。这一定义基本上概括了缓执行缓刑的主要内容，但是其中有一个提法值得商榷，即"当被告刑事责任可能确认时"似乎不妥，因为这种缓刑制度是在对被告人的刑事责任已经确认，并且作出罪刑之宣告的情况下，再有条件暂缓刑罚的执行，对此界定为被告刑事责任可能确认显然不够确切，易使人误认为被告人的刑事责任最终并没有得到确认。当然，我们理解的刑事责任的含义与上述学者所理解的刑事责任可能存在本质上的区别。后者理解的刑事责任也许就是刑罚，而我们理解的刑事责任则是犯罪和刑罚的桥梁。按照我们的理解，缓执行缓刑，是指在对犯罪人定罪量刑并加以宣告后，在一定期间内暂缓执行所判刑罚，如果在该一定期间内没有撤销缓刑，即不再执行该项刑罚。

根据缓执行缓刑的法律后果，可以将这类缓刑分成两种，一种是使原罪刑宣告失效的缓执行缓刑，另一种是保留犯罪记录的缓执行缓刑。

1. 原罪刑宣告失效的缓执行缓刑

所谓原罪刑宣告失效的缓执行缓刑，在我国台湾地区的刑法学论著中又称

---

① 参见冯军译：《德国刑法典》，中国政法大学出版社 2000 年版，第 30 页。现行《德国刑法典》于 1999 年 1 月 1 日生效，以下有关现行《德国刑法典》的内容未注明出处的，均来自此译本。另参见［德］汉斯·海因里希·耶赛克、托马斯·魏根特著，徐久生译：《德国刑法教科书》（总论），中国法制出版社 2001 年版，第 1023 页、第 1029 页。

② 罗结珍译：《法国刑法典》，中国人民公安大学出版社 1995 年版，第 41 页。现行《法国刑法典》于 1994 年 3 月 1 日生效，以下有关现行《法国刑法典》的规定未注明出处的，均引自该书。

③ 刁荣华主编：《现代法学论文精选集》，（台湾）台北汉苑出版社 1976 年版，第 131 页。

“附条件宣告主义”①、“附条件罪刑宣告主义”② 和“附条件刑罚宣告主义”③。我国台湾地区刑法理论界对这种缓刑的定义是：“对于特定之犯罪人，宣告其罪与刑，而谕知于一定期间内暂不执行，若在此期间内表现良好，未发生撤销其缓刑之事由，则其刑之宣告更失其效力，即刑之宣告视为不存在”④ 或者“于宣告缓刑后，在缓刑期间，如无特定不良事故发生，不仅免除其刑之执行，且其罪刑之宣告，一并失其效力，与自始未受罪刑宣告之人相同”⑤。之所以存在两种不同的表述，是因为我国台湾地区刑法典第 76 条对缓刑的法律后果规定的是“缓刑期满，而缓刑之宣告未经撤销者，其刑之宣告失其效力”。由于该条规定的是“刑之宣告失其效力”，一些论者照葫芦画瓢，于是便有了上述第一种表述。何谓“刑之宣告失其效力”？如果严格从字面意思理解，应当是指原判决中所判处的刑罚失效，即仅仅导致刑罚不再执行，而没有消灭犯罪记录的意思在内。但司法实务界和理论界通行观点则认为，此处的“刑之宣告失其效力”是指罪刑之宣告均失效，其法律后果与未曾受有罪之判决相同，于是又有了第二种表述。鉴于我国台湾地区刑法典关于缓刑效力的表述容易引起误解，有学者提出应当修正为“其罪刑之宣告失其效力”，不过这一提议遭到我国台湾地区相关部门的否定。笔者认为，对这种缓刑制度的定义可以作以下表述：使原罪刑宣告失效的缓执行缓刑，是指对犯一定罪行的犯罪人定罪量刑并加以宣告，同时宣布在一定时间内暂缓执行刑罚，如果犯罪人在此期间表现良好，没有出现应当撤销缓刑的情形，则原判决丧失效力。

原罪刑宣告失效的缓执行缓刑首创于属大陆法系国家的法国和比利时，故又称为法比制。由于这种缓刑制度能够激励犯罪人改过自新，符合现代缓刑制度的宗旨，因而目前无论大陆法系国家还是英美法系国家，大多规定了这种缓刑制度。《中华人民共和国刑法》（以下简称《刑法》）分则第 10 章，即“军人违反职责罪”一章的第 449 条规定的战时缓刑制度，十分接近于这种性质的缓刑制度，只是在适用条件上较为特别，即只适用于战时被宣告缓刑的犯罪军人，且必须有立功表现。

---

① 参见陈弘毅著：《刑法总论》，（台湾）鼎茂图书出版有限公司 1998 年版，第 335 页。

② 参见刁荣华主编：《现代法学论文精选集》，（台湾）台北汉苑出版社 1976 年版，第 132 页。

③ 参见褚剑鸿著：《刑法总则论》，（台湾）三民书局 1995 年版，第 449 页。

④ 桂成：《从〈法院加强缓刑宣告实施要点〉论缓刑制度之得失》，载（台湾）《刑事法杂志》第 37 卷第 2 期；另参见褚剑鸿著：《刑法总则论》，（台湾）三民书局 1995 年版，第 449 页。

⑤ 刁荣华主编：《现代法学论文精选集》，（台湾）台北汉苑出版社 1976 年版，第 132 页。

2. 保留犯罪记录的缓执行缓刑

所谓保留犯罪记录的缓执行缓刑，又称“附条件免执行主义”[①]、“附条件执行犹豫制”[②] 和“附条件赦免主义”[③]。关于这种缓刑制度的含义，表述内容基本一致，即如果缓刑考验期满而缓刑未撤销，则免除原判刑罚的执行，罪刑之宣告效力则依然存在。因此，可以把保留犯罪记录的缓执行缓刑的含义表述为：保留犯罪记录的缓执行缓刑，是指对犯一定罪行的犯罪人定罪量刑并加以宣告，同时宣布在一定时间内暂缓执行刑罚，如果犯罪人在此期间表现良好，没有出现应当撤销缓刑的情形，则对其原判刑罚不再执行，但原罪刑宣告仍然有效，犯罪人属于有犯罪前科之人。

保留犯罪记录的缓执行缓刑制度目前有不少国家采用。例如，现行《德国刑法典》第 56 条第 1 项规定：“如果法院没有取消暂缓执行刑罚，那么，在考验时间期满后免除刑罚。”现行《意大利刑法典》规定的缓刑以及我国《刑法》总则规定的缓刑也属于这种类型。[④]

保留犯罪记录的缓执行缓刑制度与原罪刑宣告失效的缓执行缓刑制度的最主要区别在于法律后果的不同。在缓刑考验期满而未撤销缓刑的情况下，前者仅免除刑罚的执行而仍保留犯罪记录，被判刑人在法律上属于曾经犯罪之人；后者则不但免除被判刑人刑罚的执行，而且消除其犯罪记录，从而使犯罪人在法律上被视为未曾犯罪之人。

（三）不执行余刑的缓刑

不执行余刑的缓刑（英文名为 Shock probation）是国外较晚出现的一种缓刑制度，我国有学者称之为“休克型的缓刑”[⑤]、“震击缓刑”[⑥]。美国是这种缓刑制度的创造者和主要适用者。在美国，这种缓刑制度的基本内容是对被告人定罪

---

① 参见柯庆贤著：《刑法专题研究》，（台湾）三民书局 1998 年版，第 594 页。

② 参见桂成：《从〈法院加强缓刑宣告实施要点〉论缓刑制度之得失》，载（台湾）《刑事法杂志》第 37 卷第 2 期。

③ 参见刁荣华主编：《现代法学论文精选集》，（台湾）台北汉苑出版社 1976 年版，第 131 ~ 132 页。

④ 虽然现行《意大利刑法典》第 167 条第 1 款规定，如果在规定的期限内被判刑人没有实施重罪或者同样性质的违警罪，并且履行了为其规定的义务，犯罪消灭，但该条第 2 款规定，在犯罪消灭的情况下，刑罚不再执行（这说明，该条所谓的“犯罪消灭”只产生阻却执行主刑和附加刑的法律后果，并不消除有罪判决的其他刑事法律后果，包括前科记录——笔者注）。另参见［意］杜里奥·帕多瓦尼著，陈忠林译：《意大利刑法学原理》，法律出版社 1998 年版，第 361 ~ 362 页。

⑤ 参见朱华荣主编：《各国刑法比较研究》，武汉出版社 1995 年版，第 264 页。

⑥ 参见储槐植著：《美国刑法》，北京大学出版社 1996 年版，第 336 页。

量刑后，立即执行一部分刑罚（一般不超过半年），以兹警戒，然后将被判刑人释放，进行考察监督。[①] 例如，俄亥俄州于1965年通过了这种性质的缓刑法案。在该州1967年和1976年的有关法案中均规定：犯罪人可以在其被监禁的第30天和第60天之间受缓刑警告，可以在服刑的第30天和第130天之间被释放。[②] 这种缓刑也被称为“分开的判决”[③]（Split sentence）。

（四）缓予起诉

所谓缓予起诉，又称“缓起诉主义”、“起诉犹豫主义”或者“暂缓起诉”，是指犯罪人所犯罪行轻微，综合多方面情况，在一定期间内有条件地对其缓予起诉的制度。严格地说，缓予起诉制度并非缓刑制度，因为案件还根本没有进入定罪量刑的阶段，也就谈不上缓刑，但是，从内容上看，缓予起诉毕竟是对已经被司法机关认定为有罪的人暂缓追究刑事责任，并交付考察，因而与缓刑性质基本相同，可以归入广义的缓刑行列。缓予起诉在我国立法上尚未作出规定，但在司法实践中，一些检察机关已经在进行这方面的尝试。

二、我国《刑法》中的缓刑种类及其定义

我国《刑法》中规定的缓刑制度有两种，一种是普通缓刑，属于保留犯罪记录的缓执行缓刑；一种是战时缓刑，属于消灭犯罪记录的缓执行缓刑。

（一）普通缓刑

1. 1997年《刑法》中的普通缓刑

普通缓刑规定在1997年《刑法》第72条至第77条。1997年《刑法》第72条规定：“对于被判处拘役、三年以下有期徒刑的犯罪分子，根据犯罪分子的犯罪情节和悔罪表现，适用缓刑确实不致再危害社会的，可以宣告缓刑。”第73条规定：“拘役的缓刑考验期限为原判刑期以上一年以下，但是不能少于二个月。有期徒刑的缓刑考验期限为原判刑期以上五年以下，但是不能少于一年。缓刑考验期限从判决确定之日起计算。”第75条规定：“被宣告缓刑的犯罪分子，应当遵守下列规定：（一）遵守法律、行政法规，服从监督；（二）按照考察机关的规定报告自己的活动情况；（三）遵守考察机关关于会客的规定；（四）离开所居住的市、县或者迁居，应当报经考察机关批准。”

第76条规定：“被宣告缓刑的犯罪分子，在缓刑考验期限内，由公安机关考察，所在单位或者基层组织予以配合，如果没有本法第七十七条规定的情形，

---

① 参见朱华荣主编：《各国刑法比较研究》，武汉出版社1995年版，第264页。

② 参见曹雪峰：《缓刑制度比较研究》，载《中国法学》1985年第4期。

③ 参见刘强编著：《美国刑事执法的理论与实践》，法律出版社2000年版，第206页。

缓刑考验期满，原判的刑罚就不再执行，并公开予以宣告。”

根据 1997 年《刑法》的上述规定，可以将普通缓刑定义为：普通缓刑，是指这样一种刑罚制度，即人民法院对于被判处拘役、3 年以下有期徒刑的犯罪分子，综合考虑其犯罪情节和悔罪表现，认为对其不予关押确实不致危害社会的，有条件地对其不予关押，并规定一定的考验期限，考验期满后，如果没有发生应该撤销缓刑的法定事由，原判刑罚就不再执行。

2. 《刑法修正案（八）》中的普通缓刑

2011 年 2 月 25 日通过的《刑法修正案（八）》第 11 条至第 14 条对缓刑制度作了较大修改。《刑法修正案（八）》第 11 条规定：“将刑法第七十二条修改为：‘对于被判处拘役、三年以下有期徒刑的犯罪分子，同时符合下列条件的，可以宣告缓刑，对其中不满十八周岁的人、怀孕的妇女和已满七十五周岁的人，应当宣告缓刑：（一）犯罪情节较轻；（二）有悔罪表现；（三）没有再犯罪的危险；（四）宣告缓刑对所居住社区没有重大不良影响。宣告缓刑，可以根据犯罪情况，同时禁止犯罪分子在缓刑考验期限内从事特定活动，进入特定区域、场所，接触特定的人。被宣告缓刑的犯罪分子，如果被判处附加刑，附加刑仍须执行。’”第 13 条规定：“将刑法第七十六条修改为：‘对宣告缓刑的犯罪分子，在缓刑考验期限内，依法实行社区矫正，如果没有本法第七十七条规定的情形，缓刑考验期满，原判的刑罚就不再执行，并公开予以宣告。’”第 14 条规定：“将刑法第七十七条第二款修改为：‘被宣告缓刑的犯罪分子，在缓刑考验期限内，违反法律、行政法规或者国务院有关部门关于缓刑的监督管理规定，或者违反人民法院判决中的禁止令，情节严重的，应当撤销缓刑，执行原判刑罚。’”

根据《刑法修正案（八）》对缓刑所作的上述修改，缓刑的定义可以调整为：普通缓刑，是指这样一种刑罚制度，即人民法院对于被判处拘役、3 年以下有期徒刑的犯罪分子，在犯罪情节较轻、有悔罪表现、没有再犯罪的危险、不予关押对其所居住社区没有重大不良影响的情况下，可以暂缓关押，并规定一定的考验期限，对其实行社区矫正，如果考验期内没有发生应当撤销缓刑的法定事由，那么原判刑罚就不再执行。

3. 普通缓刑的特征

根据《刑法》以及《刑法修正案（八）》的规定，普通缓刑具有以下特征：

（1）普通缓刑只能适用于被判处拘役或者 3 年以下有期徒刑的犯罪分子。我国《刑法》中所规定的缓刑，是对犯罪分子附条件不予关押，是对犯罪分子的一种宽大处理。这一性质决定了缓刑的适用对象必须是犯罪情节比较轻的犯罪分子。按照罪刑均衡原则，犯罪情节比较轻，一般来说所判刑罚也比较轻。因此，《刑法》规定，对被判处拘役或者 3 年以下有期徒刑的犯罪分子才能适用缓刑。

（2）普通缓刑只能适用于同时满足四方面实质性条件的犯罪分子。根据《刑法修正案（八）》的规定，犯罪分子只有同时符合以下四方面的实质性条件，才能被宣告缓刑：①犯罪情节较轻；②有悔罪表现；③没有再犯罪的危险；④宣告缓刑对所居住社区没有重大不良影响。

根据《刑法修正案（八）》第 11 条的规定，同时符合缓刑四方面实质性条件的犯罪人中，不满 18 周岁的人、怀孕的妇女和年满 75 周岁的人应当宣告缓刑。所谓不满 18 周岁的人，不是指犯罪时不满 18 周岁的人，而是指在判决宣告之前，没有满 18 周岁的人。如果行为人犯罪时未满 18 周岁，判决宣告前已满 18 周岁，符合缓刑的条件的，对其不是应当宣告缓刑，而是可以宣告缓刑。所谓怀孕的妇女，不是指妇女犯罪时怀有身孕，而是指在判决宣告之前怀有身孕。对于判决宣告之前有身孕的妇女因各种原因流产，对其仍视为怀孕的妇女，应当宣告缓刑。所谓年满 75 周岁的人，不是指犯罪时年满 75 周岁的人，而是指判决宣告之前年满 75 周岁的人。一般来说，相对于其他人，不满 18 周岁的人、怀孕的妇女、年满 75 周岁的人属于弱势群体。未成年人的身心还没有发育成熟，怀孕的妇女承载着身体和心理的压力，老人的身体机能渐渐衰老，对他们给予特殊照顾，体现了我国刑法人性关怀的一面。

（3）普通缓刑不适用于累犯和犯罪集团的首要分子。累犯和犯罪集团的首要分子都是具有较大主观恶性和人身危险性的犯罪分子，《刑法》规定对其应当从重处罚。而缓刑的适用对象是主观恶性较小、人身危险性不大、没有再犯危险的犯罪人，对累犯和犯罪集团的首要分子不予适用缓刑也是理所当然的。即使累犯和犯罪集团的首要分子最后被判处拘役或者 3 年以下有期徒刑，对其也是不能适用缓刑的，《刑法》明文规定了这一点。

（二）战时缓刑

1. 战时缓刑的概念

战时缓刑规定在《刑法》第 449 条，该条规定："在战时，对被判处三年以下有期徒刑没有现实危险宣告缓刑的犯罪军人，允许其戴罪立功，确有立功表现时，可以撤销原判刑罚，不以犯罪论处。"

根据《刑法》的上述规定，可以将战时缓刑界定为：战时缓刑，是指在战争时期，法院对被判处 3 年以下有期徒刑的军人，在其没有现实危险性的情况下，对其不予关押，允许其戴罪立功，如果确有立功表现，可以撤销对其原判刑罚，不再以犯罪论处的制度。

从本质上看，战时缓刑是一种可以消灭犯罪和刑罚的缓执行缓刑。

2. 战时缓刑的特征

（1）时间特征：必须是在战时。所谓战时，我国《刑法》规定中已有明确界定。根据《刑法》第 451 条的规定，"军人违反职责罪"一章中所称"战时"，是指国家宣布进入战争状态、部队受领作战任务或者遭敌突然袭击时。部队执行戒严任务或者处置突发性暴力事件时，以战时论。这一时间限定明确了在和平时代或者非战时条件下，军人被判处3年以下有期徒刑没有现实危险也是不能适用战时缓刑的。

（2）对象特征：犯罪人必须是军人。所谓军人，是指在国家军队中服役的军职人员。军职人员，总的来说，包含了两类人员，一是现役军人，二是执行军事任务的预备役人员和其他人员。所谓现役军人，即中国人民解放军和中国人民武装警察部队的正在服役的军官、警官、文职干部、士兵以及具有军籍的学员。所谓预备役人员，即编入民兵组织或者经过登记服预备役的人员。所谓其他人员，即军内在编职工等。在战时，只有军人才有可能适用战时缓刑，非军人即使被判处3年以下有期徒刑没有现实危险性也是不能适用战时缓刑的。

（3）刑期特征：必须是被判处3年以下有期徒刑。在我国，刑事责任的大小是量刑轻重的唯一根据。罪行的大小决定法定刑的轻重，刑事责任的大小决定宣告刑的轻重。对犯罪军人判处3年以上有期徒刑，说明犯罪军人的罪行严重，而战时缓刑是给予犯轻微罪行的军人改过自新的机会，自然不适用于罪行相对深的犯罪军人。

（4）实质性特征：必须是在战争条件下宣告缓刑没有现实危险性。在战争条件下宣告缓刑没有现实危险性，是适用战时缓刑最重要的条件。战时缓刑可谓一举两得的制度：一方面，它可以让犯罪军人免受牢狱之灾，激励其改过自新，戴罪立功，为国出力；另一方面，国家可以减少关押此类犯罪军人所出的人力、物力、财力，还能体现国家宽大为怀的政策。没有现实危险性，是战时缓刑利益最大化的关键限制条件。如果犯罪军人有现实危险性，即使其在战时被判处3年以下有期徒刑，也是不能对其宣告战时缓刑的。因为战时缓刑是将犯罪军人继续留在部队中，并在战争状态下继续执行军事任务，若宣告缓刑而其具有现实危险性，这样会危害国家的军事利益，不符合适用缓刑的初衷。

三、我国刑事司法中的暂缓判决和暂缓起诉

（一）我国刑事司法中的暂缓判决

如前所述，暂缓判决是缓宣告缓刑的一种。这种缓刑制度在刑法中虽然没有规定，在司法实务中却已在践行。例如，2004年12月17日，重庆市某区人民法院少年刑事审判庭对4名被指控犯抢劫罪的未成年被告人宣读了暂缓判决决定书。4名被告人获得了3个月的考察机会，如果在此期间表现良好，4人可获大幅减刑，甚至可以定罪免刑，成为重庆市5家法院试行暂缓判决制度以来的第一案。这就是我国刑事司法中的暂缓判决。暂缓判决在我国刑事司法中出现是否合法，是否合理，依据何在，值得思考。笔者认为，在现有法律框架内，暂缓判决

的做法缺乏合法性，不宜提倡。

1. 暂缓判决违反了《刑事诉讼法》关于审理期限的规定

以重庆市某区人民法院作出的上述暂缓判决决定为例，该决定是在已经认定4名未成年被告人构成抢劫罪的前提下，决定暂缓判决，对他们进行为期3个月的考察。这意味着，在此后3个月的期限内，只要4名被告人没有违反应遵守的行为规范，就不能对他们作出判决，亦即重庆市某区人民法院对该案的判决正常情况下将在受理案件3个月以后才能作出。这显然违反了《中华人民共和国刑事诉讼法》(以下简称《刑事诉讼法》)关于审理期限的规定。

根据《刑事诉讼法》第168条的规定，人民法院审理公诉案件，应在受理后1个月内宣判，至迟不得超过1个半月。即使存在该法第126条规定的情形之一，即属于交通十分不便的边远地区的重大复杂案件，重大的犯罪集团案件，流窜作案的重大复杂案件，犯罪涉及面广、取证困难的重大复杂案件，或者经省、自治区、直辖市高级人民法院批准或者决定，也只能再延长1个月。上述规定表明，一审公诉案件的审理期限正常情况下最长是1个半月，即使是重大复杂案件，最长的审理期限也只有2个半月。重庆市某区人民法院决定暂缓判决的这个案件并非《刑事诉讼法》第126条所规定的重大复杂案件，因而审理期限不得超过1个半月。这样，等到重庆市某区人民法院对该案作出判决的时候，时间早已远远超过了《刑事诉讼法》规定的最长审理期限，因此，重庆市某区人民法院对4名未成年被告人作出暂缓判决决定，是一种明显违反《刑事诉讼法》规定的行为。

2. 有关设置暂缓判决制度的文件违反了《立法法》和《刑法》的规定

重庆市某区人民法院少年刑事审判庭对4名未成年被告人作出暂缓判决决定的依据是目前正在重庆市某区试行的两个文件。然而，无论这两个文件是由重庆市哪一级、哪一个部门制定的，它们都与现行《中华人民共和国立法法》(以下简称《立法法》)和《刑法》的规定相抵触，因而是无效的。

暂缓判决属于缓宣告缓刑的一种。缓宣告缓刑是一种在认定被告人构成犯罪的基础上暂缓宣告其刑罚的缓刑制度。根据暂缓宣告的刑罚是否已经作出，这种缓刑又有两种表现形式：一种是在对刑罚已经作出裁量之后暂缓宣告，如现行《德国刑法典》第59条规定："在符合有关条件的情况下，如果某人被判处低于180日额的罚金刑，法院宣告他应当承担刑事责任并警告他，同时确定一个罚金数额并保留对该刑罚的宣判。"另一种是在未量定刑罚的情况下决定暂缓宣告刑罚。这是一种在认定被告人构成犯罪的基础上暂缓作出判决的缓刑，如《法国刑法典》第132-60条规定："如表明罪犯正获重返社会，所造成的损害正在赔偿之中，由犯罪所造成之危害即将停止，法院得推迟刑罚宣告。在此场合，法院在其决定中确定将作出判刑决定的日期。"从有关内容来看，重庆市某区人民法院正在试行的暂缓判决制度，属于后一种缓宣告缓刑。无论确立何种缓刑制度，都是确立一种刑罚制度。根据《立法法》第8条的规定，犯罪和刑罚只能通过制定法律来设置。我国《刑法》所规定的缓刑制度中，只有判决宣告后暂缓执行刑罚的缓刑，而没有暂缓判决的缓刑，也没有任何其他法律规定法院可以对犯罪人暂缓判决。因此，重庆市某区的两个文件是两个内容违反《立法法》和《刑法》有关规定的文件，这两个文件中确立的暂缓判决制度当然也是与基本法律相抵触的。

3. 对暂缓判决制度的理性反思

从理论上分析，暂缓判决制度是否有其存在的合理性呢？笔者认为，无论是从刑法基本原则的要求出发，还是从教育、挽救未成年犯罪人或者节约刑事司法资源角度看，暂缓判决制度都难以称得上是一项好的刑罚制度。

首先，暂缓判决的做法有违罪责刑相适应的刑法基本原则。在重庆市某区人民法院试行的暂缓判决制度，其核心内容是犯罪人如果在考察期间表现良好，可获大幅减刑，甚至定罪免刑。这表明，根据这项制度，刑罚的轻重主要取决于犯罪人在犯罪后一定时间内的表现，而不是与犯罪人所犯罪行和承担的刑事责任相适应。这显然违背了罪责刑相适应原则，根据犯罪人在犯罪后一定时间内的表现来确定其应受刑罚处罚的轻重，表面上看好像是通过考察其人身危险性大小来确定其刑罚的轻重，实际上并不能达到这种效果，因为判断犯罪人人身危险性大小的主要依据应当是其犯罪前以及犯罪后被发现前的一贯表现，而不是他被司法机关抓获后处理前一定时间内的表现。如果以后者作为量刑依据，无疑对绝大多数犯罪人都应当从轻处罚，而这样做显然不具有合理性和说服力。

由于暂缓判决制度违反了罪责刑相适应原则，其公正性和法益保护功能也值得怀疑。刑法的公正性和法益保护功能不仅是针对被告人而言的，也是针对受害人而言的。一项刑罚制度的设置不能只考虑如何体现对被告人的人文关怀，还必须发挥对受害人的安抚功能和法益保护功能。适用暂缓判决不但不能及时形成生效判决，而且在没有法律依据的情况下大幅减轻被告人的刑罚甚至免除刑罚处罚，没有给予受害人起码的安抚，也没有体现出对受害人和法权益的应有尊重，明显有失公正，很容易对受害人造成新的伤害。

其次，暂缓判决制度对于教育、挽救未成年犯罪人的作用有限。在重庆市某区人民法院试行的暂缓判决制度表现为认定被告人有罪而暂时不对其判处刑罚。如果这种做法确实可以使犯罪人产生保全了颜面的感觉，并有助于其保持正常人的心态，当然有利于其改过自新，重返社会。但问题在于，在认定被告人有罪但暂时不判处刑罚的缓刑制度中，犯罪人虽然没有立即被判处刑罚，但他已经被认定为有罪，受到缓刑考察、监督，而且最终还是要对其定罪量刑。在这种情况下，无论是否立即确定其应受的刑罚处罚，他是一个犯罪之人的观念都已经印刻在其头脑中，由此产生的沮丧感也挥之难去。是否立即判处和宣告刑罚，对犯罪人的心态恐怕不会有明显影响，对其改过自新也很难有明显帮助，相应地，暂缓判决制度的存在价值也就十分有限并且值得怀疑了。

最后，暂缓判决制度可能导致刑事司法资源的浪费。从有关规定来看，在重庆市某区人民法院试行的暂缓判决制度是在没有对犯罪人量刑的情况下中止了刑事诉讼程序（如果已经量定刑罚，就是在短时间内大幅度减刑，又违反了刑法关于减刑制度的规定，也是不合适的），转而开始对犯罪人进行考察、监督。这就产生了一个问题：如果犯罪人在考验期间没有遵守行为规范，不能获得减刑，则必须重新启动刑事诉讼程序，对其原来所犯罪行重新进行量刑，而此时由于与原审间隔了一段时间，办案人员对案件基本情况很可能已经陌生，需要重新阅卷、整理案件材料、确认证据、开庭审理，原有证据甚至可能已经灭失，因此，再行审理难免面临一些新的困难。这样，暂缓判决制度便使审判人员重复劳动，并可能导致诉讼活动受阻甚至难以下判，浪费宝贵的刑事司法资源。

4. 结　论

基于上述认识，笔者认为，在某些地区试行的暂缓判决制度无论从合法性还是从合理性的角度看，都是欠妥当的，不值得推广。不可否认的是，我国的缓刑制度还过于简单，有待完善，但不能在违反国家基本法律规定的情况下擅自设置和推行新的缓刑制度，而必须通过立法的方式确立相关制度，然后再实行。具体而言，可以深入考察、论证国外发达国家缓刑制度的有关做法，为我们所用。例如，可以考虑设立对未成年人犯罪记录的保密制度，不向社会公开其犯罪记录；还可以考虑对未成年犯罪人专门设立一种消灭前科的缓刑制度，使其能够在缓刑考验期满后作为一个完全正常的人融入社会，等等。

（二）我国刑事司法中的暂缓起诉

暂缓起诉，又称附条件不起诉，是指检察机关对于某些符合起诉条件的案件，基于对犯罪嫌疑人自身状况、公共利益以及相关刑事政策等因素的考虑，设立一定的考验期，对犯罪嫌疑人暂时不予起诉，期满后再根据具体情况，对其作出起诉或者不起诉决定的一项制度。暂缓起诉是目的刑理论指导下的产物，有其存在的合理性，然而，这种做法在我国尚缺乏足够的法律依据，应当慎用，否则可能给刑事法治建设带来负面效应。

我国《刑事诉讼法》在审查起诉方面赋予检察机关的职权，只有决定起诉或者不起诉，本来没有暂缓起诉存在的余地，但是，由于《刑事诉讼法》赋予了检察机关对犯罪情节轻微的犯罪人不起诉的权力，由此派生出了一定范围的附条件不起诉的权力。具体而言，当犯罪嫌疑人犯罪情节轻微，是否起诉取决于其人身危险性的大小时，检察机关可以决定暂时不起诉，同时设置一定的考验期，根据其在考验期内的表现来决定是否起诉。显然，暂缓起诉适用的前提是犯罪情节轻微，但是，由于缺乏具体操作规则，在司法实践中，检察机关对某些危害严重的犯罪也可能不适当地适用暂缓起诉。例如，浙江省宁波市某区人民检察院曾对犯有交通肇事罪的王某作出附条件不起诉的决定，而该案中，王某交通肇事致一人死亡，负该事故的全部责任，明显不属于犯罪情节轻微的范围，不具备附条件不起诉的前提，有关检察机关仍然对他作出附条件不起诉决定，明显违法。从合理性的角度看，虽然对王某本人而言，无论是否对他提起公诉，他可能都已经从该案中得到深刻的教训，不致再犯，因而可以考虑附条件不起诉，但对于其他从事交通运输的人员而言，对王某附条件不起诉的决定显然难以起到教育警示作用，十分不利于对日趋恶化的交通肇事犯罪的预防，如此处理的合理性也很值得怀疑。

不可否认的是，我国的起诉制度还有待完善，暂缓起诉代表了一种新的刑事诉讼理念，在化解社会矛盾、构建和谐社会等方面确有其存在的特殊价值，值得试行。但是，真理向前再迈一步就可能成为谬误，在适用暂缓起诉的时候随意超越法律的界限，就可能使这种构建和谐社会的手段异化为法治的绊脚石。上述宁波市某区人民检察院对王某所作出的附条件不起诉决定，恐怕就已经异化为后者。

第二节 缓刑存在和发展的基础

缓刑制度与其他刑罚制度一样，都有其存在和发展的基础，缓刑制度缺乏这种存在和发展的基础，就难以在现实生活中真正发挥作用。因此，有必要对缓刑制度存在和发展的基础加以明确。对缓刑功能的了解，则可以使我们更清醒地认识应当如何适用缓刑。所谓缓刑制度存在和发展的基础，是指缓刑制度赖以存在和发展的各方面条件。通过对这一问题的探讨，我们可以发现各国缓刑制度存在和发展的必要性、必然性和合理性。

一、缓刑存在和发展的现实基础

缓刑制度的诞生过程反映了现实的需要对一种制度的产生所具有的强大动力。虽然缓刑制度的诞生是偶然的个人实践的结果，但这种偶然实践活动实际上反映了现实的需要。市场经济造成了巨大的社会贫富差距，社会上出现了数量庞大的赤贫人口，同时，赤贫人口的大量出现使得犯罪现象急剧增加。工业化的过程同时是一个城市化的过程，工业化对劳动力的大量需求和农村土地被资本家不断圈占使得大量一无所有的劳动力流入城市，而城市对他们的消化吸收能力远远不足，失业、贫困、饥饿等问题接踵而来，这些问题又伴生了酗酒、颓废、卖淫以及杀人、强奸、抢劫等性质更为严重的犯罪。于是整个社会的犯罪总量空前增长，社会秩序陷入动荡不定之中。在形形色色的罪犯当中，有相当一部分属于再犯和未成年犯，这使得对罪犯的改造问题显得日益重要，这样，以促使犯罪人改过自新为目的的缓刑制度的产生便具有了现实基础。当前，我国的犯罪态势十分严峻，青少年犯罪和再犯现象普遍，预防犯罪和帮助犯罪人复归社会的任务紧迫而艰巨，缓刑制度因而具有存在的现实基础。

二、缓刑存在和发展的人文基础

所谓缓刑存在和发展的人文基础，是指缓刑制度赖以产生和发展的人类精神文明方面或者说人道主义方面的条件。由于缓刑是以对犯有罪行，亦即曾经作恶的人不予实际处罚为内容，这就要求人们首先要具有对作恶者予以宽容的仁爱之心，否则，即使现实需要这种制度，它也会因缺乏生存的土壤而难以诞生，即使通过法律移植的方式建立起缓刑制度，也难以顺利发展。

人类文明发展经历了由野蛮到文明、由落后到先进的过程。在奴隶社会和封建社会，由于对加害者进行报复的原始冲动占据着主导地位，宽宥犯罪人的博爱思想并未得到广泛接受。在这样的人文环境下，缓刑制度自然难以诞生。工业革命极大地发展了社会生产力，物质文明的进步推动着精神文明的进步，产生了欧洲文艺复兴运动，文艺复兴运动使得自由、平等、博爱等体现着人道主义精神的观念在资本主义世界广泛传播，人们开始以这些新的理念来审视、评判自身行为，由此逐渐认识到了死刑、肉刑的野蛮、残忍和不合理性，崇尚报复的坚冰开始融化，刑罚人道化的观念潜滋暗长。人道主义思想逐渐深入人心，为缓刑制度的诞生奠定了人文基础。到19世纪，随着对犯罪和犯罪人看法的转变，某些旨在促进犯罪人康复的措施已经被推荐到监狱。①

缓刑制度在我国存在的人文基础并不牢固。这是因为：第一，主导中国传统文化的儒家文化和法家文化中都缺乏容许缓刑制度存在的足够空间。第二，中国没有经历过类似欧洲文艺复兴运动那样深入人心的文化洗礼，致使崇尚自由、追求平等的民主观念和博爱的人道主义思想未能在全民族的范围内勃兴。由于以上两方面的原因，缓刑制度在中国一直缺乏适于其发展和适用的人文环境。同时，由于法治观念和传统的缺乏，缓刑的适用还陷入了一个怪圈，一方面，缓刑没有推广到应有的范围；另一方面，缓刑却已经被滥用，成了某些法官徇私枉法、放纵罪犯的手段。在实践中，许多符合缓刑条件的犯罪人没有被适用缓刑，一些不符合缓刑条件的犯罪人却享受到了缓刑的优惠。由此导致缓刑制度在中国还没有充分显示出在教育改造犯罪人方面所具有的作用，便已经背负刑罚不公的恶名，值得我们警惕。

---

① 参见 DR. Subash，C. Raina：Probation：Philosophy，Lawand Practice，New Delhi：Regency Publications，1996，P2.

三、缓刑存在和发展的理论基础

缓刑是对犯罪人的宽容，这种宽容是否合理？如果合理，那么这种宽容应当保持在何种限度内？这一切还需要有强有力的理论来解释和论证，才能保证这一制度为大多数人所接受。因此，缓刑制度的存在和发展需要有刑法理论的支撑。

在启蒙思想家的刑法思想中，找不到缓刑制度存在和发展的理论根据。启蒙思想家的刑罚思想仍然是一种建立在报应刑基础之上的目的刑论。在他们的刑罚理论中，首先强调的是刑罚应当具有预防犯罪的目的，认为“没有一个聪明的人惩罚别人是因为他犯过错误，而是为了他今后不再犯错误”[①]。在此基础上，他们认为惩罚之苦应当等于罪行之恶，如果刑罚轻于罪行之恶便不能达到刑罚的目的。[②] 他们中的某些人虽然主张刑罚内容应当人道化和宽大化，但也仅仅是针对中世纪刑罚残酷、滥施重刑的状况而言的，并无关于可以对犯罪人不判处刑罚或者不执行刑罚的主张。总之，在启蒙思想家的刑法思想中没有缓刑的立足之地。

刑事古典学派的大师们也不支持缓刑。刑事古典学派的学者虽然主张刑法人道主义，但仍然是针对封建主义的残酷刑罚而言，他们所主张的，仍然是报应刑基础上的目的刑论或者彻底的报应刑论。例如，贝卡里亚在严厉抨击酷刑之余，也只是说：“刑罚的残酷性还……不容易使犯罪和刑罚之间保持实质的对应关系。只要刑罚的恶果大于犯罪所带来的好处，刑罚就可以收到他的效果。”[③] 显然，他所主张的“刑罚的宽和”[④] 只不过是在罪行相适应（甚至是刑罚之恶重于犯罪带来的好处）基础上的宽和，并没有脱离报应刑思想的樊篱。在这种刑罚思想的指导下，是无法得出可以设立缓刑制度的结论的。这是因为报应、是以等价还击为内容，它意味着对实施了某种恶害的人，应当还以在价值上（具体而言即造成的痛苦）相等的惩罚，而且这种惩罚只有付诸实施才有意义，而缓刑却是以不执行刑罚为内容，二者不可能并存。这样，我们就可以理解为什么刑事古典学派提出了罪刑法定和罪刑相适应两项名垂青史的刑法原则，却丝毫没有考虑过是否可以对犯罪人不执行刑罚，也可以理解为什么在罪刑法定和罪刑相适应原则根深蒂固的大陆法系国家，缓刑制度迟迟不能诞生了。

---

① ［日］木村龟二主编，顾肖荣等译：《刑法学词典》，上海翻译出版公司 1991 年版，第 11 页。

② 参见马克昌主编：《近代西方刑法学说史略》，中国检察出版社 1996 年版，第 4 页。

③ ［意］贝卡里亚著，黄风译：《论犯罪与刑罚》，中国大百科全书出版社 1993 年版，第 42 页。

④ 贝卡里亚在《论犯罪与刑罚》一书中批判酷刑时所用之标题。——作者注

刑事社会学派学者所主张的教育刑理论才为缓刑制度的合理存在提供了理论上的支持。这种教育刑理论由德国刑法学家李斯特首先提出。他在主张“法益保护”和“社会防卫”是刑罚目的和刑罚正当性根据的基础上，认为刑罚的另一个目的在于改造和教育犯罪人，消除其危险性，使之重返一般市民生活之中。他强调个别预防的重点不是预防不特定的可能犯罪的人，而是预防已经受到刑罚处罚的人再次犯罪。刑罚的分量应当以消除犯罪人的危险性（犯罪性），使之重返社会所必需的处理期间为标准。与其说刑罚的目的是威吓、儆戒一般人，莫如说是使人自身得到改造、预防犯罪更为重要一些。① 在李斯特的教育刑理论框架内，对犯罪宣告缓刑不再是不能接受的措施。申言之，既然刑罚的目的在于改造和教育犯罪人，消除其犯罪的危险性，那么如果对犯罪人只宣告刑罚而不实际执行，甚至连刑罚都不予宣告，仅仅保留对犯罪人执行刑罚的可能便能够实现这一目的，这些措施也应当可以作为一种选择。众所周知，这些措施就是缓刑的基本内容。可见，缓刑制度的基本内容与刑事社会学派教育刑理论的衍生结果不谋而合。

在创立教育刑理论的过程中，李斯特等刑事社会学派的学者展开了以如何改造和教育好犯罪人，帮助他们改过自新的大规模研究。他们首先考察了犯罪原因，得出的结论是社会因素对犯罪的产生具有不可推卸的、甚至是决定性的作用。对此，李斯特总结道：任何一个具体犯罪的产生均由两个方面的因素共同使然，一个是犯罪人的个人因素，一个是犯罪人所面临的外界因素，即社会的尤其是经济的因素，其中，外界因素是犯罪的主要诱因，个人因素是重要的诱因。②并且，这种起到次要作用的犯罪人的个人因素虽然是从其天资发展而来，却是由其出生后就面临的外界环境所决定的。③ 基于上述结论，刑事社会学派的学者们认为，只有并且只要采取适当有效的措施改善社会环境，消除或者限制产生犯罪的社会因素，并通过对犯罪人施以正确而有效的引导或者强制，才能并且就能够控制住不断蔓延的犯罪势头，于是，关于如何消除或者控制产生犯罪的社会因素的社会政策和刑事政策理论产生了。李斯特对其理论进行了不遗余力的宣传和推广，他甚至利用他所反对的偏激的遗传学观点④来推演成功的社会政策对于预防犯罪所具有的效果：“由于周围的社会环境使得父母的生命力和生殖能力耗尽，

---

① 参见马克昌主编：《近代西方刑法学说史略》，中国检察出版社 1996 年版，第 196 ~ 197 页。

② 参见［德］李斯特著，［德］施密特修订，徐久生译：《德国刑法教科书》，法律出版社 2000 年版，第 9 ~ 10 页。

③ 参见［德］李斯特著，［德］施密特修订，徐久生译：《德国刑法教科书》，法律出版社 2000 年版，第 12 页。

④ 这种观点认为儿子的罪过是从父亲处遗传而来。

如果这样的父母将心理变态的‘劣等素质’、生存能力等这些灾难性的遗传素质遗传给他们的孩子，那么，我们可以抱有这样一种有可喜根据的信念：一切得到加强的社会措施都会非常有利于他们的后代的身心健康。”① 在此基础上，李斯特提出了“最好的社会政策，也就是最好的刑事政策”的论断。②

刑事社会学派在强调良好的社会政策对预防和减少犯罪的重要性的同时，提出了一整套刑事政策理论。例如，李斯特认为：（1）根据犯罪人反社会性的强弱，可以分为偶犯和惯犯，惯犯又可以分为能改造的惯犯和不能改造的惯犯两种。偶犯再犯的可能性小，惯犯由于具有先天性或者后天性的犯罪倾向，再犯相同性质罪的可能性大，但其中的一部分还是能够改造的，对他们应处以自由刑；另一部分则不能改造，对他们应当采取与社会永久隔离的措施。（2）对于实施了危害行为的年幼者应当实施强迫教育，对于释放或者赦免的犯人，则应置于一定劳役场所。（3）应当推行刑罚个别化，扩大适用类推解释、扩大解释、缓刑、假释、累进处遇、强制劳动，扩大法定刑的范围，或者采用不定期刑，等等。③

历史和现实基本上证明了刑事社会学派的教育刑理论所主张的观点的合理性。国家和社会对许多犯罪的产生确实负有不可推卸的责任，对犯罪人进行教育改造是一个政府和社会负责任的具体表现。那种将过错与责任完全归咎于因生存环境恶劣甚至在走投无路的情况下犯罪的犯罪者本人的做法，是一个政府无能和社会变态的表现。而国家和社会对犯罪承担责任的具体表现之一，就是对犯罪人进行教育改造，使他们重新回归正常的社会，而对某些犯罪人予以缓刑的宽大处理则是内容之一。

综上所述，是日益严重的犯罪，特别是日益严重的未成年人犯罪和再犯现象使缓刑制度的诞生成为必要，人类文明本身的发展使缓刑制度的诞生和顺利发展成为可能，而刑事社会学派的教育刑理论则为缓刑制度的合理存在提供了充分的理论根据。在此基础上，缓刑制度得以在世界范围内正式确立并迅速发展。

第三节　缓刑的法律性质

所谓缓刑的法律性质，是指缓刑作为刑罚制度中的一项内容，应当归入何种

---

① ［德］李斯特著，［德］施密特修订，徐久生译：《德国刑法教科书》，法律出版社2000年版，第12页。

② 转引自马克昌主编：《近代西方刑法学说史略》，中国检察出版社1996年版，第185页。

③ 参见马克昌主编：《近代西方刑法学说史略》，中国检察出版社1996年版，第188页、第195页。

刑罚制度之中，是应当归入刑种制度，还是应当归入刑罚裁量制度或者刑罚执行制度，抑或是归入其他刑罚制度之中。对缓刑法律性质的探讨，有助于更深刻准确地理解缓刑的存在价值以及如何更有效地适用缓刑。将缓刑归入不同的刑罚制度之中，缓刑应有的内容和功能都有所不同。例如，如果将缓刑归入刑种制度当中，便不能不特别关注缓刑的惩罚性，如果缓刑不具有惩罚性，便难以将其视为一种刑罚方法，因为任何一种刑罚都具有惩罚性；如果将缓刑归入刑罚执行制度之中，便必须重点关注缓刑怎样将刑罚付诸实施，没有这方面的内容，便谈不上在执行刑罚。可见，只有探明了缓刑的法律性质，才能更科学地设置缓刑制度的内容，更充分地发挥其功能，更有效地实现其价值。

一、缓刑法律性质的观点及评析

（一）缓刑法律性质观点简介

关于缓刑的法律性质，刑法理论界有不同的看法，归纳起来，主要有以下几种观点：

1. 刑罚裁量制度说

此为我国刑法理论界的通说，在主要的刑法学教材中，都将缓刑放在刑罚裁量制度中加以介绍。[①] 该说认为，缓刑属于一种刑罚裁量制度，学者们得出这一结论的理论基础是，“刑罚的裁量主要解决的问题是犯罪人是否需要判处刑罚、判处何种刑罚以及判处多重刑罚，并决定是否适用某种刑罚制度的审判活动”[②]。既然决定对犯罪人判处的刑罚是否执行属于量刑活动的一种，而宣告缓刑就属于这种性质的活动，缓刑当然属于一种刑罚裁量活动，而缓刑制度也就属于刑罚裁量制度的一种了。

2. 刑罚执行制度说

这种观点认为，缓刑宣告是在已经决定是否判处刑罚、判处怎样的刑罚，即刑罚已经确定后，对刑罚的执行方式、方法所作出的选择，因此，缓刑应当属于刑罚执行而非刑罚裁量的范畴。[③] 国外司法实务中也有类似观点，[④] 有论者将缓刑制度作为刑罚制度中的子系统，结合减刑、自首、剥夺政治权利、假释、累犯

---

① 例如，高铭暄、马克昌主编的由司法部法学教材编辑部编审的教材《刑法学》（中国法制出版社 1999 年版）中，便将缓刑置于刑罚裁量制度之中。

② 赵秉志主编：《刑法总论》，中国人民大学出版社 2007 年版，第 476 页

③ 参见段仁元、郝如建：《我国缓刑制度的几个问题》，载《江苏公安专科学校学报》2001 年第 2 期。

④ 参见［日］福田平、大塚仁编，李乔、文石、周世铮译：《日本刑法总论讲义》，辽宁人民出版社 1986 年版，第 242 ~ 243 页。

等其他刑罚制度进行考察，得出缓刑制度是一种特殊的执行方式之说。[①] 另有论者主张用“最密切联系原则”，认为缓刑的规定更多属于执行制度，因此，将其归入执行制度。[②] 不过，也有论者认为，主张“缓刑执行说”的学者所主张的表面合理性实际是建立在其论证体系中潜在的逻辑错误上，正是这种错误导致了将衔接瑕疵归责于通说，从逻辑角度批驳了缓刑制度是刑罚执行制度这一说法。[③]

3. 刑罚裁量兼刑罚执行制度说

这种观点认为，缓刑既属于一种刑罚裁量制度，也是一种刑罚执行制度。例如，我国有学者认为，“从裁量是否执行所判刑罚的意义上说，缓刑属于一种量刑制度；从刑罚执行的意义上说，缓刑也是一种刑罚执行制度。”[④]

4. 独立刑种说

这种观点是从应然的角度对缓刑的法律性质所作的界定。例如，有论者认为，刑罚的谦抑性要求寻求新的刑法反应手段来替代监禁刑，这意味着缓刑将作为一种独立刑法上的反应方式，对犯罪作出反应，而对犯罪的反应应当基于报应和预防的统一，既回顾已然之罪，又前瞻未然之罪。因此，缓刑应当成为独立的制裁措施，体现对犯罪的理性反应，其正当化事由中应当包含报应。[⑤] 在国外刑事立法中，有的国家已经将缓刑作为刑罚方法。例如，英国的监禁刑便分为立即执行的监禁刑、缓期执行的监禁刑，以及部分缓期执行的监禁刑，后两种均属于刑罚方法。[⑥]

5. 有条件赦免说

这种观点是基于对缓刑法律效果的考察得出的结论。在持这种观点的学者看来，既然缓刑是在刑罚已经宣告后，有条件地不执行刑罚，其效果便与赦免一致，即都表现为免除刑罚的执行，因而，从本质上看，缓刑是一种赦免制度。[⑦]

另有论者认为，缓刑是一种与赦免制度类似的特殊刑罚制度，理由是：首先，缓刑制度属于刑罚制度。其次，单就我国刑事立法而言，缓刑制度具有刑罚执行和刑罚消灭的性质特点，而立足于世界范围，缓刑制度的显著特点在于可以消灭国家对特定犯罪人的刑罚权，同时也有消灭犯罪的可能性。最后，其与赦免制度又有不可融合性。因此，应当将缓刑作为一种与赦免制度类似的特殊刑罚制

---

① 陈鹏展：《缓刑属特殊行刑方式》，载《检察日报》2005 年 1 月 13 日。

② 许杰：《我国缓刑制度的理论与实践》，河南大学 2003 年硕士学位论文。

③ 王占洲：《“缓刑执行说”之逻辑批判》，载《政治与法律》2009 年第 7 期。

④ 张明楷著：《刑法学》（上），法律出版社 1997 年版，第 468 页。

⑤ 参见段晖、周卫军：《缓刑的刑罚谦抑性考察》，载《当代法学》2001 年第 7 期。

⑥ 参见朱华荣主编：《各国刑法比较研究》，武汉出版社 1995 年版，第 208 页。

⑦ 参见梁恒昌：《缓刑制度之商榷》，载刁荣华主编：《现代法学论文精选集》，（台湾）台北汉苑出版社 1976 年版，第 131 页。

度存在。[①]

（二）缓刑法律性质观点评析

上述关于缓刑法律性质的各种观点，从各自的不同立场出发，对缓刑的法律性质提出了不同看法，笔者认为，这些观点各有其合理成分，但又都存在不足之处，下面试对其存在的问题加以简要分析。

第一种观点，即认为缓刑是一种刑罚裁量制度的刑罚裁量制度说，在论证过程中陷入了循环论证的逻辑误区。持这种观点的论者预先将“决定对犯罪人判处的刑罚是否立即执行”的活动设定为一种刑罚裁量活动，[②] 却没有解释为什么这种活动属于一种刑罚裁量活动，然后便以此为标准来评判缓刑。其论证过程实际上是因为刑罚裁量制度包括缓刑，所以缓刑是一种刑罚裁量制度，这显然是没有说服力的。笔者认为，“决定对犯罪人判处的刑罚是否立即执行”的活动不属于刑罚裁量活动，因而缓刑制度不应当包含在刑罚裁量制度中，理由如下：刑罚裁量制度又称量刑制度，要解决的是对犯罪人量定刑罚的问题，而缓刑是在刑罚已经量定后才作出的决定，它要解决的问题是对已经量定的刑罚是否立即实际执行，其法律后果是导致已经量定的刑罚不再执行甚至失效，与量刑制度要解决的问题及其所产生的法律后果完全不同。如果解决刑罚是否立即执行问题的制度可以归入量刑制度之中，那么解决刑罚是否继续执行问题的赦免制度，以及解决刑罚如何执行的假释制度同样可以归入量刑制度之中，这显然是不合适的。可见，将缓刑制度视为刑罚裁量制度之观点难以自圆其说。

第二种观点，即刑罚执行制度说的不妥之处更为明显：缓刑是对判处的刑罚有条件地不执行，缓刑期满未撤销缓刑的法律后果是原判刑罚不再执行，这充分说明缓刑根本不涉及刑罚执行的问题。持刑罚执行制度说的论者认为，缓刑是对刑罚的执行方式方法所作的选择，这实际上是将根本不涉及刑罚执行问题的制度视为一种特殊的刑罚执行制度，难以让人接受。

在把握缓刑不是一种刑罚执行制度时，还有一个问题需要澄清，即为什么决定对犯罪人是否判处刑罚的活动应当归入刑罚裁量制度之中，而决定对犯罪人是否立即执行刑罚的活动却不能归入刑罚执行制度之中。这是因为刑罚裁量制度是一项对已经被确认构成犯罪的人进行量刑的制度，根据《刑法》的规定，已经构成犯罪的人并非都要被判处刑罚，[③] 因此，对犯罪人的行为进行量刑的结果，

---

① 毕飞飞：《缓刑制度研究》，山东大学2006年硕士学位论文。

② 参见高铭暄主编：《刑法学原理》（第3卷），中国人民大学出版社1994年版，第200页。

③ 我国《刑法》第37条规定，对于犯罪情节轻微不需要判处刑罚的，可以免予刑事处罚。

既可能是对犯罪人判处刑罚，也可能是对犯罪人免予刑事处罚。而刑罚执行制度则是一项对已经被判处刑罚的人如何执行刑罚的制度，除非某些实际上没有执行刑罚的情形根据法律的规定被视为已经执行了刑罚（如假释），否则，从逻辑上分析，它不包括对被判处刑罚的人不执行刑罚的内容。既然法律已经明确规定，如果在缓刑考验期限内没有应当撤销缓刑的情形，缓刑考验期满，原判刑罚就不再执行，再将缓刑的法律性质界定为一种刑罚执行方法，就明显有欠妥当了。

由于上面已经论证，缓刑既不属于刑罚裁量制度，也不属于刑罚执行制度，第三种观点，即认为缓刑既属于一种刑罚裁量制度，又属于一种刑罚执行制度的观点，当然也就不能成立了。

第四种观点，即独立刑种说的出发点是好的，即它是企图通过使缓刑带上报应的色彩，以达到使缓刑更具有存在的正当性之目的。但笔者认为，这种努力是徒劳的，只要缓刑以不对犯罪人实际执行刑罚为内容，它就没有理由成为一种独立的刑罚方法。这是因为缓刑本来就是为了使某种刑事制裁方法暂缓执行而设立的，如果缓刑本身就是一种刑罚方法，就意味着犯罪人随时面临着因同一事件而受到两次处罚的结局。首先，由于缓刑是一种刑罚方法，因而犯罪人在缓刑考验期间，一直在受到缓刑这种刑罚的处罚。其次，当犯罪人在缓刑考验期间违反应当遵守的规定，因而被撤销缓刑，实际执行原来被判处的刑罚时，他又受到了第二次处罚。最后，这两次处罚都是因为犯罪人过去所犯的同一罪行而给予的，[①]这明显违反了一事不二罚的刑事处罚基本原则，也违背了罪刑相当的刑法基本原则。可见，试图通过将缓刑设置为一种刑罚方法的办法来增强缓刑正当性的做法，无异于缘木求鱼，不可能达到目的。

至于英国有关立法将对监禁刑的暂缓执行作为监禁刑的一种，实际上是将刑罚方法和有条件免除刑罚执行的方法混淆在一起，笔者认为并不科学。

第五种观点，即有条件赦免说虽然抓住了缓刑可以导致刑罚消灭这一本质特征，但这种观点将缓刑视为一种赦免制度则值得商榷。虽然缓刑和赦免在法律后果上具有一致性，即都是对原判刑罚不再执行，但两者存在诸多不同之处：第一，两者的目的不同。缓刑是为了教育感化犯罪人而适用的；而赦免则是出于体现国家或政府对已经改造好的犯罪人的宽大和稳定社会秩序而适用的。第二，两者的适用主体性质不同。宣告缓刑的主体一般是国家司法机关，因而宣告缓刑是一种司法活动；而宣布赦免的一般是国家权力机关或者国家行政机关，因而宣布赦免不是一种国家或者政府活动。第三，两者的适用对象不同。缓刑的适用对象是罪行较轻，不执行刑罚也不会危害社会的犯罪人；而赦免的适用对象则是犯有

① 如果犯罪人违反缓刑考验期间应当遵守的规定的行为又构成新的犯罪，司法机关将会对这一犯罪行为作出新的刑罚处罚。

某一类或者几类罪行的犯罪人。前者是以犯罪人所犯罪行客观危害较轻和主观恶性较小作为不执行刑罚的依据，后者是以犯罪人所犯罪行的性质作为不执行刑罚的依据。第四，两者的法律后果确定的时间不同。缓刑的法律后果只有在被宣告缓刑的犯罪人缓刑考验期满，而没有发生应当撤销缓刑的情形时才能确定，在此之前，随时可能因缓刑被撤销而没有缓刑的法律后果出现；而赦免的法律后果则在赦免宣布以后便立即确定，被宣布赦免的犯罪人在任何情况下都不会再恢复刑罚的执行。第五，被宣告缓刑并且在缓刑考验期间没有发生应当撤销缓刑事由的犯罪人和被宣布赦免的犯罪人再犯罪所面临的法律后果不同。前者仅属于再犯而不能以累犯论处，而后者则属于累犯。鉴于缓刑与赦免存在上述诸多不同，笔者认为，不宜将缓刑视为一种特殊的赦免制度，而只能是一种可以与赦免归入相同的刑罚制度之中的独立的制度。

二、缓刑法律性质之定位：一种刑罚消灭制度

（一）缓刑属于刑罚消灭制度的理由

笔者认为，根据判断事物性质的一般规律和缓刑的本身特征，应当将缓刑归入刑罚消灭制度之中。

缓刑的法律性质，应当从它所属的属概念中去探寻。从属概念中探寻事物的性质是一项逻辑规律。众所周知，事物的概念最能反应事物的性质，界定事物概念的一般方法是属加种差的方法，其中的属概念便体现着事物的性质。因此，只要确定了缓刑的属概念，便能够确定缓刑的性质。根据这一确定事物性质的方法，缓刑的法律性质应当界定为：缓刑是一种刑罚消灭制度。具体理由如下：

（1）根据排中律，在刑罚诸项制度中，缓刑只能归入刑罚消灭制度之中。排中律是公认的认识事物性质的逻辑规律之一，根据排中律，在确定事物的性质时，如果某一判断的概念是周延的，那么，只要能够将所有属于事物性质的其他可能排除，剩下的最后一种可能性便必然属于该事物的性质。例如，如果人分为男性、女性和两性人这一判断的概念是周延的，那么，在确定某人既不是男性、也不是女性之后，便可以得出结论：此人必然是两性人。缓刑是一种刑罚制度，这是毫无疑问的，但刑罚制度还不是缓刑的属概念，因为刑罚制度之下又分为刑种制度、刑罚裁量制度、刑罚执行制度和刑罚消灭制度。在这些制度之下才是生命刑、自由刑、缓刑、减刑、假释等刑罚的各项具体制度。某一概念的属概念只能是其上一个层次的概念，而不能是上几个层次的概念，否则就犯了定义不当的错误。因此，在刑罚制度是由刑种制度、刑罚裁量制度、刑罚执行制度和刑罚消灭制度所组成这一判断中，如果刑罚制度这一概念是周延的，那么缓刑制度便一定属于这四种制度中的某一种制度的组成部分。而刑罚制度由刑种制度、刑罚裁量制度、刑罚执行制度和刑罚消灭制度组成已经为刑法理论界所公认，亦即在这

一判断中刑罚制度这一概念是周延的并已经得到公认。既然如此，前面又已经论证，缓刑既非刑种，也不是刑罚裁量制度和刑罚执行制度，根据排中律，缓刑只能属于刑罚消灭制度。

（2）从具体内容来分析，在刑罚的诸项制度中，只有刑罚消灭制度与缓刑的属概念最相符合。要确认缓刑的属概念是什么，首先必须明确缓刑制度的内容。简单地说，缓刑是以有条件地不执行所判处的刑罚为内容，至于条件是什么，怎么个不执行法，只是内容的细化。在撇开对认定缓刑的法律性质无关紧要的限制性内容之后，可以发现缓刑就是一种不执行所判刑罚的制度。正是在这一点上，缓刑与作为刑罚执行制度之一的假释制度在法律性质上区别开来，而与作为刑罚消灭制度的具体内容之一的赦免制度成为同类。这表现在被假释的犯罪人在假释考验期内，如果没有发生应当撤销假释的情形，假释考验期满，就认为原判刑罚已经执行完毕。可见，从法律规定上看，假释应当视为一种特殊的有条件监外执行刑罚的制度，其特殊性在于这种执行要在假释考验期满后才能生效，而不是假释后经过多长时间就算执行了多长的刑期；其条件是，犯罪人只有在被假释后不致再危害社会的情况下，才能得到这种处遇，并且只有在假释考验期内没有发生应当撤销假释的情形的情况下，才能以这种方式将刑罚执行完毕。而被宣告缓刑的犯罪人在缓刑考验期内，如果没有发生应当撤销缓刑的情形，缓刑考验期满，原判刑罚就不再执行。这表明缓刑在法律上是一种特殊的有条件免除刑罚执行的制度，其特殊性在于这种免除犯罪人刑罚执行的宣告是可以回转的，并非一旦宣告，犯罪人被判处的刑罚就不可逆转地免除执行，而是一旦出现某种特殊情形，就要重新执行原判刑罚；其条件是，犯罪人只有在不实际执行刑罚也不致再危害社会才能暂时不执行刑罚，并且在缓刑考验期内没有发生应当撤销缓刑情形的情况下，才能最终免除刑罚的执行。但这些特殊性和条件并不能否定缓刑在法律上是一种免除刑罚执行的制度。这样，缓刑制度与赦免制度的法律后果便走到了一起，都表现为免除刑罚的执行，只不过赦免是一经宣布，犯罪人的刑罚便立即免除执行，而缓刑则是在宣布后经过一定时间，并满足一定条件，才最终免除刑罚执行。既然缓刑的属概念与赦免的属概念一样，都是刑罚消灭制度，那么缓刑的法律性质应当与赦免制度一样，归结为一种刑罚消灭制度。

（3）宣告缓刑后未立即导致刑罚消灭并不影响缓刑是一种刑罚消灭制度。有论者或许会提出质疑：既然宣告缓刑后并未立即导致刑罚消灭，怎么能说缓刑是一种刑罚消灭制度呢？这一问题不难回答：宣告缓刑后并未立即导致刑罚消灭，而是过了一定时间，满足一定条件后才导致刑罚消灭，正是缓刑作为一种刑罚消灭制度的特殊性所在，它并不影响缓刑属于一种刑罚消灭制度。这就如同民法中的附条件生效合同和附期限生效合同，虽然在合同签订后，合同并不立即发生法律效力，当事人双方并不是立即享有或者履行合同规定的权利或者义务，而是要等到双方在合同中约定的条件或者期限到来后，合同才生效，双方当事人才必须履行合同规定的义务，同时享有合同规定的权利，但是，这并不影响当事人双方所实施的是一种签订合同的活动，因而也不影响附条件生效合同和附期限生效合同仍然属于合同制度的组成部分。看一份文件是否属于合同，关键不是看它是否立即导致双方当事人必须履行某些义务，而是看该份文件所记载的事项是否在性质上属于合同的内容，即是否由平等主体的双方当事人基于自愿而签订的具有权利义务内容的协议。看缓刑是否一种刑罚消灭制度也同此理，不是看它是否能够立即导致刑罚消灭，而是看它是否以最终消灭刑罚为内容。虽然宣告缓刑的判决生效后并不立即产生对犯罪人所判刑罚归于消灭的法律后果，但缓刑却是以不执行缓刑，并最终消灭刑罚为内容，因此，没有理由认为缓刑不是一种刑罚消灭制度。

（二）理解和把握缓刑法律性质时应注意的几个问题

在理解和把握缓刑是一种刑罚消灭制度时，应当注意澄清以下三个问题：

1. 必须将宣告缓刑的司法活动和在此之前且与之并存的刑罚裁量司法活动区别开来

司法机关在审理最终宣告缓刑的案件时，实际上作出了两个决定，第一个决定是认定犯罪人有罪并判处刑罚；第二个决定是宣告缓刑，亦即宣告有条件免除刑罚执行或者说消灭刑罚阶段。这两个决定看似同时并且是混合在一起作出的，实际上这两个决定是一前一后，各自独立的，作出这两个决定的法律依据也是完全不同的，不能将作出第一个决定的刑罚裁量活动和作出第二个决定的宣告缓刑活动混淆在一起，也不能将刑罚裁量活动延伸到宣告缓刑阶段。这是正确把握缓刑制度的关键。以往的刑罚理论之所以摆脱不了缓刑是一种刑罚裁量制度的错误认识，就是因为将对犯罪人定罪量刑的活动和对犯罪人宣告缓刑的活动视为一个不可分割的混合体，这样宣告缓刑自然也就成了刑罚裁量的一个组成部分，缓刑也就当然成了一种刑罚裁量制度。而实际上，宣告缓刑不但不是一种刑罚裁量制度，它和刑罚裁量活动是可以分割开来的，只不过宣告缓刑活动必须与刑罚裁量活动并存而已，而并存并非一定是混合存在。

2. 缓刑对刑罚之消灭表现为两种情形——消灭刑罚执行权和消灭刑罚之宣告

消灭刑罚执行权与消灭刑罚之宣告是两种不同的活动。消灭刑罚执行权，其法律后果是导致原判刑罚不再执行，但原判决中所宣告的刑罚仍然存在，即行为人还是被判处过刑罚的人，只不过被判处的刑罚没有执行而已，换句话说，行为人仍然有犯罪前科记录。消灭刑罚之宣告，是国外缓刑制度中存在的情形，它是指缓刑期满而缓刑未被撤销的，刑罚之宣告丧失效力。这种情形不但导致原判刑罚不再执行，而且使原来的刑罚宣告被视为不存在，即行为人被视为未曾被判过刑的人。由于在司法实务中，消灭刑罚之宣告时，往往也同时消灭犯罪之宣告，即原判决被视为未曾作出，因而消灭刑罚之宣告实际上消灭了犯罪前科记录。我国的缓刑虽然只消灭刑罚执行权，但这并不影响它成为一种刑罚消灭制度，因为在学术界已达成共识的刑罚消灭制度中，既包括同时消灭犯罪和刑罚的制度，如时效制度和大赦制度，也包括仅消灭刑罚执行权的制度，如赦免制度。既然如此，属于消灭刑罚执行权的缓刑制度当然可以也应当归入刑罚消灭制度之中。

3. 缓刑在刑罚理论体系中应当置于什么位置

既然缓刑从法律性质上看属于一种刑罚消灭制度，应当将其置于刑罚体系结构的哪一部分加以探讨呢？是置于刑罚消灭制度中，还是仍然置于刑罚裁量制度中呢？笔者认为，鉴于缓刑宣告活动与此前的刑罚裁量活动关系极为密切，通常都是在对犯罪人定罪量刑之后紧接着宣告缓刑，因而将缓刑置于刑罚裁量制度中更为合适。这种将一种刑罚制度置于与之性质不同的另一种刑罚制度之下加以探讨的刑罚体系安排并非没有先例，将减刑制度置于刑罚执行制度之下进行探讨便属于这种情形。减刑是一种将原判刑罚加以缩减的司法活动，它实际上是再次进行刑罚裁量，因而应当归入刑罚裁量制度之中，但由于减刑是在刑罚执行过程中进行，因而通常将其置于刑罚执行制度中探讨。① 既然在特殊情况下本属于刑罚裁量制度之一的减刑制度可以置于刑罚执行制度中加以探讨，那么本属于刑罚消灭制度之一的缓刑制度在必要的情况下当然也可以置于刑罚裁量制度中探讨。

---

① 通说认为，减刑属于一种刑罚执行制度（参见高铭暄、马克昌主编：《刑法学》（上编），中国法制出版社 1999 年版，第 536 页），笔者对此不敢苟同。所谓刑罚执行，是一种对已经确定的刑罚内容付诸实现司法活动，减刑却是将已经确定的刑罚予以缩减，实际上是根据犯罪人的人身危险性所发生的变化以及其他原因对原判刑罚作出适当调整，因而属于对刑罚的再次裁量。

第二章　缓刑的价值及其局限

缓刑之利，即缓刑的价值，是指缓刑所具有的能够满足国家、社会或者个人某种需要的属性。它是我们适用缓刑的原因以及适用缓刑时所追求的目标。以往人们都强调缓刑的正面价值而有意或者无意地忽视了缓刑在实现这些价值时存在的局限性，对缓刑价值的归纳也略显零乱或者不够全面。而对缓刑价值及其局限的系统、全面探讨，对于积极而适度地适用缓刑，在观念上扭转缓刑实践在我国面临的尴尬处境大有裨益。缓刑之弊，即缓刑在实现自身价值时可能产生的弊端。分析缓刑的利弊，目的在于最大限度地发挥缓刑的价值，同时尽可能克服缓刑的弊端。

无论是否将缓刑视为一种具体的刑罚方法，[①] 它都属于一种刑罚制度，都与具体的刑罚方法有着密不可分的关系，因此，应当以刑罚的价值及正义、秩序、自由为参照对象来归纳缓刑的价值。

第一节　缓刑在实现正义方面的价值及其局限

正义的基本内涵为公正和公平。[②] 早在古罗马时代，法学家们就将正义定义

① 关于缓刑的法律性质，刑法理论界有不同的看法，有的学者认为，它应当是刑罚种类之一（参见段晖、周卫军：《缓刑的刑罚谦抑性考察》，载《当代法学》2001 年第 7 期；邓可大：《缓刑改革与完善》，载《法学杂志》1997 年第 1 期）。但多数学者认为，它不是独立的刑种（参见高铭暄、马克昌主编：《刑法学》（下编），中国法制出版社 1999 年版，第 523 页；段仁元、郝如建：《我国缓刑制度的几个问题》，载《江苏公安专科学校学报》2001 年第 2 期；［日］福田平、大塚仁编，李乔、文石、周世铮译：《日本刑法总论讲义》，辽宁人民出版社 1986 年版，第 242 ~ 243 页）。

② 参见谢望原著：《刑罚价值论》，中国检察出版社 1999 年版，第 194 页。

为“使每个人获得其应得的东西的永恒不变的意志”[①]。现代学者们关于正义的看法仍然恪守着先哲们的遗训，他们仍然强调正义的主要特征是平衡感、均衡感、不偏向与给人其所恰当的该当物。[②] 当某一事物能够实现上述内容的时候，我们便认为该事物对实现正义具有价值。基于上述标准，缓刑对实现正义方面也有其独特的价值，这主要表现在，在报应刑不能实现正义的地方，往往需要缓刑来弥补。

一、报应刑在实现正义时所面临的困境

报应刑由于恪守罚当其罪的罪刑均衡原则而显示出其公正性和公平性，对于实现正义具有无可争议的作用。[③] 当刑法本身是严格按照公平、公正的原则而制定出来时，坚持罚当其罪的报应刑也就坚持了正义。但报应刑的这种作用有其无法扩及的领域，主要表现在，当报应刑所依据的刑法规范本身缺乏正义性时，报应刑要想实现正义便成为无米之炊。这是因为，报应刑的启动以行为人违反一定的刑法规范为前提，并以遵循一定的刑法规范为内容，而刑法规范本身有好坏善恶之分，亦即有善法恶法之分，当刑法规范因各种原因而缺乏公正性和公平性时，以遵循刑法为己任的法律报应刑要想实现正义就成了缘木求鱼，正义在报应刑那里也就成了无源之水、无本之木，必然陷入干涸枯朽的境地。正如学者们所指出的，实施一项令人憎恶的法律无论如何都不能算是正义的。[④]

二、缓刑通过弥补报应刑的不足而实现正义

当正义在报应刑之路上走到山重水复之际，往往是其需要改走缓刑道路之时。这是因为，缓刑作为一项刑罚个别化措施，并不像报应刑那样固守罪刑均衡原则。它在尊重根据罪刑均衡原则而作出的刑罚裁判的基础上，以有条件不执行刑罚的方式对这一原则进行了变通。在适用缓刑时，除了考虑犯罪人的犯罪情节外，法官还会考虑其悔罪表现和个人情状。在考虑这些因素的时候，法官更多的是从社会公认的伦理道德、犯罪人个人值得宽宥之处、社会对犯罪人的行为所应当承担的责任等法律之外的角度评价犯罪人的行为，这使得在由于法律规定不公

---

① ［美］E·博登海默著，邓正来、姬敬武译：《法理学——法哲学及其方法》，华夏出版社1987年版，第253页。

② 参见邱兴隆：《报应刑的价值悖论：以社会秩序、正义与个人自由为视角》，载《政法论坛》2001年第2期。

③ 关于报应刑对实现正义方面的价值，可参见邱兴隆著：《关于惩罚的哲学——刑罚根据论》，法律出版社2000年版，第57～66页。

④ 参见［美］E·博登海默著，邓正来、姬敬武译：《法理学——法哲学及其方法》，华夏出版社1987年版，第253页。

正、不合理或者其他原因而导致报应刑不能实现正义的情况下，缓刑得以通过不实际执行刑罚而重新实现正义。

缓刑对实现正义所具有的作用主要表现在以下两方面：（1）通过对公众认为不应当判刑的犯罪人不实际执行刑罚以维护正义。由于法律观念的差距或者维护社会秩序的需要，立法者可能将一些社会公众能够接受甚至赞许的行为视为非法甚至犯罪。例如，60 岁的甲在其子将一村民杀害后，将其一贯为非作歹、罪恶累累、人见人怕的逆子杀死，因而构成故意杀人罪。当地民众联名写信恳切请求司法机关对甲免予刑事处罚。在这种情况下，如果严格按照报应刑的要求，对甲科以实际执行的刑罚，人们都会认为判决不公正，因而违背正义的要求；如果对甲宣告无罪，又公然违背法律，产生破坏法制的恶果；如果对甲适用缓刑，则既让人觉得对他的处罚是适当的、公正的，从而实现了正义，又没有破坏法制。（2）缓刑通过对某些受到不公正、不合理的刑罚处罚的人不执行刑罚以维护正义。由于认识水平的限制，或者由于失误，某些刑事立法难免存在不公正、不合理之处，立法者可能对某些相对并不严重的犯罪规定较重的刑罚。例如，根据我国《刑法》以及有关司法解释的规定，盗窃 500 元以上的财产，便构成盗窃罪，这种规定的严厉程度远远超过了《刑法》对其他一些犯罪的规定，因而有失公正，这时如果对盗窃犯罪人适当多适用一些缓刑，便能够弥补《刑法》在这方面规定的不公正、不合理性，从而在一定程度上维护正义。

需要指出的是，通过对犯有法定刑规定过重之罪的犯罪人科处法定刑以下较轻的刑罚，也能达到公正，从而实现正义，因而似乎没有适用缓刑的必要，但问题在于，这种刑罚如果是短期自由刑，则经常导致被判刑人陷入万劫不复的境地，对于一般预防和特殊预防目的的实现都有害无益，在这种情况下，缓刑更显示出其独特的价值。以往学者们在探讨缓刑的价值时，可能是囿于刑罚个别化[①]与刑罚公正之间经常具有的冲突，[②] 均没有涉及缓刑在实现正义方面具有的价值。而肯定缓刑在实现正义方面所具有的价值，对于肯定缓刑存在的合理性，使法官能够积极大胆地适用缓刑都具有重要意义，因为“正义是社会制度的首要价值，正像真理是思想体系的首要价值一样”[③]。

三、缓刑在实现正义方面的局限性

尽管缓刑在一定条件下具有实现正义的价值，但不可否认的是，在许多情况

① 缓刑被视为刑罚制定个别化的具体表现（参见翟中东：《刑罚制定个别化问题研究》，载《国家检察官学院学报》2002 年第 3 期）。

② 刑罚个别化与刑罚公正之间的冲突，实际上就是个别预防与正义之间的冲突。

③ 谢望原著：《刑罚价值论》，中国检察出版社 1999 年版，第 194 页。

下，缓刑的适用不是在实现正义，而是在牺牲或者削弱正义。究其原因在于，缓刑是一种刑罚个别化措施，其根据在于功利刑理论中的个别预防论，这种理论由于将刑罚的重心放在人身危险性之上，因而认为刑罚的根据主要在于行为人人身危险性的大小，在这种思路引导下，这种理论对报应刑理论持彻底否定态度，而认为为了达到个别预防的目的，对社会成员既可以无罪施罚或者轻罪重罚，也可以有罪不罚或者重罪轻罚，其结果必然导致罚不当罪，刑罚明显缺乏公正性。[①]缓刑制度作为对个别预防论的制度性诠释，在许多情况下带有有罪不罚或者重罪轻罚的色彩，它与罪刑均衡、刑罚平等等建立在报应刑理论之上的刑罚原则存在不协调之处，因而经常无法做到刑罚公正。此时，缓刑的适用难免或多或少牺牲或者削弱刑罚的正义性。例如，甲因邻里纠纷将乙手臂打断，多处打伤，构成故意伤害罪。根据其犯罪情节，应当判处3年以下的有期徒刑，结果是甲被判处有期徒刑2年，缓刑3年。在这里，法院对甲判处2年有期徒刑，意味着根据甲的犯罪行为所造成的危害结果以及甲的主观罪过，他应当受到2年有期徒刑的刑罚处罚，这样才能做到罪刑相当；而同时宣告缓刑3年，则是从促进特殊预防目的的实现这一角度考虑，对甲采取的一种宽大措施。从判决结果来看，甲由于实际上刑罚极有可能不会执行，因而显然没有为其故意伤害犯罪行为付出相应的代价，因此，法院的判决并没有做到罚当其罪，让人（特别是受害人）觉得有失公正。导致这种后果的根源便在于缓刑，缓刑的不公正性在有比较的情况下更加明显。例如，甲和乙都因相同原因拦路抢劫100元钱，构成抢劫罪。结果，甲被判处3年有期徒刑，缓刑3年；乙却被判处3年有期徒刑实刑。在这里，对于乙而言，缓刑所显示出的不公正性可谓强烈了。任何人处在乙的位置，都必然会提出这样的质疑：为什么他（甲）可以缓刑而我却不能？缓刑由此成为强烈的不公平感产生的源泉。在适用缓刑的时候，我们应当正视并努力设法避免这方面的问题，否则，在扩大缓刑适用范围的过程中，难免会产生新的矛盾，给充分实现缓刑的价值带来阻碍。为此，在适用缓刑时，应当避免出现严重的偏离公正，放纵罪犯，以至刑罚严重不足的情形。所谓刑罚不足，是指刑罚之量没有达到足以抗制犯罪之最低限度，在理论上有损于公正，在实务上又放纵罪犯。[②]边沁早已指出，刑罚不足是一个应被抛弃的恶，因为公众和罪犯都不能从中得到任何好处。他形象地描述道，如果一个外科医生顾忌病人的某些痛苦而停止治疗，我们对此应该怎样评论？在无秩序的痛苦呻吟之中又加上无效手术所带来的痛苦，这

① 参见邱兴隆著：《关于惩罚的哲学——刑罚根据论》，法律出版社2000年版，第207~214页。

② 参见赵秉志主编：《海峡两岸刑法总论比较研究》（下卷），中国人民大学出版社1999年版，第436页。

难道是启蒙者的人道性吗?① 可见，如果缓刑的适用导致刑罚严重不足的后果，就会与缓刑所追求的目标背道而驰，是我们在适用缓刑时应当力戒的。

第二节 缓刑在维护社会秩序方面的价值及其局限

从静态角度来看，社会秩序，是指人类社会生活有条不紊、安定宁静以及和谐配置的状态。② 它既是一种事实，又是一种价值。③ 人类对秩序的需要已经从心理、美学、理智等多层面得到证明。④ “与法律永远相伴随的基本价值，便是社会秩序。”⑤ 因此，对社会秩序的维护成为刑罚公认的价值之一。关于缓刑对维护社会秩序所具有的价值，我国台湾地区学者已有提及，只是未能展开。⑥ 笔者认为，缓刑是通过促进特殊预防目的的实现来体现其维护秩序的价值的。

一、特殊预防与社会秩序

所谓特殊预防，是指预防犯罪分子本人再次犯罪。⑦ 当代社会的特殊预防已经不再局限于传统意义上的通过对犯罪人适用一定的刑罚，使之永久或在一定时期内丧失再犯能力，而是扩展到通过各种矫正措施消除犯罪人的人身危险性，使之彻底打消犯罪念头，复归社会。⑧ 这样促进特殊预防目的的实现便通过以下两种途径达到了维护社会秩序的目的：第一，当特殊预防目的的实现表现为在一定时间内或者永远剥夺特定犯罪分子的再犯能力时，犯罪人便在一定时间内或者永远没有机会再去实施犯罪行为，这就防止了曾经犯罪的人再犯罪而对社会秩序造成破坏，从而维护了社会秩序。第二，当特殊预防目的的实现表现为使犯罪人彻

---

① 参见［英］吉米·边沁著，孙力等译：《立法理论——刑法典原理》，中国人民公安大学出版社 1993 年版，第 68 ~ 69 页。

② 参见谢望原著：《刑罚价值论》，中国检察出版社 1999 年版，第 170 页。

③ 参见曲新久：《论社会秩序的刑法保护与控制》，载《政法论坛》1998 年第 4 期。

④ 参见［美］E·博登海默著，邓正来、姬敬武译：《法理学——法哲学及其方法》，华夏出版社 1987 年版，第 215 页。

⑤ ［英］彼得·斯坦、约翰·香德著，王献平译：《西方社会的法律价值》，中国人民公安大学出版社 1990 年版，第 38 页。

⑥ 参见林山田著：《刑罚学》（修订版），（台湾）商务印书馆 1992 年版，第 208 页；苏俊雄著：《刑法总论》（Ⅲ），（台湾）大地印刷厂股份有限公司 2000 年版，第 323 页。

⑦ 参见马克昌、杨春洗、吕继贵主编：《刑法学全书》，上海科学技术文献出版社 1993 年版，第 176 页。

⑧ 参见陈兴良著：《本体刑法学》，商务印书馆 2001 年版，第 643 ~ 644 页。

底打消犯罪念头时，曾经犯罪的人便不会再去实施危害社会的犯罪行为，同样也防止了社会秩序因犯罪人的再犯罪而遭到破坏，从而维护了社会秩序。可见，一种刑罚制度如果能够促进特殊预防目的的实现，便具有维护社会秩序的价值。缓刑正是这样一种刑罚制度。

二、缓刑与特殊预防

（一）缓刑通过消除短期自由刑的弊端而实现特殊预防的目的

所有论及缓刑价值或者作用的学者无不认为，缓刑的主要价值之一是能够消除短期自由刑的弊端。然而，消除短期自由刑的弊端又是为了什么，却极少有人提及。究其原因，在于学者们关于缓刑价值全部或者绝大多数的论述都可以概括为缓刑对实现特殊预防所具有的价值。例如，我国台湾地区不少学者认为，缓刑具有两方面的价值：一是避免短期自由刑的弊端；二是促进犯罪人改过自新。[①]这两方面的价值实际上都是为实现特殊预防的目的服务的。又如，有学者认为，缓刑具有四方面的价值，除了能够避免短期自由刑的弊端和促进罪犯改恶从善以外，还能够促进犯罪再社会化和减少国家经济支出。[②] 其中避免短期自由刑的弊端，促进罪犯改恶从善以及促进犯罪再社会化这三方面的价值都是为实现特殊预防的目的服务的。这样再从这些价值的上位价值，即特殊预防的角度来探讨缓刑的价值便没有或者基本上没有意义了。实际上，缓刑消除短期自由刑的弊端就是为了实现特殊预防的目的。

关于短期自由刑的弊端究竟有哪些，尚存在不少的分歧。因此，有必要从探讨短期自由刑的弊端着手，对缓刑在消除短期自由刑弊端方面的作用，以及通过消除短期自由刑的弊端而实现特殊预防目的方面的作用，加以阐明。

1. 短期自由刑的弊端

短期自由刑的弊端是在实证调查中发现的。西方一些从事犯罪预防研究的人员以及国家司法部门对被判处短期自由刑的犯罪人在刑满释放后的情况进行了调查，调查结果令人沮丧：不少犯罪人在刑满出狱后再次犯罪，并且所犯罪行的性质和情节往往比原来所犯之罪更为严重。这表明，从特殊预防的角度看，短期自由刑是一种失败的刑罚。短期自由刑之所以在改造犯罪人方面效果不佳，除了因

---

① 参见桂成：《从〈法院加强缓刑宣告实施要点〉论缓刑制度之得失》，载（台湾）《刑事法杂志》第 37 卷第 2 期；林山田著：《刑罚学》（修订版），（台湾）商务印书馆 1992 年版，第 208 页；韩忠谟著：《刑法原理》，（台湾）雨利美术印刷有限公司 1981 年版，第 471 ~ 472 页。

② 参见翟中东：《论缓刑的四大价值》，载《青少年犯罪问题》2001 年第 1 期；曹大诚：《论缓刑制度》，载（台湾）《刑事法杂志》第 24 卷第 3 期。

为一些应当与短期自由刑配套的教育感化措施以及社会帮助措施的缺乏或者不完善有关外，主要是由于短期自由刑自身具有以下三方面的弊端：

（1）短期自由刑容易造成犯罪人之间互相交流犯罪心得，传染犯罪恶习，使被判刑人从思想观念上到技能上都变得更容易走上犯罪道路。[①] 犯罪人被判刑入狱后，与他相处的都是犯罪分子，在这些犯罪分子中，不乏反社会思想意识极强，道德品质又十分败坏的社会渣滓，即便没有这种人，在正常情况下，被判处刑罚的犯罪分子的心态和品行也肯定比社会上的一般人要不正常和恶劣。这些犯罪分子通过日常谈话交流思想，互相灌输各自的观念，这些思想观念通常都十分不利于他们认罪伏法和改过自新，反而更容易导致他们互相交流犯罪心得，传染犯罪恶习，从而使得他们更加坚定反社会的心态，出狱后自然更容易走上犯罪道路。实证研究表明，一种新的观念或文化对社会个体的影响有如下规律：当社会个体开始接触这种观念或文化时，这种观念或文化对社会个体的刺激最大、影响最深；当社会个体接触这种观念或文化一段时间后，社会个体开始对这种观念或文化进行全面评价。[②] 被判处短期自由刑的犯罪人在服刑期间，正是他对某种观念和文化的接触时期，因而也是这种观念或文化对犯罪人的刺激最大、影响最深的时期，犯罪人在这样一个时期处在被罪犯所包围的环境之中，对其改过自新所带来的负面影响可想而知。

（2）短期自由刑往往缺乏足够的时间来实现对犯罪者的教育感化。[③] 达到对犯罪人教育感化的目的所需要的时间，一般要长于达到对犯罪人惩戒的目的所需要的时间。这是因为，对犯罪人的惩戒是通过刑罚给犯罪人造成立刻能感受到的痛苦和由此带来的威慑得以实现的，因而在短时间内便能收到明显的效果，而对犯罪人的教育感化，则要在了解犯罪原因和背景，摸清犯罪人的性格特征的基础上，通过对犯罪人进行深入、细致的思想教育工作才能做到。要做好以上事情，

---

① 参见陈弘毅著：《刑法总论》，（台湾）鼎茂图书出版有限公司 1998 年版，第 335 页；廖正豪：《缓刑之要件》，载（台湾）《刑事法杂志》第 24 卷第 5 期。

② 参见翟中东：《论缓刑的四大价值》，载《青少年犯罪问题》2001 年第 1 期。

③ 在此应当明确，对犯罪人的教育感化并不是刑罚（包括短期自由刑）的内容，而只是在刑罚执行过程中为了改造犯罪人所采取的相关措施。这是因为，刑罚本质上是一种惩罚犯罪的方法，它以剥夺犯罪人一定权利，使犯罪人遭受痛苦为表征，而教育感化完全不具备刑罚的特征，它由对犯罪人进行道德教化、行为规劝、复归社会帮助等措施所构成，这些措施并非刑罚所固有，而是刑法理论和犯罪矫正理论发展到一定时期，学者们为了追求预防犯罪的目的而提出来的，应当属于与刑罚并列的内容。

显然须假以时日。短期自由刑[①]（特别是半年以下的短期自由刑）由于受刑期限制，往往在对犯罪人的教育引导工作还未能取得明显效果的时候，犯罪人便已经刑满出狱，从而使教育感化工作半途而废，有时甚至根本没有来得及对犯罪人对症下药，犯罪人便已经出狱。这使得在短期自由刑刑罚执行期间，往往无法实现对犯罪人教育感化的目的。

需要指出的是，短期自由刑虽然经常缺乏足够的时间来实现对犯罪人的教育感化，但并非所有的短期自由刑都不能满足改造犯罪人的时间需要。一种较有代表性的观点认为，短期自由刑的弊端之一是没有充分的时间实现对犯罪者的教育感化。[②] 笔者认为，这种看法失之片面，理由有二：其一，如果短期自由刑完全不能满足改造犯罪人的时间需要，那么，短期自由刑必然完全不能达到改造犯罪人的目的，而实际情况并非如此。虽然受到短期自由刑处罚的犯罪人确实有许多又重新犯罪，但并非所有被判处短期自由刑的犯罪人都会重新走上犯罪道路，相反，还是有一些初犯的犯罪人在短期自由刑服刑期间，经过教育感化后，从此改邪归正，再也没有犯罪。可见，短期自由刑只是往往不能满足改造犯罪人的时间需要，而并非所有短期自由刑都缺乏充分的时间来实现对犯罪人的教育感化。其二，短期自由刑在特殊预防方面效果不理想，刑期短并非唯一原因。在实践中，有的犯罪人被监禁了许多年都改造不好，而有的犯罪人则监禁不到 1 年就能改造好。可见，能否改造好犯罪人并非完全由监禁时间的长短决定，还受到除监禁时间之外的许多其他因素制约。比如，对犯罪人所判处的刑罚是否公正，犯罪人的服刑环境是否有利于他向认罪伏法的方向转变，对犯罪人的教育感化措施是否正确有效，[③] 犯罪人刑满释放后的社会环境和他的生活条件是否有利于他保持善行，[④] 等等。试想一下，如果法院对犯罪人所判处的短期自由刑是公正的，犯罪

---

① 关于自由刑的刑期至何期限方为短期自由刑，有不同观点。有的人认为，刑期 3 个月以下方为短期自由刑；有的人则认为，6 个月或者 9 个月以下为短期自由刑；还有人认为，1 年以下即可视为短期自由刑。参见林山田著：《刑罚学》（修订版），（台湾）商务印书馆 1992 年版，第 196 页。

② 参见喻伟：《缓刑制度与刑事政策》，载《法学评论》1992 年第 3 期；翟中东：《论缓刑的四大价值》，载《青少年犯罪问题》2001 年第 1 期；林山田著：《刑罚学》（修订版），（台湾）商务印书馆 1992 年版，第 199 页。

③ 改造犯罪人与教育感化犯罪人并不是两项内容各自独立的工作，教育感化犯罪人是改造犯罪人的措施之一，改造犯罪人除了教育感化的方法之外，还有一个重要的方法就是对犯罪人剥夺自由、强制劳动，使犯罪人感受到刑罚的痛苦，从而打消犯罪念头。我们往往将改造犯罪人的内容理解为那些使犯罪人感到痛苦的措施，这是片面的。

④ 改造犯罪人实际上就是西方刑法学和刑事执行法学中所谓对犯罪人的矫正，因此，有关改造犯罪人的措施不但包括在犯罪人服刑期间为防止其刑满释放后再犯罪所采取的措施，还应当包括在其刑满释放后，为防止其再犯罪（亦即有利于其保持善行）所采取的措施。

人在服刑过程中不存在受到交叉感染的可能，在服刑期间对他进行教育感化的措施得当，而刑满释放后对他的安置和帮教工作又十分到位，凭着监禁刑所具有的震慑力和教育感化措施所具有的亲和力，我们完全有理由相信，短期自由刑在改造犯罪人方面也能取得良好的效果。现实生活中，有许多被判处短期自由刑刑满释放后的犯罪人本来都打算洗心革面，只是由于在工作、生活等方面遇到的困难和挫折太多，难以再融入社会，因而再次走上了犯罪道路。他们重新犯罪显然不是由于短期自由刑刑期太短，缺乏充分的时间来实现对犯罪者的教育感化所致。

可见，认为短期自由刑的弊端之一是没有充分的时间实现对犯罪者的教育感化的观点，没有全面地认识导致短期自由刑改造犯罪人效果不佳的原因，而是想当然地认为短期自由刑的刑期完全不能满足教育感化犯罪人的时间需要，因而是片面的。我们只能说短期自由刑往往缺乏足够的时间来实现对犯罪者的教育感化，而不能认为短期自由刑的刑期完全不能满足教育感化犯罪人的需要。

（3）短期自由刑由于将犯罪人与社会隔离并使犯罪人感到颜面无存，使得犯罪人在出狱后从行为能力上到心理上均很难再适应社会，导致其再犯可能性大大增加。短期自由刑给犯罪人所带来的后果绝非仅仅是短时间内剥夺其人身自由，与这种刑罚伴随而来的是犯罪人与社会的隔离和由此而产生的一系列其他的打击，如工作丧失、颜面扫地、社会和家庭不信任与歧视、出狱后寻找工作和正常生活的艰难等，这一切使犯罪人原来可能存在的改过之心受到沉重的打击，自暴自弃之心则随时可能萌发，而他所面临的客观环境也十分不利于他再适应社会，融入社会。在这样的心态和环境之下，犯罪人改过自新、重返社会的困难大大增加，再犯的可能性也相应增加。

值得注意的是，还有一种观点认为，短期自由刑的弊端之一是这种刑罚对罪犯起不到惩戒作用。[①] 笔者认为，这种观点与实际情况不相符合，因而不敢苟同。

所谓刑罚对犯罪人的惩戒作用，是指刑罚所具有的对犯罪人予以惩罚和威慑，以使其不敢再危害社会的作用。刑罚对犯罪人的惩戒作用主要通过两个方面体现出来：其一，通过刑罚给犯罪人造成的痛苦，体现刑罚的惩罚作用。其二，通过使犯罪人认识到，如果他再实施犯罪将再次承受刑罚惩罚的痛苦，因而不敢再犯罪，以体现刑罚对犯罪人的威慑作用。

刑罚对罪犯能否起到惩戒作用，主要由以下两方面的因素决定：其一，刑罚惩罚性的强弱。一般而言，刑罚给犯罪人带来的痛苦越大，惩罚性就越强，刑罚对其所具有的惩戒作用也就越强，犯罪人也就越感到畏惧。比如，长期自由刑给犯罪人所带来的痛苦明显要大于罚金刑，因而，前者的惩罚性要明显强于后者，

① 参见喻伟：《缓刑制度与刑事政策》，载《法学评论》1992 年第 3 期。

其所具有的惩戒作用也要明显大于后者，相应地，犯罪人对长期自由刑的恐惧程度也要大于对罚金刑的恐惧程度。其二，犯罪人对这种刑罚的反应。由于刑罚所带来的痛苦是犯罪人的主观感受，因此，刑罚能否对罪犯起到惩戒作用，除了受刑罚本身惩罚性强弱因素的影响外，还受犯罪人对这种刑罚的反应的影响。如果犯罪人对某种刑罚很敏感、很惧怕，那么这种刑罚对犯罪人就具有很强的惩戒作用。比如，腰缠万贯的人往往很害怕失去自由，哪怕短时间失去自由，对他们来说也是痛苦不堪的，因此，短期自由刑对百万富翁来说，便具有强烈的惩戒作用；如果犯罪人对这种刑罚反应迟钝，并不感到害怕，那么这种刑罚对犯罪人就没有惩戒作用，如生活在贫民窟中的犯罪人，穷困潦倒，其生存环境和监狱没有什么差别，对将来也不抱什么希望的人，对失去自由一般不会感到害怕，因此，短期自由刑对这类人来说，便没有什么惩戒作用。

通常，短期自由刑还是具有惩戒作用的。这表现在以下两个方面：第一，短期自由刑仍然具有强烈的惩罚性。短期自由刑虽然刑期短暂，但这种以剥夺犯罪人自由为内容的刑罚相对于罚金刑等不剥夺人身自由的刑罚来说，显然更为严厉，惩罚性更强，因而，当它施加于犯罪人时，通常会给犯罪人带来痛苦。第二，就一般人而言，对剥夺自由的刑罚都会感到惧怕。其主要原因在于：首先，对大多数人来说，自由都是十分宝贵的，很少有人会对失去自由感到无动于衷；其次，人具有社会性，被判处短期自由刑将导致犯罪人与社会隔离，犯罪人一般都会对此感到不适应和痛苦；最后，短期自由刑还意味着被判刑人会丧失许多与自由相关的权利和机会，如失去工作机会，失去正常的受教育的权利等。可见，短期自由刑对犯罪人的惩罚性和威慑作用还是十分明显的，有论者甚至认为，这种刑罚对某些犯罪人显得过于严苛，如我国台湾地区有学者便认为："对于甚多出于过失或由于一时冲动而致犯罪之人，法律上虽不得原恕其罪，但如遽予科处或执行实刑，未免过苛。"①

由于短期自由刑既具有严厉的惩罚性又具有较强的威慑力，因此，这种刑罚完全具有对犯罪人的惩戒作用。比如，如果被判处短期自由刑的犯罪人在刑满释放后，很快便找到工作，过上了舒心的日子，那么，每当他回想起在监狱度过的日子，难免会不寒而栗，决不会轻易再去实施犯罪行为了。在此，短期自由刑的惩戒作用彰明较著。认为短期自由刑对犯罪人不具有惩戒作用的观点，实际上是将短期自由刑在改造犯罪人方面效果较差误解为短期自由刑对犯罪人不具有惩戒作用了。其实，在改造犯罪人方面效果较差与对犯罪人不具有惩戒作用并非一回事，导致这两种后果的原因也大不相同。一种刑罚对改造犯罪人是否有效，除了与这种刑罚对犯罪人是否具有惩戒作用有关外，还受到在行刑过程中对犯罪人的

① 廖正豪：《缓刑之要件》，载（台湾）《刑事法杂志》第24卷第5期。

教育感化工作的好坏，以及这种刑罚对犯罪人在工作、生活、心理等方面造成的后果等因素的影响。因此，即使刑罚对犯罪人具有良好的惩戒作用，如果上述其他问题没有解决好，对犯罪人的改造效果仍然难以令人满意。可见，从短期自由刑在改造犯罪人方面效果较差推断短期自由刑对犯罪人不具有惩戒作用，是不能成立的。

还应当指出的是，刑罚的法律本质就是惩罚。[①] 因此，无论何种刑罚，都具有惩罚性，只要能够做到罪刑相当，都会对犯罪人具有威慑作用，也都会对犯罪人具有惩戒作用，只不过不同刑罚的惩罚性的严厉程度和威慑作用的强弱有区别，因而惩戒作用的大小不同而已。正如贝卡里亚所言："只要刑罚的恶果大于犯罪带来的好处，刑罚就可以收到它的效果。"[②] 因此，任何关于某种刑罚对犯罪人起不到惩戒作用的观点，都是不能成立的。

2. 缓刑在消除短期自由刑弊端方面所具有的作用

缓刑由于不对被判刑人实际关押，并对被判刑人进行一定时间的监督考察，因而具有以下三方面的显著功能：

（1）缓刑可以避免犯罪人在监狱内染上其他犯罪恶习和增强犯罪倾向。如前所述，被判处短期自由刑实际执行的犯罪人，在监狱内容易受到其他犯罪人的影响而染上新的犯罪恶习，并形成更坚定、更强烈的反社会心理，因而出狱后容易再次犯罪。缓刑由于没有将犯罪人关押在犯人云集的监狱内，而是将其置于正常的社会环境中加以监督考察，这就完全避免了犯罪人在监狱内染上其他犯罪恶习并增强犯罪倾向的可能。

（2）缓刑有利于对犯罪人的教育感化。缓刑有利于对犯罪人的教育感化的原因有二：其一，缓刑能使犯罪人感受到国家和社会对他的宽容和信任，犯罪人由此而生感激之情，这种心态有利于其接受教育，幡然悔悟。缓刑体现国家和社会对犯罪人的宽容主要表现在：根据罪刑相当原则的要求，被宣告缓刑的犯罪人本应受到实际执行刑罚的严厉处罚，但出于教育挽救犯罪人的目的，国家放弃了这种严厉处罚手段，选择了有利于犯罪人的暂缓执行刑罚的措施，这显然体现出了国家对犯罪人的宽容，为此甚至损害了正义——在一定程度上放弃了惩罚的公正性和公平性。缓刑体现国家和社会对犯罪人的信任则主要表现在：对于根据所犯罪行本应执行短期自由刑的犯罪人，如果国家和社会不是相信其不会再危害社会，不可能将其置于正常的社会环境之中加以监督考察，因此，被判刑人宣告缓

① 参见赵秉志主编：《海峡两岸刑法总论比较研究》（下卷），中国人民大学出版社 1999 年版，第 367 页。

② ［意］贝卡里亚著，黄风译：《论犯罪与刑罚》，中国大百科全书出版社 1993 年版，第 42 页。

刑，表明了国家和社会对犯罪人不会再危害社会的信任态度。对于国家和社会所给予的宽容和信任，那些过失犯和初犯等心态较为正常、希望改过自新的犯罪人不会无动于衷，而会心生庆幸和感激之情，这样的心态显然十分有利于他们改过自新。其二，缓刑使犯罪人接受教育感化的时间延长。各国缓刑制度都有关于缓刑考验期的规定，被宣告缓刑的犯罪人在缓刑考验期内必须接受监督考察。缓刑考验期一般都比原判刑罚要长，这使犯罪人接受教育感化的期限延长，有助于教育感化目的的实现。

（3）缓刑有利于犯罪人重返社会。缓刑有利于犯罪人重返社会的原因有三：其一，缓刑不会出现因为犯罪人脱离社会而与社会发展脱节，难以再融入社会的问题。当代社会的发展日新月异，物质生活水平提高的速度和观念更新之快令人目不暇接，即便是生活在社会中的人，也时常会有赶不上时代发展步伐的感慨，与社会隔离的人，当然更是对这种状况无所适从了。犯罪人一旦被投入监狱，便基本上与社会隔绝，等他再回到社会时，很可能会对新的社会环境，如人们的生活方式、行为准则等无法适应。缓刑则避免了这种情形的出现。其二，缓刑使犯罪人的生存环境不至于彻底恶化。犯罪人是否在监狱被关押过，社会公众对他的看法和态度会迥然不同。如果犯罪人在监狱中服过刑，公众对他往往会敬而远之，对他的不信任、蔑视和隔阂通常不可避免，而他原有的工作早已失去，原有的社会关系也大多中断，这一切使得犯罪人出狱后将面临着十分恶劣的生存环境，他即使有心重返社会，也可能没有这样的能力。被宣告缓刑的犯罪人由于没有在监狱中服过刑，就避免了因入狱而陷入这种恶劣的生存环境之中。其三，缓刑能使犯罪人基本上保持一种健康、正常的心态投入生活。是否在监狱中服过刑对犯罪人的心理影响也十分明显，这种影响源自其客观生存环境的剧变和他所具有的传统伦理道德观念的自我暗示。犯罪人出狱后的客观生存环境与入狱前相比一般会明显恶化，这种变化必然会使他感到沮丧和难以适应；同时，由于传统荣辱观的影响，他自己也会因为过去的入狱经历而感到自卑或者产生其他的心理负担。这些主客观方面的不利因素共同作用的结果，往往是使犯罪人在心理上完全不具备复归社会的条件。如果对犯罪人宣告缓刑，那么其客观生存环境和主观心理态度都比入狱服刑要好得多，这就能使犯罪人基本上保持一种健康、正常的心态投入生活。

正是由于缓刑具有上述三方面的功能，使得它有效地避免了短期自由刑的弊端，防止犯罪人轻易再次犯罪，从而实现了特殊预防的目的。

（二）缓刑通过保留对被判刑人实际执行刑罚的可能而促进特殊预防目的的实现

缓刑制度保留着对被判刑人实际执行刑罚的可能，因此，仍然会使犯罪人感到刑罚的压力，从而促使其改过自新。各国刑法无不规定，被宣告缓刑的犯罪人如果在缓刑考验期间违反应当遵守的规定，发生应当撤销缓刑的事由，则应当撤销缓刑，实际执行刑罚。因此，对于被宣告缓刑的犯罪人而言，他所感受到的不仅仅是国家和社会对他的宽容与信任，还有可能实际执行刑罚的压力。对于正常人而言，监狱生活决不会比监狱外的生活更好过，因此，被宣告缓刑的犯罪人必定会努力约束自己的行为，不至于轻易再次走上犯罪道路。

缓刑制度所具有的避免短期自由刑弊端的作用及其所具有的宽严相济、恩威并施的独特功能，使得这一制度在促使犯罪人改过自新，实现特殊预防的目的上发挥了重要作用。实证研究表明，被宣告缓刑的犯罪人再犯的比例很低。可见，缓刑通过消除短期自由刑各种不利于罪犯改过自新的弊端以及对犯罪人保持一定程度的威慑，有效地防止了犯罪人再次危害社会，从而体现了其维护社会秩序的价值。

三、缓刑在维护社会秩序方面的局限性

尽管笔者在前面已经论证，缓刑可以通过促进特殊预防目的的实现而起到维护社会秩序的作用，但不可否认的是，在刑法领域，对社会秩序的维护主要是通过一般预防来实现的，即司法机关通过对犯罪人判处并实际执行刑罚而给犯罪人带来痛苦，以此威慑社会上潜在的犯罪分子，使他们因惧怕犯罪后的惩罚所带来的痛苦而放弃犯罪企图，最终达到维护社会秩序的目的。由于缓刑的主要功能在于促进特殊预防目的的实现，它在一般预防方面基本上不发挥作用，这就使得缓刑在维护社会秩序方面的作用十分有限，而且缓刑的适用还可能引发特殊预防和一般预防之间的冲突，如果冲突严重，缓刑的适用甚至可能对社会秩序造成破坏。因此，有必要认真考察缓刑在维护社会秩序方面的局限性，以避免因缓刑适用不当而对社会秩序造成破坏。

（一）一般预防对社会秩序的维护作用

关于何谓一般预防，刑法理论界有两种观点，一种观点认为，一般预防，是指预防社会上有犯罪倾向的不稳定分子实施犯罪。[①] 另一种观点认为，一般预防，是指防止尚未犯罪的人走上犯罪道路。二者的区别在于没有犯罪倾向的人是否属于一般预防的对象。笔者赞同后一种观点，理由主要是，在普通公民中也存在着滋生违法犯罪的可能，通过刑罚教育功能的发挥，可以防止广大公民走上违法犯罪的道路。同时，通过发挥刑罚的鼓励功能，又可以激励广大公民同犯罪作斗争。[②] 刑罚所具有的威慑、教育、鼓励、安抚功能使其客观上具有一般预防的

① 参见马克昌、杨春洗、吕继贵主编：《刑法学全书》，上海科学技术文献出版社 1993 年版，第 177 页。

② 参见赵秉志主编：《刑法新教程》，中国人民大学出版社 2001 年版，第 321 ~ 332 页。

效果，[①] 而一般预防目的的实现意味着防止社会秩序受到犯罪的破坏。因此，一般预防对社会秩序的维护作用是显而易见的。

（二）缓刑不能促进一般预防的原因

缓刑不能促进一般预防目的的实现是由以下三方面的因素决定的：第一，缓刑对潜在的犯罪人不具有威慑作用。贝卡里亚、边沁等古典功利论者早已经指出，刑罚要对潜在的犯罪人产生威慑作用，就必须做到刑罚与犯罪相对称，即“犯罪对公共利益的危害越大……制止人们犯罪的手段就应该越强有力……赏罚上的分配不当就会引起一种越普遍反而越被人忽略的矛盾，即刑罚的对象正是它自己造成的犯罪……只要刑罚的恶果大于犯罪所带来的好处，刑罚就可以收到它的效果。这种大于好处的恶果中应该包含的，一是刑罚的坚定性，二是犯罪既得利益的丧失。除此之外的一切都是多余的，因而也就是蛮横的。”[②] 这意味着刑罚要产生一般预防的作用，一是要尽力保证对犯罪的刑罚不可避免，二是要保证罪刑相当，使犯罪既得利益丧失，否则刑罚本身就会制造犯罪，也就不可能实现一般预防的目的。缓刑由于通常不能做到罪刑相当，而是导致重罪轻判，罚不当罪，因而这种刑罚措施对潜在的犯罪人而言，一般起不到威慑作用，运用不好，还可能使潜在的犯罪人认为犯罪所得将大于犯罪所失，因而敢于犯罪，这显然不利于一般预防目的的实现。第二，缓刑不能鼓励广大公民积极同犯罪作斗争。只有对犯罪人适用公正而适当的刑罚，才能让公众感觉到刑罚的正义性，才能够提高他们同犯罪作斗争的积极性，增强同犯罪作斗争的信心。如果对犯罪分子不适当地重罪轻判，难免会让人感到放纵了罪犯，因而产生失望和沮丧感，进而丧失对刑罚制度的信赖，与犯罪作斗争的积极性必然受到影响，这样便削弱了遏制犯罪的力量，不利于一般预防目的的实现。缓刑正好是一种可能导致重罪轻判的刑罚制度，因此，它不能鼓励广大公民积极同犯罪作斗争，也就不利于一般预防目的的实现。第三，缓刑可能导致被害人因认为犯罪人没有得到应有的惩罚而自行实施报复性犯罪。被害人有获得安抚的权利，自刑罚权由国家掌管以来，国家就承担着对犯罪人给予适当的惩罚进而安抚被害人的责任，如果刑罚权的行使不考虑减缓被害人所受到的心理上的痛苦，便会损害被害人对刑罚制度的信赖，[③] 进而产生私自实施报复性违法犯罪活动的犯意和举动。这样便对社会秩序造成新一轮的破坏。缓刑适用便存在这样的危险，因为缓刑往往导致犯罪人没有受到应有

---

① 参见邱兴隆著：《关于惩罚的哲学——刑罚根据论》，法律出版社2000年版，第94～107页。

② ［意］贝卡里亚著，黄风译：《论犯罪与刑罚》，中国大百科全书出版社1993年版，第42～43页、第65页。

③ 参见［日］大谷实著，黎宏译：《刑事政策学》，法律出版社2000年版，第102页。

的惩罚，因此，被害人所受到的心理上的痛苦不能够得到减缓，如果不能妥善处理好这一问题，便可能导致被害人私自实施报复性违法犯罪活动，当然不利于一般预防目的的实现。

由于缓刑不能促进一般预防目的的实现，甚至可能阻碍一般预防目的的实现，这就使得缓刑因促进特殊预防的实现而具有的维护社会秩序的作用可能被其因阻碍一般预防目的的实现而具有的危害社会秩序的作用抵消，甚至最终对社会秩序起到破坏作用。因此，在适用缓刑的时候，必须注意其对社会秩序可能造成的负面影响，这是在运用缓刑的时候应当避免出现的问题。有的国家刑法甚至明确规定缓刑的适用不得影响社会秩序。例如，《德国刑法典》第 56 条第 3 款规定，对被判处 6 个月以上自由刑的犯罪人，如对维护法秩序实属必要，则不得缓刑。①

第三节 缓刑在保障个人自由方面的价值及其局限

按照霍布斯的观点，自由就是个人“在从事自己具有意志、欲望或意向想要做的事情上不受阻碍”②。尽管后人对自由又给出了许多其他定义，③ 但那些定义都只是对自由限度所作的限制。现代语义上的自由被界定为“在法律规定的范围内，随自己意志活动的权利”④。笔者认为，霍布斯对自由所下的定义反映了自由的本质内容，与现代语义学中自由的基本内涵相一致，只有这种意义上的自由才具有现实意义和实质内容，才是人们所要追求的自由。缓刑所能够挽救的就是这种意义上的自由。因此，这里所说的自由，是指个人所享有的，在法律的范围内，不受阻碍地从事某项活动的权利。

正如卢梭所言：人生而自由，却无往而不在枷锁之中。自古以来，人所受到的约束是如此之多，对自由的向往是如此的强烈，以致于无数人为了追求心中的自由而甘愿赴汤蹈火。自由也因此而成为人类追求的终极价值之一。到了当代社会，随着生产力水平的极大提高，人类日益从生存危机中解放出来，于是将更多的注意力转向生命质量的提高，相应地，对人权必然日益重视。对人权保障力度的加大，意味着赋予个人更多的自由。因此，对犯罪人和其他公众可能丧失之自

① 参见冯军译：《德国刑法典》，中国政法大学出版社 2000 年版，第 24 页。

② ［英］霍布斯著，黎思夏等译：《利维坦》，商务印书馆 1985 年版，第 163 页。

③ 参见谢望原著：《刑罚价值论》，中国检察出版社 1999 年版，第 137 ~ 140 页。

④ 中国社会科学院语言研究所词典编辑室编：《现代汉语词典》（第 5 版），商务印书馆 2005 年版，第 1809 页。

由的保障作用，应当成为缓刑所具有的价值之一。

一、缓刑在保障个人自由方面的价值

（一）缓刑通过促进刑罚谦抑和刑罚经济而保障犯罪人自由

自由是以在法律规定的范围内不受阻碍地从事各种活动为其内容，而刑罚则是以剥夺犯罪人某些自由，使其不能从事某些活动为内容，从这一角度而言，刑罚是犯罪人自由的克星。随着人类文明不断进步，对人权的重视程度与日俱增，个人获得的自由也越来越多。在这样的时代背景之下，人类开始重新审视刑法和刑罚的意义，认为刑法不仅是惩罚犯罪的工具，也是保护犯罪人的宪章，[①] 刑罚不仅表现为剥夺犯罪人的自由，也表现为保障犯罪人的自由，并开始努力追求刑罚谦抑和刑罚经济。

刑罚谦抑由刑法的谦抑性派生而来。所谓刑法的谦抑性，是指刑法只有在其他法律不能充分保护法益时才能动用，并且不能介入国民生活的各个角落；同时，刑法还应当保持宽容，即使出现了犯罪行为，如果从维护社会秩序的角度看缺乏处罚的必要性，就不能处罚。[②] 根据刑法的谦抑性的要求，刑罚也应当保持谦抑，即刑罚只有在迫不得已的情况下才动用。刑罚经济，在这里是指在动用刑罚时应当尽可能保持节省，[③] 在使用轻缓的刑罚能达到刑罚目的时便应当避免使用严苛的刑罚。

刑罚谦抑和刑罚经济的重要价值之一在于这样做可以保障自由。这是因为：第一，刑罚谦抑和刑罚经济要求尽可能不用或者少用刑罚，这就避免或减少了因动用刑罚而导致的自由被剥夺之结果的发生，也就保障了因实施危害社会行为而可能受到刑罚惩罚的人可能失去的自由。第二，刑罚经济要求在使用较轻缓的刑罚能达到刑罚目的时不能使用较重的刑罚，而较重的刑罚所剥夺的自由显然要多于或者价值高于相对较轻缓的刑罚所剥夺的自由，因此，刑罚经济可以使犯罪人被剥夺的自由减少到被允许的最低限度，从而尽力保障了犯罪人可能丧失的自由。可见，缓刑如果能促进刑罚谦抑和刑罚经济，就能够保障自由。

缓刑能否促进刑罚谦抑和刑罚经济呢？结论是肯定的，这表现在以下两方

---

① 参见马克昌主编：《近代西方刑法学说史略》，中国检察出版社 1996 年版，第 194 页。

② 参见张明楷著：《外国刑法纲要》，清华大学出版社 1999 年版，第 8 页。

③ 有论者将尽可能节省刑罚成本也归入刑罚谦抑的含义之中（参见段晖、周卫军：《缓刑的刑罚谦抑性考察——兼缓刑的发展趋势探究》，载《当代法学》2001 年第 7 期），笔者认为不妥，首先，这不符合刑罚谦抑的本义；其次，这样必然将刑罚谦抑与刑罚经济混为一谈。因此，笔者在此仅将使用刑罚时尽可能节省归入刑罚经济的要求之中。

面：第一，缓刑以暂缓执行刑罚为其核心内容，它使刑罚保持在一种仅被量定而不实际执行的状态，不到迫不得已的时候，缓刑就不会撤销，刑罚也就不会实际动用，从而促进了刑罚谦抑。第二，缓刑虽然也可能带有某些对犯罪人予以惩罚的因素，也可能对犯罪人的自由加以限制，但是与实际执行刑罚相比，这些惩罚性措施以及限制性措施要宽缓得多，从这一角度看，缓刑节省了刑罚的成本，促进了刑罚的经济性。缓刑正是通过促进刑罚谦抑和刑罚经济，体现出其保障自由之价值。

（二）缓刑通过促进特殊预防目的的实现而保障自由

如前所述，缓刑通过避免短期自由刑的弊端，能够促进犯罪人改过自新，彻底打消犯罪念头，从而实现特殊预防之目的。特殊预防目的的实现，意味着社会秩序受到侵犯的可能性已经消除，也意味着公众自由受到侵犯的可能性已经消除，这是因为自由总是通过个人享有某种权益并因此能够不受阻碍地从事某种事情而体现出来，犯罪则相反，总是通过对某种受法律保护的利益进行侵犯而表现出来，这种利益受到侵犯，意味着其受益人基于这种利益本可获得的自由的丧失；犯罪人存在严重的再犯可能性，表明某种利益受到侵犯的可能性很大，相应地，其受益人基于这种利益本可获得的自由丧失的可能性也很大；缓刑将犯罪人再犯可能性消除，就消除了利益受到侵犯的可能性，也就消除了其受益人基于这种利益本可获得的自由丧失的可能性，换句话说，也就是保障了公众可能丧失的自由。

（三）缓刑通过促进刑罚人道而保障自由

所谓人道，是“指爱护人的生命、关怀人的幸福、尊重人的人格和权利的道德”①。所谓刑罚人道，是与刑罚残酷相对而言的，它是指刑罚不应当包含侮辱犯罪人人格和给受刑人带来过多的痛苦的内容。刑罚发展经历了一个由残酷到人道的过程。在人类早期，脱胎于同态复仇的刑罚充满了野蛮、残忍的气息，其标志便是以增加犯人痛苦为目的的各种肉刑泛滥成灾。随着人类文明不断发展，人类理性和人性善良的一面不断增加，血腥、残忍的报复欲则不断被压缩、抑制，这种此消彼长的局面在刑罚中则表现为以增加犯人痛苦（包括肉体的和精神的）为目的的内容逐渐被剔除，而在执行刑罚的同时，以教育和感化犯罪人为目的的配套措施则日益占据重要地位，这就是刑罚人道化的具体表现。根据有关旨在促进刑罚人道的国际公约的规定，刑罚人道应当具备以下含义：（1）保护、尊重人格尊严，即刑罚不得包含有辱人格的内容。（2）不能将犯罪人当做

---

① 中国社会科学院语言研究所词典编辑室编：《现代汉语词典》（第5版），商务印书馆2005年版，第1144页。

实现刑罚目的的工具。（3）禁止使用残酷的、不人道的或蔑视人权的刑罚手段。[①]

刑罚人道化意味着受到刑罚惩罚的人所享有的自由更多，这表现在刑罚每在人道化的道路上前进一步，就将一些相对较残酷的刑罚所剥夺的自由归还给了犯罪人。例如，当肉刑被废除时，刑罚在人道化的道路上就前进了一大步，同时将保持肢体和皮肤完整的自由归还给了犯罪人，犯罪人就再无肢体和皮肤被强行毁损的担忧；当死刑被废除时，刑罚在人道化的道路上就又前进了一大步，同时将生存的自由归还给了犯罪人，犯罪人就再无生命被强行剥夺的担忧。因此，如果缓刑能够促进刑罚的人道化，就能保障自由。

笔者认为，缓刑能够促进刑罚人道化也是十分明显的，这主要体现在被宣告缓刑的犯罪人虽然受到了罪刑的判决或者宣告，但被判决或者宣告的刑罚并没有实际执行，这样便避免了因实际执行刑罚给犯罪人带来的痛苦。例如，对于自由刑缓刑而言，犯罪人人身自由并没有被完全剥夺而置于监狱中服刑，而只是对其人身自由给予限制，置于各方面条件都要好于监狱的社会上接受矫正，因而给犯罪人带来的身体和精神上的痛苦和耻辱感都比监禁刑更少，也就比监禁刑更为人道。

综上所述，缓刑通过促进刑罚谦抑，促进特殊预防目的的实现，以及促进刑罚人道化，体现出其保障自由的价值。

二、缓刑在保障个人自由方面的局限

在本章第二节论述缓刑对维护社会秩序所具有的价值的时候，笔者已经阐明，缓刑一方面通过促进特殊预防，避免犯罪人再次犯罪而体现其维护社会秩序的价值；另一方面，又可能因对一般预防产生阻碍作用而破坏社会秩序的稳定。而如前所述，缓刑又是通过促进特殊预防目的的实现而体现出其保障自由的价值。因此，在追求缓刑保障自由之价值的时候，也可能产生因阻碍一般预防目的的实现而破坏社会秩序的结果。这是我们在追求缓刑挽救自由的价值时应当避免出现的情形。为此，当适用缓刑严重有失公正，以至于受害人或者其亲属可能因此私自对犯罪人采取报复措施，或者可能导致社会上的潜在犯罪人由此而感到犯罪有利可图，更加坚定地铤而走险时，就不能适用缓刑。

综上所述，缓刑通过缓和因法律规定不公正而导致的轻罪重判的矛盾而体现其实现正义的价值；通过避免短期自由刑的弊端，同时又保留对被判刑人实际执行刑罚的可能而促进特殊预防目的的实现，通过促进特殊预防目的的实现而体现

---

① 参见赵秉志主编：《海峡两岸刑法总论比较研究》（下卷），中国人民大学出版社1999年版，第439页。

其维护社会秩序的价值；通过促进刑罚谦抑、刑罚经济以及刑罚人道而体现其保障犯罪人自由的价值，通过促进特殊预防目的的实现而保障公众因犯罪的侵害而可能丧失的自由。同时，缓刑又可能因导致重罪轻判，有罪不罚而有失公正，进而阻碍一般预防目的的实现而破坏社会秩序。至此，缓刑作为一把刑罚制度中的双刃剑的面貌已清晰可见。如果运用得当，缓刑是一项充满人道色彩、宽容精神和感化力量的刑罚制度；如果运用不当，缓刑则成为一种有失公正，甚至让司法腐败假其名以行的不受欢迎甚至令人憎恶的措施。笔者认为，缓刑在我国刑事司法实践中运用较少，真正原因并非目前还缺乏广泛适用缓刑的人文基础，而是对缓刑的价值认识不够，以及由此导致的缓刑适用制度和考察制度等缓刑制度十分不完善。因此，当务之急应当是认真审视缓刑的价值，建立起完善的、具有可操作性的缓刑制度，然后再正确适用之。

第三章　缓刑适用的形式条件

缓刑适用的形式条件，是指不涉及对具体犯罪人主观恶性、其具体犯罪行为的社会危害性，以及其人身危险性之评价的缓刑适用条件，包括缓刑适用的罪种条件和刑种条件。

第一节　缓刑适用的罪种条件

适用缓刑的罪种条件，亦即对犯何种罪行的人可以适用缓刑。对此，在立法上有不同的态度，可以分为两类：一类是没有限制可以适用缓刑的罪种，犯任何罪行的人都有机会获得缓刑；另一类是规定了对犯某些罪行的人不得适用缓刑。当今各主要国家大多数都没有对可以适用缓刑的罪种作出限制。例如，现行《德国刑法典》第56条规定："在判处不超过一年的自由刑时，法院暂缓刑罚的执行、付以考验，如果期待被判决人已经由判决受到警戒，并且在将来无需刑罚执行的影响也不会再实施犯罪行为。"没有对可以适用缓刑的罪种作出任何规定，由此表明缓刑可以适用于实施了任何一种犯罪的行为人。除极少数国家外，包括我国《刑法》、现行《日本刑法典》、现行《法国刑法典》、现行《俄罗斯联邦刑法典》、1996年《瑞士联邦刑法典》、现行《韩国刑法典》、1985年修订的《加拿大刑法典》以及现行《意大利刑法典》等均没有对可以适用缓刑的罪种作出限制，不过，也有少数国家对某些罪禁止适用缓刑。

一、规定缓刑适用罪种条件的立法例

在有些国家和地区的刑事法中，对可以适用缓刑的罪种作出了限制。例如，我国香港地区的《香港刑事诉讼程序法》规定，对于非预谋杀人、强奸或者强奸未遂、聚众斗殴、运输毒品、提供毒品、企图谋杀、意图造成伤害结果造成重

伤、非礼、抢劫、经营或者持有火器等犯罪，不得判处缓刑。[①] 在英国，对谋杀罪、纵火罪、抢劫和强奸等严重的刑事犯罪分子也不适用缓刑。[②] 我国1979年《刑法》第69条规定，对于反革命犯，不得适用缓刑。《苏联刑法典》第24条2也规定，因犯特别危险的国事罪，武装伙匪罪，故意杀人罪，故意重伤他人身体罪，结伙强奸、对未成年人实施强奸、引起特别严重后果的强奸以及强奸幼女罪，特别恶劣的流氓罪而被判刑的人，不得宣告缓刑。[③]

二、规定缓刑适用罪种条件评析

不同种类的犯罪所具有的社会危害性以及所体现的行为人的主观恶性存在很大差别，在对犯罪人是否适用缓刑时理应区别对待。为什么大多数国家的刑法却未对可以适用缓刑的罪种作出任何限制呢？究竟是作出限制好还是不作出限制好呢？笔者认为，还是以不作出绝对限制为好，理由是：第一，以犯罪人所犯罪行的种类来决定是否可以对其适用缓刑，难免与适用缓刑的实质条件发生冲突。现实中的犯罪具体情节千差万别，行为人实施犯罪的动机也千奇百怪。即便是同一种犯罪，从开始为犯罪准备工具、创造条件到犯罪既遂，所具有的社会危害性也存在天壤之别，再严重的犯罪类型，也可能存在值得对犯罪人加以同情和宽宥的情节，因此，仅以所犯罪行的种类一个因素来决定是否可以对犯罪人适用缓刑，难免与适用缓刑的其他实质条件发生冲突，导致对本来完全可以不执行刑罚的犯罪人也必须实际执行刑罚。以犯强奸罪的人为例，在通常情况下，强奸犯的主观恶性和社会危害性都很大，因而一般不能适用缓刑，但强奸犯也有在犯罪未得逞时便幡然悔悟，中止犯罪的情形，对这种强奸犯予以缓刑并不违反缓刑适用的实质条件。第二，设置适用缓刑的罪种条件导致刑法关于缓刑适用条件的规定出现双重性。对于适用缓刑的各种条件，各国刑法从前提条件（即刑种和刑期）到实质条件（即各种情节）均作出了明确规定，只要严格按照这些条件加以判断，足以正确决定是否应当对犯罪人宣告缓刑，无须另行在犯罪种类上加以限制。如果在适用缓刑的刑种、刑期以及情节条件之外再加上一个罪种条件，则导致了关于缓刑适用条件的规定出现了双重性，这表现在关于适用缓刑的刑种、刑期以及情节条件的规定，是以犯罪人所实施的具体犯罪的社会危害性和所体现出的行为

① 参见赵秉志主编：《香港刑事诉讼程序法》，北京大学出版社1996年版，第269页。以下有关香港刑事法的内容未注明出处的，均来自本书。

② 参见王运生、严军兴著：《英国刑事司法与替刑制度》，中国法制出版社1999年版，第167~168页。

③ 方蕾、韦江、文建编译：《外国刑法分解汇编》（总则部分），国际文化出版公司1988年版，第366页。

人的主观恶性为考察对象，而关于适用缓刑的罪种条件的规定，则是以抽象的某一类犯罪在总体上所具有的社会危害性大小为考察对象。这种适用缓刑条件的双重性导致在某些情况下，司法机关在决定是否对犯罪人适用缓刑时处于两难的尴尬境地，即如果对犯罪人适用缓刑，则违反了刑法关于对犯某种罪行的人不得适用缓刑的规定，如果不对犯罪人适用缓刑，行为人却又明明完全符合适用缓刑的刑种、刑期条件和情节条件。第三，对某些种类的犯罪之所以通常不能适用缓刑，不外乎因为这些犯罪通常一旦实施便具有严重的客观危害，或者表明犯罪人主观恶性很深，而这些因素在考虑是否对犯罪人适用缓刑时都必然会涉及。因此，笔者认为，不宜也没有必要对适用缓刑设置罪种条件，规定对某些种类的犯罪一律不得适用缓刑。

不过，在不规定对某些种类的犯罪一律不得适用缓刑的同时，我们也应当看到不同种类的犯罪所体现出的社会危害性和主观恶性有时相差确实悬殊。某些严重侵犯人身权利的犯罪，如强奸犯罪、抢劫犯罪、杀人犯罪等，以及其他一些严重的暴力犯罪，通常一旦实施，便具有严重的社会危害性，尤其是暴露出犯罪人严重的主观恶性，因而实施这类犯罪的行为人通常都不符合宣告缓刑的实质条件，不能宣告缓刑，而且对这类犯罪分子如果不实际执行刑罚而放在社会上进行改造，往往会给周围群众带来严重不安甚至恐惧，这显然是不合适的。为了防止缓刑被滥用，笔者认为，可以考虑采取折中的办法，在刑法或者司法解释中作出指导性规定，要求法官对某些通常具有严重的社会危害性并体现出行为人严重的主观恶性的犯罪原则上不得适用缓刑。

三、我国刑事司法解释对缓刑适用罪种条件的规定

我国《刑法》没有设置缓刑适用的罪种条件，因此，从形式上看，无论行为人犯下何种罪行，即便是杀人、强奸、抢劫、放火、爆炸等性质严重的暴力犯罪，只要行为人被判处拘役、3 年以下有期徒刑，符合缓刑适用的实质条件，即犯罪情节较轻、有悔罪表现、没有再犯罪的危险、宣告缓刑对所居住社区没有重大不良影响，且不是累犯和犯罪集团的首要分子，均可以适用缓刑。但是，在司法实务中，对哪些犯罪可以适用缓刑，对哪些犯罪不可以适用缓刑，还是有倾向性的态度。但是，由于缺乏规范性文件的约束，各地做法存在较大差别，影响到了缓刑适用的质量，有损司法公正。为了规范各地对某些常见多发、负面影响大的犯罪的缓刑适用，最高人民法院发布了个别司法解释，对这方面的问题作出了指导性规定。例如，1996 年 6 月 26 日最高人民法院发布的《关于对贪污、受贿、挪用公款犯罪分子依法正确适用缓刑的若干规定》第 2 条规定：“国家工作人员贪污、受贿一万元以上，除具有投案自首或者立功表现等法定减轻情节的之外，一般不适用缓刑。国家工作人员贪污、受贿数额一万元以上不满五万元，根

据案件具体情况，适用刑法第五十九条第二款减轻处罚在有期徒刑三年以下量刑的，一般不适用缓刑。对其中犯罪情节较轻，积极退赃的，且在重大生产、科研项目中起关键性作用，有特殊需要，或者有其他特殊情况的，可以适用缓刑，但必须从严掌握。”第3条规定：“对下列贪污、受贿、挪用公款犯罪分子不适用缓刑：（一）犯罪行为使国家、集体和人民利益遭受重大损失的；（二）没有退赃，无悔改表现的；（三）犯罪动机、手段等情节恶劣，或者将赃款用于投机倒把、走私、赌博等非法活动的；（四）属于共同犯罪中情节严重的主犯，或者犯有数罪的；（五）曾因经济违法犯罪行为受过行政处分或刑事处罚的；（六）犯罪涉及的财物属于国家救灾、抢险、防汛、优抚、救济款项和物资，情节严重的。”

上述规定虽然发布于1997年《刑法》生效前，但对于司法机关掌握贪污、受贿、挪用公款犯罪分子的缓刑适用尺度仍然具有指导作用。这是因为当前贪污、受贿、挪用公款犯罪的形势与该司法解释发布之时相比，严峻程度并没有下降，有必要对这三种犯罪继续采取从严的刑事政策，不宜轻易适用缓刑。但是，从目前的司法实践来看，许多地区的司法机关不但不再严格按照上述司法解释的规定控制对贪污、受贿、挪用公款犯罪分子适用缓刑的力度，而且早已突破该司法解释的精神，对这三类犯罪大量适用缓刑，甚至无原则地适用缓刑，这种现象应当引起重视，加以纠正。因为它一方面使贪污、受贿、挪用公款的犯罪分子更加胆大妄为，另一方面给人以缓刑照顾的是贪官污吏的印象，背离了适用缓刑的初衷，破坏了公平正义，有损于缓刑适用的法律效果和社会效果。

第二节　缓刑适用的刑种及刑期条件

缓刑适用的刑种条件，是指对于被判处何种刑罚的人可以适用缓刑。对此，各国规定有所不同，有的规定只能对被判处短期自由刑的人适用缓刑，有的规定可以对被判处短期自由刑和附加刑的人适用缓刑，还有的规定对被判处短期自由刑、罚金刑、附加刑的人均可以适用缓刑。我国《刑法》规定可以适用缓刑的刑种包括拘役和3年以下有期徒刑两种短期自由刑，对罚金刑和附加刑均不能适用缓刑。基于服务刑事司法实践、推动刑事司法改革的宗旨，这里对短期自由刑的缓刑设置问题以及对罚金刑是否应当设置缓刑问题均加以探讨。

一、各国缓刑适用刑种条件及评析

刑期在有期自由刑和某些剥夺权利的附加刑罚中存在，如剥夺政治权利、剥夺驾驶权利。在自由刑中，只有对短期自由刑才可以适用缓刑，至于必须短到什么程度，各国刑法的规定存在较大差别。例如，现行《德国刑法典》规定，可以宣告缓刑的通常只能是被判处1年以下自由刑的人;[①] 而现行《法国刑法典》则规定，可以对被判处5年以下自由刑的人适用缓刑;[②]《朝鲜刑法典》更是规定，对被判处5年以上徒刑的人，也可以适用缓刑。[③] 但从各国立法的发展趋势来看，可以适用缓刑的自由刑的刑期在向2年或者3年以下这一幅度靠近。例如，1971年修订的《瑞士联邦刑法典》规定，缓刑只适用于被判处8个月以下自由刑的犯罪人，1996年修订的《瑞士联邦刑法典》则规定，缓刑可以适用于被判处18个月以下自由刑的犯罪人。

关于可以适用缓刑的自由刑刑期应当如何设置，我国刑法学界早在20世纪50年代就展开了讨论，学者们曾提出三种观点。第一种观点认为，可以适用缓刑的有期徒刑的刑期应当限制在5年以下。理由主要是：一方面，可以防止对严重犯罪可能滥用缓刑的危害，从而加强对严重犯罪的特殊预防，尤其是一般预防的作用；另一方面，可以充分发挥广泛适用缓刑的可能性。[④] 第二种观点认为，可以适用缓刑的有期徒刑的刑期一般应在3年以下，但最高不得超过5年。理由主要是：其一，缓刑是与轻微犯罪作斗争的工具，而3年以下有期徒刑的一般是轻微的犯罪，对之适用缓刑符合缓刑的目的；其二，在某些特别情况下，被判3年以上5年以下有期徒刑的也可能是轻微的犯罪；其三，这样规定既可以充分发挥缓刑与轻微犯罪作斗争的作用，也可以防止对缓刑的滥用。[⑤] 第三种观点认为，可以适用缓刑的最高有期徒刑的刑期以3年最为合适。理由主要是：首先，被判处有期徒刑5年以上的人，一般罪质比较严重，或者罪情比较恶劣，或者事后态度不好，或者品质很坏，甚至同时具备上述情形，对其不宜宣告缓刑。其次，从一般预防来说，如果被判处5年以上有期徒刑仍可宣告缓刑，不免产生“藐法”的不良影响。最后，广泛适用缓刑应当解释为适用缓刑的人数相对增

---

① 根据现行《德国刑法典》第56条第1款的规定，法院只能对被判处1年以下自由刑的人宣告缓刑，但根据该条第2款规定，如果犯罪及犯罪人的人格具有特殊情况，可以将适用缓刑的自由刑刑期提高到2年。

② 现行《法国刑法典》第132－41条规定，因普通法之重罪或轻罪判处5年以下监禁刑罚，适用附考验期之缓刑。

③ 《朝鲜刑法典》第53条第3项规定，5年以上徒刑的缓刑期间，为7年以上10年以下（参见金峰玉等译:《朝鲜民主主义人民共和国刑法典》，法律出版社1956年版）。

④ 参见孔钊、朱华荣：《中华人民共和国刑法中的有期徒刑缓刑》，载《政法研究》1956年第4期。

⑤ 参见童颜、戈风、郑正非:《关于〈中华人民共和国刑法中的有期徒刑缓刑〉一文的几点意见》，载《政法研究》1956年第6期。

加，而不能解释为适用缓刑的有期徒刑最高刑期的提高。[①]

上述三种观点虽然产生于20世纪50年代，距今已有近60年的历史，当时定罪量刑的具体标准与现在已经相差悬殊，因而关于对多长刑期的自由刑可以适用缓刑的具体标准已经不适用于现在，但是学者们对自己观点的论证理由却很值得我们借鉴。这些论证提醒我们，在设置可以适用缓刑的自由刑的刑期时，既要注意充分发挥缓刑在教育感化犯轻微罪行的犯罪人方面所具有的功能，又要防止因对缓刑的滥用而产生使人藐视法律的不良后果。

晚近，又有学者对可以适用缓刑的自由刑的刑期条件进行了探讨，基本上都主张限制在3年以下，理由主要是：第一，与大部分西方国家相比，我国犯罪构成标准较高，轻罪数量较少，缓刑适用于刑期为3年以下者，与其他国家的缓刑面大致相似。[②] 第二，3年有期徒刑在我国刑法中有特殊的意义，需要判3年以上有期徒刑的，相对来说，都是罪行较重的，行为人的人身危险性较大，行为社会危害性较大；而判处3年以下有期徒刑的，相对来说，行为人的人身危险性较小，行为社会危害性不大，因此，规定对被判处3年以下有期徒刑的犯罪分子可以适用缓刑符合我国刑法逻辑。[③]

笔者赞同将可以适用缓刑的自由刑刑期限制在3年以下。将可以适用缓刑的自由刑刑期限制在什么样的限度内较为合适？这涉及立法者对刑罚价值认识的问题。在缓刑的背后，是报应刑论和教育刑论两种刑罚观的博弈。可以适用缓刑的自由刑刑期的长短，反映了立法者对报应和功利二者的态度，可以适用缓刑的自由刑刑期越长，表明立法者对报应之刑法目的放弃得越多，而对特殊预防之刑罚目的的追求越强烈；可以适用缓刑的自由刑刑期越短，表明立法者对报应之刑罚目的越关注，而对以放弃报应为代价来追求特殊预防之目的的做法越谨慎。对可以适用缓刑的自由刑刑期的确定过程，是一个在报应与预防两极之间选择一个适当的立足点的过程。笔者认为，可以适用缓刑的自由刑刑期应当限制在3年以下，主要理由如下：

（1）将可以适用缓刑的自由刑刑期设置得过长，将对刑法在维护正义方面的价值造成损害。犯罪是具有意志自由的人对法律所保护的国家、社会或者个人利益的严重非法侵犯，对犯罪予以刑罚惩罚的重要目的就是恢复被犯罪所破坏的社会秩序并主持正义的要求，其中主持正义乃是刑法（当然同时也是刑罚）为

---

① 参见童颜、戈风、郑正非：《关于〈中华人民共和国刑法中的有期徒刑缓刑〉一文的几点意见》，载《政法研究》1956年第6期。

② 参见李贵方著：《自由刑比较研究》，吉林人民出版社1992年版，第280页。

③ 参见翟中东：《缓刑制度研究综述》，载于志刚主编：《刑法问题与争鸣》（2001年第1辑），中国方正出版社2001年版，第205~206页。

保持其生命力、尊严和威信所应当做到的。刑法如果不能让人相信它代表着公平和公正，不能让人感受到它的正义性，就会变成一个以合法的名义公然为非作歹的巨大怪物，其存在只会增加人们对政府的不满，对法律的痛恨，减弱甚至灭绝公众对法治的期望，从而进一步破坏法治的人文基础，此外，并不能比没有刑法带来更多的社会秩序和个人自由。如果将可以适用缓刑的自由刑刑期设置得过长，就会出现那些犯下严重罪行的犯罪人仍然可以逃脱法律制裁的结果，这对于社会公众特别是受害人来说显然是无法接受的，也是不公正的，因而这显然是对刑法正义性的严重破坏，难免使公众对刑法的公正性和公平性产生怀疑，从而动摇刑法的根基。同时，那些认为刑罚不公的受害者还会产生新的怨恨，甚至萌发新的犯意或者实施新的犯罪行为，由此又产生了新的不稳定因素或者给社会秩序造成新的破坏，从而在整体上导致社会秩序和个人自由受到的潜在威胁增大。因此，对可以适用缓刑的自由刑刑期设置得过长显然是不合适的。而正如有学者所指出，被判处 3 年以上自由刑的犯罪人基本上都罪行严重或者主观恶性大，如果对他们仍然可以适用缓刑，最终一般导致完全不执行刑罚，难免让人感到法院的判决如同儿戏。因为这样的判决一方面似乎给犯罪人判了很重的刑，另一方面犯罪人却根本没有受到过实际惩罚，这时刑法就难以保持公正合理的形象了，因而难免损害刑法的权威和公正，使人产生藐视法律的心理。因此，认为应当将可以适用缓刑的刑期提高到 5 年以上的观点不可取。

（2）将可以适用缓刑的自由刑刑期设置得过短，不利于充分发挥缓刑在维护社会秩序、保全个人自由方面的作用。由于缓刑意味着对被判处自由刑的犯罪人实际上不予关押，对被判处剥夺其他权利的犯罪人的权利暂缓剥夺，因而它最大限度地保全了犯罪人的个人自由。同时，司法实践表明，被宣告缓刑的犯罪人再犯罪的比例非常之低，说明缓刑在教育改造犯罪人方面确实有其积极的作用，这使得社会上减少了许多潜在的犯罪人，从而对维护社会秩序又发挥了积极的作用。在可能的条件下，应当充分发挥缓刑在维护社会秩序和保全个人自由方面所具有的作用。如果将可以适用缓刑的自由刑刑期设置得过短，难免使得一些对其适用缓刑公众也可以接受的犯罪人不能获得缓刑，从而不利于充分发挥缓刑在上述两方面的作用。

（3）将可以适用缓刑的自由刑刑期设置为 3 年以下较为妥当。将可以适用缓刑的自由刑刑期限制为 3 年以下，不会对刑法的公正性造成明显损害。从刑期的长短来看，对被判处 3 年以下自由刑的犯罪人不实际执行刑罚，公众一般不会觉得法律的随意性太大，因而一般不会明显有损法律的严肃性和公正性。综观各国刑事司法实践，被判处 2 年或者 3 年以下自由刑的犯罪人或者是造成的危害后果不严重，或者是主观罪过较轻，因而在大多数情况下都是罪行较轻的，对这些人不予实际关押，很多人都可以接受，即便有的人有所不满，其所受的刺激也不至于过于强烈，达到难以接受的程度，因而对被判处3年以下自由刑的犯罪人适用缓刑，不会对刑罚的公正性造成过度损害。因此，将可以适用缓刑的自由刑刑期设置为3年以下不算过长。

从特殊预防和一般预防的目的，以及维护社会秩序和刑罚公正的要求考虑来看，不宜将可以适用缓刑的自由刑刑期设置得超过3年。如果可以适用缓刑的自由刑刑期设置超过3年，相应的缓刑考验期限必然更长。在缓刑考验期间，犯罪人虽然没有完全被剥夺自由，但仍然会比普通公民受到更多的限制，如果一个人长期生活在这样一种与社会上其他人不平等的状况下，其很容易在心理上失去平衡，从而忘记缓刑是对他的宽大，反而可能觉得是对他的一种折磨。一旦缓刑人产生这种心理，缓刑就会丧失教育感化犯罪人的功能，并回过头去影响已经取得的效果。因此，如果将可以适用缓刑的自由刑刑期设置得超过3年，不利于实现特殊预防的目的，最终也会对社会秩序和个人自由造成新的损害。另外，如前所述，被判处3年以上自由刑的犯罪人不是犯罪所造成的危害后果严重，就是犯罪人主观恶性大，对这类犯罪人再适用缓刑，受害人和公众难免十分不满意，这就会损害刑罚公正的形象。同时，对主观恶性大或者造成的后果十分严重的犯罪人仍然适用缓刑，还会给社会上潜在的犯罪人起到撑腰打气的作用，使他们心怀侥幸地去实施严重犯罪，或者放松对自己的约束而最终酿成灾难。例如，社会上潜在的不稳定分子如果发现某人被判处4年甚至5年有期徒刑仍然被宣告缓刑，便可能产生去实施稍微轻于这些犯罪人所犯罪行的念头，并指望即使被抓获也判个缓刑。因此，将可以适用缓刑的自由刑刑期设置得超过3年，对一般预防目的的实现也是十分不利的。可见，将可以适用缓刑的自由刑刑期设置为3年也不过短。

二、对基准刑较高，经减轻处罚到3年以下有期徒刑的犯罪分子能否适用缓刑

实务中，有的犯罪分子所犯罪行性质严重，但具体犯罪情节较轻，并且具有法定从宽处罚情节，因而被判处3年以下有期徒刑。例如，甲、乙、丙三人共同绑架丁，甲、乙二人负责实施绑架行为，丙负责向丁的家属打电话索要赎金。甲、乙将丁绑架后，丙向丁的家属打电话索要50万元赎金未果，因害怕而放弃继续索要，并向公安机关自首，带领公安人员将甲和乙抓获。本案中，甲、乙、丙共同实施绑架犯罪，勒索巨额财产，法定刑起点在10年以上，但丙在本案中有三项从宽情节：其一，从犯，依法应当从轻、减轻或者免除处罚；其二，自首，依法可以从轻或者减轻处罚；其三，重大立功，依法可以减轻或者免除处罚。基于以上三项从宽情节，法院对丙减轻处罚，判处有期徒刑3年。那么，在这种情况下，能否对丙宣告缓刑呢？对此，有不同看法，有人认为可以，有人认

为不能。

为了解决争议，有的地方法院作出了明确规定，对基准刑较高，减轻处罚后被判处刑罚在 3 年以下有期徒刑的，不得适用缓刑。例如，2003 年，江苏省姜堰市人民法院在其制定的《规范量刑指导意见》中明确规定，基准刑为 10 年以上有期徒刑适用减轻处罚后，不得适用缓刑。山东省高院刑一庭于 2007 年组织的全省法院缓刑适用问题研讨会上，也提出了“法定刑幅基础化”、“刑法分则中规定判处十年以上有期徒刑的犯罪分子，即使被减轻处罚判处三年以下有期徒刑，也不宜适用缓刑（ 未成年人罪犯除外）”的看法。

笔者认为，对于所犯罪行法定基准刑较高的犯罪分子，确实不宜适用缓刑。这是因为行为人所犯罪行法定基准刑较高，如 10 年以上有期徒刑，已经表明其犯罪情节较为严重，即无论从犯罪性质、犯罪所造成的危害后果以及行为人的主观恶性来看，都已经到达比较严重的程度，否则不会设置如此之高的基准刑。因此，在这种情况下，已经不具备适用缓刑的第一个实质条件，即犯罪情节较轻这一条件，也就不宜适用缓刑。至于对于基准刑多重的犯罪分子不得适用缓刑，笔者赞同一些地方的做法，即严格控制在 10 年以上有期徒刑的范围内，这样既可以最大限度地发挥缓刑的功能，又不至于使缓刑的运用变得漫无边际，损害公平、正义。基于这样的观点，对上述绑架案中的丙，就不宜适用缓刑。

三、关于能否对罚金刑设置缓刑的探讨

（一）对罚金刑适用缓刑的立法例

对罚金刑能否适用缓刑，目前立法上有肯定和否定两种对立的态度：巴西、俄罗斯、瑞士、朝鲜以及我国刑法典都明确规定，对罚金刑不适用缓刑或者没有规定对罚金刑可以适用缓刑；而日本、法国、意大利、奥地利、西班牙、韩国以及我国台湾地区的刑法典则规定，可以对罚金刑适用缓刑。在规定可以对罚金刑适用缓刑的刑法中，又可以分为三种情形：第一种情形是对判处一定数额罚金的犯罪人可以宣告缓刑，如现行《日本刑法典》第 25 条规定，对被宣告 50 万日元以下罚金的人，可以暂缓刑罚的执行。① 《德国刑法典》则规定，对被判处 180 日额罚金的犯罪人可以适用保留刑罚的警告，由于保留刑罚的警告属于一种缓宣告缓刑，因而也相当于规定了对被判处一定数额罚金的犯罪人可以适用缓刑。第二种情形是对确实无力交纳罚金的人，法院可以对其宣告缓刑。《西班牙刑法典》第 98 条第 3 项的规定便是如此。第三种情形是对所有被判处罚金刑的

① 参见张明楷译：《日本刑法典》，法律出版社 1998 年版，第 14 页。以下有关现行《日本刑法典》的内容未注明出处的，均来自此译本。

人，只要符合一定条件，就可宣告缓刑。多数规定了对罚金刑可以适用缓刑的国家或地区的刑法采用的就是这种立法模式。

（二）对罚金刑是否可以适用缓刑之争

在刑法理论上，也存在赞成和反对对罚金刑可以适用缓刑两种对立的观点。由于缓刑在设立之初只适用于被判处短期自由刑的人，其重要理由是缓刑可以避免短期自由刑的弊端。罚金刑并无短期自由刑的弊端，因而在缓刑发展的初期基本没有人主张对罚金刑可以适用缓刑。但随着教育刑理论在刑罚论中占据主导地位，缓刑的适用范围不断扩大，主张对罚金刑可以适用缓刑的人不断增加，规定对罚金刑可以适用缓刑的立法例也呈逐步增加的趋势。在此过程中，自然少不了关于对罚金刑是否可以适用缓刑的争论，这一争论至今仍未平息。

1. 反对罚金刑可以适用缓刑的主要理由及评析

反对罚金刑可以适用缓刑的论者从设立罚金刑缓刑的必要性、对暂时不能交纳罚金的犯罪人缓期执行与缓刑的区别等方面论述了为什么不宜设立罚金刑缓刑，具体理由可以概括如下：缓刑是为避免罪行较轻的犯罪人进入监狱，感染恶习而设的，而罚金刑不需剥夺罪犯自由，故无适用缓刑的必要。至于说罚金一时不能缴纳者的缓期执行，则与缓刑性质不同，它不能因犯罪人行状善良而免除其刑罚的效力，只能因经济条件的限制不能执行时免除。因此，罚金刑不能适用缓刑。①

笔者认为，反对罚金刑可以适用缓刑者的理由显得苍白无力。缓刑虽然是为了避免短期自由刑的弊端而设立的，但这并不意味着缓刑永远只能为避免短期自由刑的弊端而存在。如果对某种刑罚（如罚金刑）适用缓刑既能达到教育感化犯罪人的目的，又不会产生负面效果，为什么不能设置这样的缓刑呢？可见，有无必要设置罚金刑缓刑，不是看罚金刑是否具有剥夺自由刑的内容，而是看这样做是否既能达到教育感化犯罪人的目的，又不会产生负面效果。至于以对一时不能缴纳罚金者缓期执行不同于缓刑为理由来说明对罚金刑不能适用缓刑，就更加站不住脚了，因为对罚金刑适用缓刑就是打算在犯罪人没有发生应当撤销缓刑的事项时，不再执行罚金刑，它当然与被判处罚金刑后由于犯罪人一时不能交纳而推迟执行的性质不同，这是互不相干的两种措施，怎么能因二者性质不同而得出其中一种措施不妥的结论呢？

2. 主张对罚金刑可以适用缓刑的主要理由及评析

主张对罚金刑可以适用缓刑的论者从缓刑的功能、罚金刑的严厉程度、对罚

---

① 参见马克昌、杨春洗、吕继贵主编：《刑法学全书》，上海科学技术文献出版社 1993 年版，第 679 页。

金刑适用缓刑在理论和实践上的意义等方面论证了为什么可以对罚金刑适用缓刑，具体理由可以概括如下：(1) 对罚金刑适用缓刑与对自由刑适用缓刑一样，同样可以起到鼓励犯罪人改过自新的作用，既然对自由刑尚可以适用缓刑，那么对轻于自由刑的罚金刑也应当允许适用缓刑。(2) 根据《刑法》分则的规定或者数罪并罚的结果，常有自由刑与罚金刑并科的情况，如果只允许对自由刑适用缓刑而对财产刑却不能适用缓刑，不仅理论上根据不足，而且实用上亦多有不便。(3) 为了顾及贫困的受刑人及其家属的生活，由刑罚衡平的观念出发，也应考虑对罚金刑予以缓刑。(4) 对于无法交纳罚金的过失犯或者主观恶性较小的初犯，适用罚金刑缓刑比易科自由刑更为可取。[①] (5) 犯同一罪处同等数额的罚金，形式上似乎平等，但实质上是不平等的，对罚金适用缓刑可以抑制这种不平等。(6) 对无力缴纳或者不愿缴纳罚金的犯罪人判处罚金，容易导致犯罪人为了交纳罚金而实施新的犯罪，对罚金刑适用缓刑可以避免这种现象的发生。(7) 罚金刑在刑罚的改善及教育目的的实现上价值较少，对罚金刑适用缓刑则可以提高罚金刑的教育功能。(8) 适用罚金刑容易使犯罪人亲属因帮其支付罚金而受到牵连，有违罪责自负的原则，对罚金刑适用缓刑则可以避免出现这种情况。(9) 规定罚金刑缓刑制度，实际上是在刑事处罚与免予刑事处罚之间又设立了一级，便于对犯罪人采取区别对待政策，使刑罚体系更加完整。[②] (10) 如果罚金刑上升为主刑后却没有规定缓刑制，那么，对轻微犯罪人单处罚金的实际效果反而重于判处短期自由刑缓刑的情况，会造成犯罪人的心理不平衡，其他人也容易产生莫名其妙的感觉。[③]

上述关于可以对罚金刑适用缓刑的种种理由，大多言之成理，但却给人以凌乱不堪，缺乏头绪之感，另有个别理由则值得商榷，如第 5 项和第 6 项理由。关于可以对罚金刑适用缓刑的理由，容笔者在本文下一部分整理，在此先就上述理由中值得商榷的第 5 项和第 6 项提出拙见。

主张对罚金刑可以适用缓刑的第 5 项理由认为，犯同一罪处同等数额的罚金，形式上似乎平等，但实质上不平等。笔者认为，这种观点只看到了对经济条件不同而犯同一罪的犯罪人判处同等数额罚金的不合理性，却没有看到这种不合理性不是规定可以对罚金刑适用缓刑所能解决的。首先，既然设立了罚金刑，在判处罚金刑时就必须遵循罪刑相当这一刑法基本原则。对经济条件不同的两种人

① 参见谢瑞智著：《中外刑事政策之比较研究》，(台湾) 文物供应社 1987 年版，第 239 页，转引自孙力著：《罚金刑研究》，中国人民公安大学出版社 1995 年版，第 161 ~ 162 页。

② 参见周应德、周海林：《试论罚金刑的缓刑》，载《现代法学》1998 年第 3 期；另参见孙力著：《罚金刑研究》，中国人民公安大学出版社 1995 年版，第 213 ~ 214 页。

③ 参见孙力著：《罚金刑研究》，中国人民公安大学出版社 1995 年版，第 214 页。

犯同一罪判处不同数额的罚金同样是不合理的，试问，既然一个人的财产是合法取得的，或者没有证据证明他是非法取得的，他的财产就应当得到法律的保护，有什么理由在犯同一罪行的情况下，财产多的人就应当被多罚呢？难道仅仅是因为犯罪人的财产多就应当多罚？这种平均主义思想将罪刑相当原则又置于何地？可见，在罚金刑诞生之时，它就陷入了这种同罪同罚不公平，同罪不同罚也不公平的两难境地。其次，罚金刑的不合理之处是罚金刑本身所固有的，即使规定可以对罚金刑适用缓刑，也不能消除它的不合理性。规定对罚金刑可以适用缓刑，只能让那些经济条件不好而又符合缓刑条件的犯罪人得到合理的处遇，由此却又产生了新的不合理现象。比如，对那些富有而又符合适用缓刑条件的被判处罚金刑的犯罪人该如何处理？对他们宣告缓刑的意义远远小于对经济条件不好的犯罪人宣告缓刑，而既然他们符合适用罚金刑缓刑的条件，又有什么理由不对他们宣告缓刑？因此，设立罚金刑缓刑对富有的人而言，实际上是相对不合理的。

主张对罚金刑可以适用缓刑的第 6 项理由认为，对无力缴纳或者不愿缴纳罚金的犯罪人判处罚金，容易导致犯罪人为了交纳罚金而实施新的犯罪。笔者认为，这种观点不符合实际情况。首先，对于被判处罚金而无力缴纳的犯罪人而言，只要不易科自由刑，罚金刑对他们并不会造成什么现实的痛苦，因而他们根本无须也不会为了缴纳罚金而去实施新的犯罪，因此，只要不设立罚金刑易科制度，就不会出现被判处罚金的犯罪人为了缴纳罚金而去实施新的犯罪的情况。其次，对那些被判处罚金刑，能够缴纳而不愿缴纳的犯罪人而言，强制其缴纳并不会导致他去实施新的犯罪。因为犯罪是有风险的，行为人在受到刑罚处罚后，亲身感受到了刑罚的威力，通常只会改邪归正，而不会继续去实施犯罪。可见，认为对无力缴纳或者不愿缴纳罚金的犯罪人判处罚金，容易导致犯罪人为了交纳罚金而实施新的犯罪的观点，只是想当然而已。

3. 结论性观点及论证

要确定是否应当规定对罚金刑可以适用缓刑，首先应当考察清楚对罚金刑可以适用缓刑的利弊，然后再权衡利弊，作出取舍。笔者认为，综合考虑罚金刑缓刑的利弊，还是以规定对罚金刑可以适用缓刑为宜，下面试论之。

（1）规定对罚金刑可以适用缓刑的弊端。规定对罚金刑可以适用缓刑的弊端主要体现在以下两个方面：

第一，有违刑罚的公正性和公平性。对犯罪人判处罚金是因为他实施了应当或者可以判处罚金的犯罪，如实施了贪财图利的犯罪。根据罪刑相当原则的要求，应当做到有罪必罚，罚当其罪，一旦判处了罚金刑，就应当实际执行，这样才能体现刑法的公正性，而对罚金刑适用缓刑却是打算对被判处罚金的犯罪人不实际执行刑罚，这显然有违罪刑相当原则，也有违刑罚的公正性。同时，如果对犯罪人判处罚金刑的同时适用缓刑，还会出现违法的严重性与责任的轻重倒挂现象：对于那些没有达到犯罪程度的一般经济违法行为，执法机关从来不会在决定罚款的同时宣布暂缓执行，视行为人今后表现决定是否执行，而是一概执行，除非行为人确实没有财产可供执行，否则其经济损失不可避免；而那些实施了已经达到犯罪程度的严重经济违法行为的人，却可以通过适用罚金刑缓刑而避免经济损失，这显然是不公平的。

第二，不利于一般预防目的的实现。一般预防是刑罚的目的之一，如果刑罚的运用起到了震慑社会上潜在的犯罪分子的作用，使他们因惧怕刑罚的处罚而放弃了原来的犯罪企图，就达到了一般预防的目的，同时也就有效地维护了社会秩序。如果刑罚的运用不能够达到一般预防的目的，那些潜在的犯罪分子便会从隐蔽处赤膊上阵，实施具体犯罪活动，社会秩序同时也就受到了破坏。一般预防目的的实现是通过刑罚的必定性和严厉性来实现的，现代刑法的严厉性受到了严格限制，因而刑罚的必定性在实现刑罚之一般预防的目的上起着决定性的作用，"如果让人们看到他们的犯罪可能受到宽恕，或者刑罚并不一定是犯罪的必然结果，那么社会就会煽蛊起犯罪不受处罚的幻想"①。设立罚金刑缓刑，便会使一些人认为他们实施某些犯罪可能得到宽恕，从而"煽蛊"起他们去实施这些犯罪的冒险心态。因此，规定对罚金刑可以适用缓刑不利于一般预防目的的实现。

（2）规定对罚金刑可以适用缓刑的合理之处。罚金刑缓刑在存在上述弊端的同时，具有下列明显的合理之处：

第一，从对罚金刑可以适用缓刑所造成的不公正的程度来看，明显要低于在某些情况下对自由刑适用缓刑所造成的不公正。

前面已经论述，适用缓刑会在一定程度上导致罪刑失衡，由此可能导致刑罚不公正并引起公众的不满，从而会对刑法的公正性造成损害。适用缓刑的刑罚越重，导致的罪刑失衡现象就越严重，可能导致的刑罚不公和引起的公众不满也就越强烈，对刑法公正性的损害也就越严重。由于罚金刑从整体上看要轻于自由刑，因而对罚金刑可以适用缓刑所造成的公众不满和对刑法公正性的损害，通常也要轻于在某些情况下对自由刑适用缓刑而对刑法公正性造成的损害，从这一角度看，既然可以对自由刑适用缓刑，当然也可以对罚金刑适用缓刑。

第二，规定对罚金刑可以适用缓刑在维护社会秩序和保障个人自由方面有其特殊的功效。

罚金刑缓刑在维护社会秩序和保障个人自由方面所具有的作用是通过促进特殊预防目的的实现来体现的，它通过对被判处罚金的人适用缓刑，给某些一旦被判处的罚金刑实际执行便可能陷入生存困境的犯罪人以改过自新的机会，从而达

① ［意］贝卡里亚著，黄风译：《论犯罪与刑罚》，中国大百科全书出版社1993年版，第60页。

到特殊预防的目的。众所周知，物质是人类基本的生存条件，人类只有在物质生存条件得到满足以后，才有余力追求精神生活的质量，因此，对于经济状况不好的人而言，一定数量的金钱有时比一定时间的自由更为重要，他会宁愿失去自由也不愿失去金钱，如果剥夺这种人的金钱，可能导致他的生活发生严重困难。俗话说，“饥寒起盗心”，为了生存，犯罪人可能会再次去实施犯罪，从而使社会秩序和个人自由都遭受损害。如果对符合条件的犯罪人判处罚金后宣告缓刑，那么只要犯罪人以后遵纪守法，其金钱便不会失去，这对于极为重视金钱的人而言，无疑是一个很大的鼓励，通常他也不可能不珍惜这样的改过自新机会，因而他在被判处罚金刑缓刑后，一般都会严格约束自己的行为，不致再危害社会，这样便既维护了社会秩序，又保住了犯罪人的个人自由。

另外，对那些无力缴纳罚金但又符合缓刑条件的犯罪人不适用缓刑，会导致他们在很长的一段时间内因所得收入必须用来缴纳罚金而陷入生活痛苦之中，并促使他们为了逃避缴纳罚金而实施新的违法甚至犯罪行为，如弄虚作假、隐匿财产，或者丧失以劳动创造财富的积极性，甘愿过着穷困潦倒的日子，并随时可能因为对生活和前途失去信心而自甘堕落，重新走上犯罪道路。而如果对这些人适用罚金刑缓刑，则可以大大激发他们生活的热情和通过合法劳动创造财富的积极性，并深刻感受到缓刑是对他们的宽大处遇，从而洗心革面，告别犯罪。

第三，对罚金刑可以适用缓刑虽然不能消除罚金刑所固有的弊端，但是能缓解这些弊端所带来的问题。

如前所述，对经济条件不同而犯相同罪行的犯罪人无论是判处等额的罚金还是判处不等额罚金，都会产生不合理的现象，如果引入罚金刑缓刑，在某些情况下则能够改变或者缓解这种不合理现象。人类文明不断发展使得人们的宽容、怜悯之情感日益深厚，对犯罪应当予以刑罚制裁的铁一般的信条在某些情况下逐渐为同情、宽容之心所改变，对那些基于值得同情的个人原因（如饥饿、贫穷、人格缺陷、家庭残缺等）和社会原因（如教育落后、制度腐败、分配不公等）而产生的犯罪，人们认为如果不是屡教不改，而是能够期待犯罪人改邪归正的话，则可以予以原谅，并不一定要实际给予刑罚制裁。在这种情况下，对犯罪人判处罚金刑同时予以缓刑，所导致的刑罚不公正性便不再有人十分关注了，同时也避免了对不能缴纳罚金的犯罪人判处罚金刑所造成的不能实际执行的尴尬局面和因贫富差距所造成的罚金刑的不合理现象。而当被宣告罚金刑缓刑的犯罪人在缓刑考验期间再次犯罪时，即使对其易科自由刑，公众也不会觉得刑罚过于苛刻，而犯罪人自己也没有什么可以抱怨的了。可见，将缓刑引入罚金刑之中，既摆脱了在某些情况下实际执行罚金刑所面临的困难，又不会引起公众的不满从而损害法律的权威，同时，还为行为人今后如果再犯罪给予较为严厉而又可行的刑罚处罚奠定了基础。

另外，规定对罚金刑可以适用缓刑还可以在一定程度上避免因犯罪者本人不能实际缴纳罚金，其亲属只好代其缴纳而导致的牵连无辜的现象发生。当犯罪人不能缴纳罚金时，如果对其宣告缓刑，既可以避免其亲属为了帮助其缴纳罚金而遭受的财产损失，又不至于要轻易动用易科其他刑罚这种存在明显弊端的措施。同时，当犯罪人在缓刑考验期间因再次实施危害社会秩序的行为而被实际执行罚金刑或者被易科其他刑罚时，也会因为其不思悔改而得不到人们的同情和宽恕，从而在很大程度上抵消了罚金易科制度的负面作用。

将规定对罚金刑可以适用缓刑所具有的弊端与其合理之处相比较，笔者认为利大于弊，主要理由在于：第一，对罚金刑可以适用缓刑对刑罚公正性的损害较小，只要正确运用，一般能够为公众所理解和接受，并不至于损害刑法的权威和公众对刑法的信任。第二，对罚金刑适用缓刑所具有的不利于一般预防目的之实现的缺陷，并不会对社会秩序造成大的破坏，因为对被判处罚金刑的犯罪人适用缓刑是有条件的，并非所有被判处罚金刑的人都可以得到缓刑。因此，可以相信并不会有很多人会因为考虑自己在犯罪后可能得到缓刑而去实施犯罪。而对罚金刑可以适用缓刑而具有的特殊预防的作用则可以大大降低犯罪人再次犯罪的比例，从而能够有效减少社会秩序遭到破坏，并更多地保住了个人自由。第三，规定罚金刑缓刑所能够产生的效益是其他刑罚所无法替代的。比如，通过对被判处罚金的人可以适用缓刑，可以给某些一旦被判处的罚金刑实际执行便陷入生存困境的犯罪人以改过自新的机会，这样一方面达到了特殊预防的目的，另一方面又避免了被判刑人因再次犯罪而给社会秩序造成的破坏。又如，规定对罚金刑可以适用缓刑，可以在一定程度上避免因犯罪人本人不能实际缴纳罚金，其亲属只好代其缴纳而导致的牵连无辜的现象，罚金刑缓刑所具有的这些作用都是其他刑罚所不具有的。基于上述理由，笔者主张我国建立罚金刑缓刑制度。

第四章　缓刑适用的实质条件

可以适用缓刑的罪种、刑种、刑期，以及对一人犯数罪的情形是否可以适用缓刑、如何适用缓刑，解决的都是缓刑适用的前提性条件问题，尚未涉及缓刑适用的实质性内容。行为人所犯罪行，被判处的刑种和刑期即使符合可以适用缓刑的条件（如犯罪人甲被判处 2 年有期徒刑），也不当然表明他的犯罪情节不严重，或者他的主观恶性和再犯可能性不大，也就不能据此证明对他不实际执行刑罚也不致再危害社会。因此，刑法理论界将可以适用缓刑的罪种、刑种、刑期等要件称为适用缓刑的前提条件①或者形式要件②，而将据以判断对犯罪人不实际执行刑罚也不至于再危害社会或者再犯罪的条件称为缓刑适用的实质条件。我们在此沿用通行观点。

对缓刑适用实质条件的合理规定和准确把握，对正确适用缓刑至关重要，只有准确、全面、详细地规定缓刑适用的实质条件，才能有根据、有把握地作出是否可以对犯罪人适用缓刑的裁决，才能最大限度地避免在决定是否对犯罪人适用缓刑时出现错误判断，才能在出现错误判断时明确责任、追究渎职行为，从而有效防止法官滥用自由裁量权。因此，有必要对缓刑适用的实质条件进行重点探讨。

第一节　缓刑适用实质条件的域外考察

关于适用缓刑的实质条件应当有哪些，大多数国家刑法规定得较为原则、抽象。就具体内容来看，各国规定很不相同，但这种不同主要是在表述方式和表述重点上的不同，并非确定标准或者原则的本质区别。概括而言，各国刑法关于缓刑适用实质条件的规定可以分为三种情形。

---

① 参见鲍遂献：《论缓刑的适用》，载《中国法学》1992 年第 3 期。

② 参见翟中东：《缓刑制度研究综述》，载于志刚主编：《刑法问题与争鸣》（2001 年第 1 辑），中国方正出版社 2001 年版，第 202 页。

一、没有规定缓刑适用实质条件的立法例

这种立法例规定犯罪人只有在不具有某种前科的情况下，才可以考虑适用缓刑，至于其他方面的实质条件，则没有作出任何规定。笔者将在缓刑适用排除条件一节中阐明，犯罪人是否具有某种前科，不完全属于缓刑适用实质条件。因此，笔者认为，这种立法例属于没有规定缓刑适用实质条件的立法例。例如，我国台湾地区刑法典第 74 条规定，未曾受有期徒刑以上刑之宣告，或者虽然受过有期徒刑以上刑之宣告，但在执行完毕或赦免后，5 年之内未曾受有期徒刑以上刑之宣告者，认为以暂不执行为适当者，可以宣告缓刑。现行《日本刑法典》第 24 条规定，以前未被判处过监禁以上刑罚，或者以前虽然被判处过监禁以上的刑罚，但从执行完毕或者获得免除执行之日起，5 年内未再被判处监禁以上刑罚的，可以根据情节，予以缓刑。现行《法国刑法典》第 132 – 30 条规定，对自然人只有被告在其犯罪行为前 5 年内未因普通法之重罪或轻罪被判处徒刑或者监禁刑者，始得命令缓刑。对法人，只有在其犯罪行为前 5 年内未因普通法之重罪或轻罪被判处数额超过 40 万法郎之罚金者，始得命令缓刑。

二、规定以犯罪人无再犯可能性为缓刑适用实质条件的立法例

这类立法例在当今世界缓刑立法中占多数。其共同之处是都规定一个对犯罪人适用缓刑的实质条件方面的基本判断标准，即对犯罪人不执行刑罚也不会再犯罪或者危害社会。在此基础上，又规定了一些适用缓刑的具体实质条件，这些具体实质条件是用以确定对犯罪人即使不执行刑罚也不会再犯罪或者危害社会的依据，至于这些具体实质条件的内容，不同国家的刑法规定又有不同。根据具体内容的不同，可以分为以下三种规定：

（一）根据犯罪人所实施犯罪的情节、悔罪表现，来判断是否对其不执行刑罚也不致再犯罪或危害社会

在这种立法例中，据以判断是否对犯罪人不实际执行刑罚也不致再犯罪或危害社会的具体实质条件是犯罪情节和悔罪态度。例如，我国 1997 年《刑法》第 72 条第 1 款规定，“根据犯罪分子的犯罪情节和悔罪表现，适用缓刑确实不致再危害社会的，可以宣告缓刑”。至于犯罪情节有哪些，悔罪表现为何，法律没有作进一步明确的规定。

（二）根据犯罪人所实施犯罪的情节、犯罪后的表现，以及犯罪人的个人情况，来判断是否对其不执行刑罚也不致再犯罪或危害社会

在这种立法例中，据以判断是否对犯罪人不实际执行刑罚也不致再犯罪或危害社会的具体实质条件包括犯罪情节、犯罪后的表现和犯罪人个人情况三方面的

内容。多数国家关于缓刑适用的具体实质条件的规定都是从这三方面考虑的。例如，现行《俄罗斯联邦刑法典》第 73 条第 1 款规定："……法院认为被判刑人不服刑亦可能得到改造时，法院可以判处缓刑。"该条第 2 款规定："在判处缓刑时，法院应考虑犯罪的性质和社会危害性的程度、犯罪人的身份，以及减轻情节和加重情节。"① 其中的"犯罪的性质和社会危害性的程度"属于犯罪情节；"犯罪人的身份"属于犯罪人的个人情况；"减轻情节"则包括犯罪后的表现方面的内容。现行《澳门刑法典》第 48 条第 1 款规定："经考虑行为人之人格、生活状况、犯罪前后之行为及犯罪之情节，认为仅对事实作谴责并以监禁作威吓可适当及足以实现处罚之目的者，法院得将科处不超逾三年之徒刑暂缓执行。"② 其中的"行为人之人格、生活状况"属于犯罪人的个人情况。现行《意大利刑法典》第 164 条规定，只有当法官根据下列情节推定犯罪人将不再实施新的犯罪时，才允许适用缓刑：第一，说明犯罪严重程度的情况，包括：（1）行为的性质、类型、手段、对象、时间、地点和其他方式；（2）对被害人造成的损害或者危险的程度；（3）故意或者过失的程度。第二，说明犯罪人的犯罪能力的情况，包括：（1）犯罪的原因和犯罪人的特点；（2）刑事处罚前科，尤其是犯罪人在犯罪前的品行和生活；（3）犯罪人犯罪时的品行和犯罪后的品行；（4）犯罪人所处的个人、家庭和社会生活环境。③ 其中，犯罪人犯罪后的品行是通过犯罪后的表现反映出来的。现行《韩国刑法典》第 59 条第 1 款规定，对悔改表现显著者，可以暂缓宣告刑罚；第 62 条第 1 款规定，对有可宽恕事由者，可以暂缓执行刑罚。在判断犯罪人悔改表现是否显著以及是否有可宽恕事由时，则应参酌以下事项：（1）犯罪人的年龄、性格品行、知能和环境；（2）与被害人的关系；（3）犯罪的动机、手段与结果；（4）犯罪后的情况。④ 其中的可宽恕事由，包括犯罪情节和犯罪人个人情况，悔改表现则属于犯罪后的表现。《美国示

---

① 黄道秀译：《俄罗斯联邦刑法典释义》（上册），中国法制出版社 1996 年版，第 34 页。现行《俄罗斯联邦刑法典》于 1997 年 1 月 1 日生效。以下有关现行《俄罗斯联邦刑法典》的内容未注明出处的，均来自此译本。

② 澳门政府法律翻译办公室译：《澳门刑法典澳门刑事诉讼法典》，法律出版社 1997 年版，第 24 页。以下有关澳门刑事法的内容未注明出处的，均来自此译本。

③ 参见黄风译：《意大利刑法典》，中国政法大学出版社 1998 年版，第 42 页、第 52 页。以下有关现行《意大利刑法典》的内容未注明出处的，均来自此译本。

④ 参见［韩］金永哲译：《〈韩国刑法典〉及单行刑法》，中国人民大学出版社 1996 年版，第 11 ~ 12 页。现行《韩国刑法典》于 1988 年修订，以下有关现行《韩国刑法典》的内容未注明出处的，均来自此译本。

范刑法典》[①] 虽然没有明文规定是以不实际执行刑罚也不至于再犯罪或者危害社会为可以对犯罪人适用缓刑的实质条件，也没有明文规定是根据犯罪情节、犯罪后表现以及犯罪人个人情况来判断是否对犯罪人不实际执行刑罚也不至于再犯罪或危害社会，但从有关规定的具体内容来看，也是遵循上述标准的。[②]

（三）根据犯罪人的个人情况，以及犯罪后表现，来判断是否对其不执行刑罚，也不会再犯罪或者危害社会

在这种立法例中，据以判断对犯罪人不执行刑罚也不至于再犯罪或者危害社会的具体实质条件是犯罪人的个人情况以及犯罪后表现。例如，1996 年《瑞士联邦刑法典》第 41 条第 1 款第 1 段规定："如果被判刑人的履历和性格表明，不立即执行刑罚也不会再实施重罪或者轻罪，且可期望其对由法院或通过调解确定的损失进行赔偿的，法官可将 18 个月以下的自由刑或附加刑的执行予以推迟。"[③] 其中被判刑人的履历和性格属于犯罪人的个人情况，可期望其对由法院或通过调解确定的损失进行赔偿则属于犯罪后表现。从该法条的规定来看，没有对可以适用缓刑的犯罪情节作任何要求。

三、规定以犯罪人无再犯可能性和不危及法律秩序为缓刑适用实质条件的立法例

在这种立法例中，确定对犯罪人适用缓刑的基本实质条件不仅包括不实际执行刑罚也不会再犯罪或危害社会，而且还包括适用缓刑不会危及法律秩序。例如，现行《德国刑法典》第 56 条第 1 款规定，"法院暂缓刑罚的执行、付以考验，如果期待被判决人已经由判决受到警告，并且在将来无需刑罚执行的影响也不会再实施犯罪行为。这时特别必须考虑被判决人的人格性、他以前的生活经历、他的行为状况、他行为后的行动、他的生活环境和暂缓执行期待于他的作用。"同时在该条第 3 款中规定，在判处至少 6 个月的自由刑时，如果实际执行

① 《美国示范刑法典》并非具有法律效力的刑法典，但由于美国法律过于繁杂，而《美国示范刑法典》又对各州的刑事立法具有一定的参考作用，在此加以列举。——笔者注

② 根据《美国示范刑法典》的规定，"法庭可以对已被证明有罪的人不施以监禁刑，除非考虑到被告人的本性、犯罪时和过去的情形、品质、状况，为了保护公众利益必须对其予以关押"。其中的"为了保护公众利益必须对其予以关押"，便是指如果不实际执行刑罚（即予以监禁）犯罪人便可能再犯罪或者危害社会。从《美国示范刑法典》列举的应当倾向于适用缓刑的 11 项情形的具体内容看，包括犯罪情节、犯罪后表现和犯罪人个人情况三方面的实质条件。

③ 徐久生译：《瑞士联邦刑法典》，中国法制出版社 1999 年版，第 12 页。现行《瑞士联邦刑法典》于 2003 年修订，以下有关 1996 年《瑞士联邦刑法典》的内容未注明出处的，均来自此译本。

刑罚为维护法律秩序所必须，则不得适用缓刑。现行《加拿大刑法典》第 736 条第 1 款规定，如果审判法院认为基于最有利于被告人利益考虑并且不因此有悖于公共利益，可以对被告人宣告缓刑。根据这些规定，缓刑适用的基本实质条件应当是对犯罪人不实际执行刑罚也不会再犯罪或危害社会，以及适用缓刑不会危及法律秩序。《德国刑法典》在这方面的规定是明确的；《加拿大刑法典》虽然只是规定宣告缓刑不得有悖于公共利益，但判断是否有悖于公共利益的标准还是看不实际执行刑罚是否会再犯罪或危害社会，以及适用缓刑是否会危及法律秩序。

四、对缓刑适用实质条件的诸种立法例的评析

在上述三种立法例中，第一种未对缓刑适用的实质条件作出规定，笔者认为不妥，它使司法机关缺乏对犯罪人适用缓刑的最基本的依据，导致司法机关对犯罪人适用缓刑时实际上无法可依，这一方面可能导致法官在考虑是否对犯罪人适用缓刑时处于无所适从的状况，另一方面又容易导致法官滥用刑罚自由裁量权，对一些本不该适用缓刑的犯罪人适用了缓刑，而对一些应当适用缓刑的犯罪人却没有适用。第二种立法例和第三种立法例都对缓刑适用的实质条件作出了明确规定，并且主要内容相同，即都规定犯罪人无再犯可能性是缓刑适用的基本实质条件，而且基本上都是从犯罪情节、犯罪后表现以及犯罪人个人情况三方面来判断犯罪人是否具有再犯可能性。二者的区别在于，根据第二种立法例，只要对犯罪人不实际执行刑罚不至于再犯罪或者危害社会，就可以考虑适用缓刑；而根据第三种立法例，即使对犯罪人不实际执行刑罚不会再犯罪或者危害社会，但如果会因此危及法律秩序，也不能适用缓刑。

那么，不得危及法律秩序是否应当做为适用缓刑的一项基本实质条件呢？笔者认为，从促进缓刑所具有的维护秩序、实现正义、保障自由的价值全面实现的角度看，将不得危及法律秩序作为适用缓刑的一项基本实质条件，与犯罪人无再犯可能性这一缓刑适用基本实质条件并列，是科学的。理由是，确定不得危及法律秩序这一缓刑适用实质条件，有助于进一步确保缓刑的适用不过分破坏正义和秩序。所谓缓刑适用不得危及法律秩序，是指缓刑适用不得严重偏离公正，从而引起公众的强烈不满，危及法律所保护的秩序。由于缓刑是以对犯罪人不实际执行刑罚为其最终结果，因而包含着有罪不罚或者重罪轻罚的成分在内，与罪责刑相适应原则存在一定的冲突之处，如果适用不当，便会违背刑罚公正的要求，引起公众特别是受害人的不满，并可能导致社会上不稳定分子认为犯罪有利可图并且代价不高，进而效仿犯罪分子去实施犯罪。如果适用缓刑所引发的这两方面的问题严重，就会因违反罪责刑相适应原则而危及法律秩序和正义。虽然将犯罪人无再犯可能性作为缓刑适用的基本实质条件也可能有助于维护法律秩序和正义，

但它是从弥补报应刑在维护正义方面的局限[①]以及防止犯罪人再犯罪的角度出发，而不是从促进罪责刑相适应的角度出发来促进这一目标的实现的。因此，适用缓刑可能出现一方面通过防止犯罪人再犯罪而维护了法律秩序，另一方面却因为严重违背罪责刑相适应原则而破坏了法律秩序的情形。如果不规定不得危及法律秩序这一缓刑适用基本实质条件，而仅仅强调犯罪人无再犯可能性这一条件，便可能导致在缓刑适用中陷入过分注重保全犯罪人的利益而破坏刑罚的公正性从而危及法律秩序的误区，有欠妥当。

从各国刑法关于缓刑适用的具体实质条件的规定来看，大多数国家实际上都考虑到了缓刑适用不得危及法律秩序这一因素，这从多数国家的刑法都规定在决定是否对犯罪人适用缓刑时，应当考虑犯罪情节这一点得到证明。如前所述，大多数国家在规定缓刑适用的具体实质条件时，都将犯罪情节作为条件之一。可是，如果像我国1997年《刑法》以及其他许多国家刑法规定的那样，判断对犯罪人是否可以适用缓刑的基本实质条件只是犯罪人是否具有再犯可能性，即不对其实际执行刑罚是否会再犯罪或者危害社会，那么只需要也只能从犯罪人的人身危险性来判断，因为只有这方面的因素对判断犯罪人是否还会危害社会有价值，犯罪情节，包括犯罪人犯罪时的主观恶性和犯罪行为所造成的客观危害程度在说明犯罪人的再犯可能性方面并没有意义。比如，过失犯罪所造成的客观危害往往十分严重，但犯罪人的再犯可能性却往往很小。显然，法官在考虑对犯罪人是否适用缓刑时，之所以要考查犯罪行为所造成的客观危害后果，就是在考虑如果对犯罪人适用缓刑，是否会导致严重有失公正，从而危及法律秩序。而且，正是基于这方面的考虑，在某些情况下，即使犯罪人没有人身危险性，也可能因为其主观恶性严重或者犯罪行为造成了严重的客观危害后果，因而不能对犯罪人适用缓刑。例如，甲因乙女检举揭发他的违法行为，而在大庭广众之下，出于报复动机公然将乙女衣服扒光，致使乙女不堪羞辱含恨自杀。甲在犯罪之后认识到了自己行为的严重危害性，并表现出了真诚悔罪、痛改前非的决心，而如果对其实际执行刑罚，则面临着失去工作，家庭生活受到严重影响等问题。因此，从特殊预防的角度而言，不宜对甲实际执行刑罚。但是，法院最后还是对甲判了3年实刑。法院的判决妥当吗？笔者认为是妥当的。在本案中，从人身危险性的角度分析，对甲并无判处实刑的必要，因为甲已经表现出真诚悔罪的态度，而且其侮辱行为是针对特定对象而实施，现在特定对象已经不存在了，甲又真诚悔罪了，其再犯可能性也就基本上没有了。但是，由于甲在犯罪中体现出来的主观恶性太深（具体表现在：第一，动机卑劣——出于对检举揭发其违法行为者的报复心理；

① 关于报应刑在维护正义方面的局限，可参见邱兴隆：《报应刑的价值悖论——以社会秩序、正义与个人自由为视角》，载《政法论坛》2001年第2期。

第二，用心险恶——在大庭广众之下；第三，手段歹毒——将被害人衣服扒光），加之所引发的客观危害又十分严重（致使受害人自杀），必然激起社会公愤。如果不对甲实际执行刑罚，难免使公众感到司法机关的判决严重有失公正，从而损害法律的权威，同时丧失其对潜在犯罪分子的威慑力。在这种情况下，要达到特殊预防的最佳效果，就会损害刑罚的公正性，于是产生了特殊预防与维护正义之间的冲突；同时，要达到特殊预防的最佳效果，还会使刑罚丧失应有的威慑力，于是又产生了特殊预防和一般预防的冲突。笔者认为，在这种情况下，再死抱特殊预防的目的不放而不惜牺牲法律的公正性和一般预防目的，就未免显得本末倒置，不足为取了。因此，法院对甲判处实刑是对的。在这里，判处实刑的原因显然不在于甲具有人身危险性，而在于甲在犯罪中体现出来的主观恶性和犯罪行为引发的客观危害太严重，因而从维护法律秩序和正义的角度看不宜对其适用缓刑。我们可以从如下假设中看到犯罪的客观危害程度对缓刑适用的影响：如果本案中的受害人没有自杀身亡，在甲的主观恶性相同的情况下，对甲宣告缓刑显然不会让人觉得太难以接受，而在受害人已经自杀的情况下，这种不公平感就显得极为强烈，从而可能危及法律秩序。可见，许多国家将犯罪情节作为适用缓刑的实质条件之一，并非因为犯罪情节可以用来判断犯罪人的人身危险性，而是因为犯罪情节中包含的行为的客观危害和犯罪人的主观恶性等内容可以用来判断对犯罪人适用缓刑是否可能危及法律秩序。

可见，围绕犯罪人的再犯可能性和适用缓刑是否会危及法律秩序两方面来设置缓刑适用实质条件是科学可取的。至于判断犯罪人是否具有再犯可能性以及适用缓刑是否会危及法律秩序，则是通过考查犯罪情节、犯罪后表现以及犯罪人的个人情状三方面的内容来实现的。其中，犯罪情节中所包含的犯罪行为的客观危害程度和犯罪人的主观恶性大小可以用以判断对犯罪人适用缓刑是否会危及法律秩序；犯罪后的表现和犯罪人的个人情状可以用以判断犯罪人是否存在再犯可能性。

还应当指出的是，适用缓刑对法律秩序可能造成的破坏的大小与犯罪行为所造成的客观危害程度的大小以及犯罪人的主观恶性紧密相关，而且只有在犯罪人的主观恶性较深的情况下，犯罪行为所造成的客观危害严重才会成为对犯罪人不得适用缓刑的理由之一。如果犯罪人主观恶性小，那么，即使其犯罪行为所造成的危害后果严重，对其适用缓刑公众以及受害人一般也不会感到强烈不满，因而一般也不会危及法律秩序。这充分体现在过失犯罪当中。过失犯罪所造成的客观危害往往十分严重，但犯罪人的主观恶性却往往很小，因而被认为是可以广泛适用缓刑的一类犯罪。

第二节　我国《刑法》对缓刑适用实质条件的规定

1997 年《刑法》第 72 条对缓刑适用实质条件的规定是"根据犯罪分子的犯罪情节和悔罪表现，适用缓刑确实不致再危害社会"。2011 年 2 月 25 日通过的《刑法修正案（八）》对缓刑适用的实质条件修改为：犯罪情节较轻；有悔罪表现；没有再犯罪的危险；宣告缓刑对所居住社区没有重大不良影响。修正后的条款强调了这四项必须同时符合，缺一不可。前三项条件与 1997 年《刑法》的规定相比，在语词上虽有所改动，但其内容与原有规定基本一致，只不过将"根据犯罪分子的犯罪情节"改为"犯罪情节较轻"，将"适用缓刑确实不致再危害社会"改为"没有再犯罪的危险"，从而使条件更加具体明确。第四项则是新增的内容，表明立法者对缓刑可能给社会秩序和公众安宁感带来的负面影响的关注。

1997 年《刑法》以及经《刑法修正案（八）》修改后的缓刑条款虽然规定了应当从犯罪情节、悔罪表现以及人身危险性三方面来考虑是否可以对犯罪人适用缓刑，但没有更进一步规定从何种犯罪情节、何种悔罪表现以及哪些反映人身危险性的因素来审查判断，也没有规定如何判断宣告缓刑对所居住社区没有重大不良影响。之所以如此，主要原因在于：第一，犯罪情节、悔罪表现以及反映犯罪人人身危险性的因素较为广泛，不便于也无须逐一列举，只要将考虑的大的方向明确下来以指导法官的裁判活动即可，裁量时具体依据哪些事实则可以发挥法官的自由裁量权。第二，宣告缓刑对所居住社区没有重大不良影响，判断标准较为模糊，难以作出某种刚性规定，也需要发挥法官的自由裁量权来确定。不过，立法没有明确规定适用缓刑时应当考虑的犯罪情节、犯罪后表现以及犯罪人再犯危险性，以及何种情况属于对所居住社区没有重大不良影响，并不是说就不需要在理论上澄清这四方面实质条件的具体内容，相反，尤其需要我们在理论上将这方面的问题彻底加以解决，这样，法官才不至于在行使自由裁量权时无所适从或者滥用。因此，有必要对缓刑适用具体实质条件包括哪些内容加以探讨。

一、对"犯罪情节较轻"的理解和把握

关于犯罪情节对缓刑适用的影响，1997 年《刑法》规定的是"根据犯罪分子的犯罪情节"，《刑法修正案（八）》改为"犯罪情节较轻"，修改后的规定使得这一缓刑适用实质条件的内容更加清楚。这里的犯罪情节，是指体现犯罪人的主观恶性以及犯罪所造成的客观危害，因而在决定是否适用缓刑时应当予以考虑的各种主客观犯罪事实情况。那些与犯罪事实无关的情节，如犯罪以后的自首、

坦白、立功等，属于犯罪后的悔罪表现；行为人是累犯还是初犯，是未成年犯还是成年犯等，则属于体现犯罪人人身危险性的事由，应当置于犯罪后的悔罪表现以及再犯危险性两部分加以探讨。这里的犯罪情节较轻，有学者认为，“可以表现为犯罪行为的手段、造成的结果、社会影响、侵害的法益等较轻”①。这一表述在逻辑上还不够清晰。首先，社会影响在很大程度上是由犯罪行为的手段和造成的结果所决定的，把它作为犯罪情节较轻的一个独立评价标准似乎不妥。其次，犯罪所侵害的法益，对判断犯罪情节轻重并无特殊价值。因为即便侵害的法益十分重大，犯罪情节同样可以很轻。最后，这种表述也没有说明所列举的情况是必须同时具备还是只需具备一项即可认为犯罪情节较轻。笔者认为，对犯罪情节是否较轻的判断，只能是一种综合评判，评判的根据应当是犯罪事实所体现出的犯罪人的主观恶性及犯罪所具有的客观危害，具体而言，在主观恶性较小，客观危害也不是特别严重，或者主观恶性虽然较大，但客观危害不是很严重的情况下，都可以认定为犯罪情节较轻。

关于可以考虑适用缓刑的较轻的犯罪情节具体有哪些，各国刑法大多未作出明确规定。理论上有学者提出了以下可以考虑适用缓刑的犯罪情节：（1）过失犯；（2）防卫过当和紧急避险过当；（3）预备犯、中止犯和未遂犯。② 最高人民检察院2007年印发的《关于在检察工作中贯彻宽严相济刑事司法政策的若干意见》第8条规定，对于初犯、从犯、预备犯、中止犯、防卫过当、避险过当、未成年人犯罪、老年人犯罪以及亲友、邻里、同学同事等纠纷引发的案件，确需提起公诉的，可以依法向人民法院提出从宽处理、适用缓刑等量刑方面的意见。这也就是说，初犯、从犯、预备犯、中止犯、防卫过当、避险过当等可以视为犯罪情节较轻的具体表现。

笔者认为，由于考查犯罪情节主要是为了判断对犯罪人适用缓刑是否会显失公正从而危及法律秩序，而通常只有在犯罪人的主观恶性较深或者造成的客观危害比较严重的情况下对其适用缓刑，才可能严重丧失公正性从而危及法律秩序，因此，所谓犯罪情节较轻，应当理解为犯罪人的主观恶性较小，且犯罪所造成的客观危害较小。基于这一标准，笔者认为，前述学者提出的可以考虑适用缓刑的各项犯罪情节都是可取的，同时还可以加以适当补充。具体而言，有下列犯罪情节，且造成的客观危害不是很严重，就可以认定为犯罪情节较轻，可以宣告缓刑：

（一）值得同情或者宽宥的犯罪动机和原因

犯罪动机和原因可以在一定程度上反映行为人的主观恶性。比如，因家庭生

① 赵秉志主编：《刑法修正案（八）理解与适用》，中国法制出版社2011年版，第115页。

② 参见鲍遂献：《论缓刑的适用》，载《中国法学》1992年第3期。

活困难，为生存而偷窃者的主观恶性要小于出于享乐和敛财动机而偷窃者；基于义愤而实施犯罪者的主观恶性要小于基于报复动机而实施犯罪者。因此，对前者可以更多地考虑适用缓刑，在对后者考虑适用缓刑时就必须慎重，应考虑因此可能给社会公众和受害人所造成的不满情绪和可能引发的不良后果。这类可以倾向于考虑对犯罪人适用缓刑的值得同情或者宽宥的犯罪动机和原因主要有：(1) 由于受到外界或受害人的强烈刺激或挑拨。例如，性格懦弱的甲在受到乙多次欺侮后，出于激愤而将再次欺侮其的乙打伤，构成故意伤害罪。从犯罪原因来看，甲的犯罪行为便具有可宽宥之处，应当考虑对其适用缓刑。(2) 受到普通人通常难以抗拒的压力。例如，甲本不愿意做假账，但公司数位主要负责人经研究决定这样做，甲若不听从就会被解雇。为了保住饭碗，甲只好做假账，因而构成提供虚假财会报告罪（该罪名已被取消，现为违规披露、不披露重要信息罪)。从甲犯罪时的处境看，其行为具有值得宽宥之处，应当考虑对其适用缓刑。(3) 出于义愤或者为了伸张正义。例如，村民甲因不满村干部乙横行乡里、以权谋私，又告状无门，某日，在乙强拆民房时，出于义愤将乙打成轻伤，构成故意伤害罪。甲的犯罪原因和犯罪动机都值得宽宥，应当考虑对其适用缓刑。

(二) 过失犯罪

由于过失犯主观上并不想犯罪，对危害结果的出现持的是反对态度，只是因为疏忽大意或者过于自信才酿成恶果，最终构成犯罪，而故意犯却是在企图危害社会或者放任危害社会的结果发生的心态支配下实施危害行为，因此，故意犯的主观恶性通常要大于过失犯。对于过失犯，通常可以相信即使不实际执行刑罚，犯罪人也不会再去实施犯罪行为，因此，对于过失犯，只要没有特殊情节表明犯罪人主观恶性较深（如交通肇事后逃逸），应当倾向于适用缓刑。

值得注意的是，有论者主张，对过失犯，应当将可以适用缓刑的范围扩大到被判处5年以下自由刑的人，理由是，很多过失犯罪分子犯罪后在很短时间内就能认识到自己的过错，并痛悔自己给社会带来的巨大损失，本来他们主观上就没有多大恶性，改造比故意犯快得多。如果无视这些犯罪分子的改造情况（尤其是恶性矫正情况）而仍然实施关押，就与我国刑罚目的背道而驰，也是刑罚浪费。[①] 笔者认为，这种观点值得商榷。持这种观点的论者只看到特殊预防之刑罚目的，而没有看到一般预防和报应之刑罚目的，因而是片面的。对于因过失犯罪而被判处高达5年有期徒刑的犯罪人，不是犯罪行为已经造成了极为严重的危害后果，如造成多人死亡，就是有其他特别恶劣情节，如犯罪后为了逃避责任而实

---

① 参见邓又天、邓修明：《修改我国缓刑制度的若干设想》，载《法学评论》1989年第6期。

施严重违背道德或者违法的行为，其犯罪行为对社会秩序的破坏和对公众心理的影响都是十分恶劣的。如果对这种犯罪人仍然宣告缓刑，不仅严重违背罪责刑相适应的刑法基本原则，从而破坏法律的公正和权威，而且显然不利于威慑那些可能实施这类过失犯罪的潜在犯罪人，容易导致他们继续对自己的行为不负责任，为最终酿成恶果，构成犯罪留下隐患。同时，这样做还可能激起社会的强烈不满，从而破坏社会秩序。因此，对被判处高达 5 年有期徒刑的过失犯罪人宣告缓刑是一种得不偿失的做法，并不可取。

（三）防卫过当和避险过当

防卫过当，是指行为人在正当防卫过程中，因为未能掌握防卫的限度，以至防卫行为明显超过必要限度，而给不法侵害人造成重大损害的情形。避险过当，是指行为人的避险行为超过必要限度，造成不应有的损害的情形。有论者认为，对因防卫过当或者避险过当而构成犯罪的行为人，应当尽可能适用缓刑。理由是，这些人主观恶性较小甚至没有恶性，适用缓刑一般不会对社会产生危害，对防卫过当者适用缓刑还能够鼓励广大公民同犯罪行为作斗争，并获得群众的支持。[①] 笔者赞同这种观点，主张对因防卫过当或者避险过当而被定罪判刑的犯罪人，一般应当考虑宣告缓刑。对因防卫过当构成犯罪的人一般应当考虑宣告缓刑的理由主要是：

（1）从犯罪起因来看，对防卫过当的行为人应当宣告缓刑。防卫过当的行为人是为了制止正在进行的不法侵害才发动对不法侵害者本人的打击，因而引起防卫过当的原因首先在于不法侵害，而不在于行为人的主观过错。没有不法侵害在先，就没有防卫过当在后，防卫过当完全是在特殊的情势下发生的犯罪，完全有理由相信，在正常的情况下，实施了防卫过当的行为人不会再危害社会。因此，从犯罪起因看，防卫过当者显然符合缓刑的实质条件。

（2）从防卫过当的罪过形式来分析，对符合缓刑形式要件的犯罪人一般也应当宣告缓刑。这是因为：第一，防卫过当的行为人一般是出于过失，对这类人理应考虑缓刑。防卫过当的行为人之所以防卫过当，主要是因为在遭受不法侵害的情况下，因心理紧张、心情激愤或者其他可以理解的原因，而对自己防卫行为的强度失控，以致本来应当预见自己的防卫行为可能明显超过必要限度造成重大损害，却因疏忽大意没有预见，或者虽然预见却轻信能够避免，因而造成了不应有的重大损害。因此，行为人通常是出于过失而防卫过当。对于过失犯而言，由于其内心不但根本不存在犯罪的意图，而且反对危害结果的发生，因而其再犯可能性基本没有，理应考虑缓刑。第二，对于那些放任危害结果发生，以致防卫过

① 参见鲍遂献：《论缓刑的适用》，载《中国法学》1992 年第 3 期。

当的行为人，一般也应当考虑缓刑。虽然多数防卫过当的行为人是出于过失，但不能排除少部分行为人是出于放任心态而导致防卫过当，即行为人明知自己的防卫行为可能明显超过必要限度造成重大损害，却放任这种危害结果发生。[①] 但即便在这种情况下，行为人也往往是为了确保防卫的成功而采取这种放任心态。因此，虽然他们所体现出的主观恶性要大于过失犯，但与那些为了追求某种有害于社会的目的而放任危害结果发生的间接故意犯相比，其主观恶性显然要小得多，因而一般也应当考虑适用缓刑。

（3）从行为的动机和目的来看，防卫过当的行为人值得宽宥。通常情况下，促使防卫过当的行为人对不法侵害人实施打击的内在动机是保护合法权益，其行为目的则是制止不法侵害，无论从行为人的行为动机还是行为目的来看，本来都是值得鼓励和有益于社会的，因此，防卫过当的行为人最终构成犯罪是值得同情和宽宥的。对防卫过当的行为人适用缓刑，是诸多缓刑适用中与社会正义观最相符合的，因而也必然是公众所最愿意接受的。

综上所述，从犯罪起因和防卫过当的罪过形式来看，防卫过当者的再犯可能性基本上没有，因而完全符合缓刑的实质条件；从防卫过当者的行为动机和目的来看，对其适用缓刑最能为公众所接受，因而可能产生的破坏法治和违背正义的负面效应最小。因此，对于符合缓刑形式条件的防卫过当者，一般应当适用缓刑。

上述对防卫过当者适用缓刑的三方面理由基本适用于避险过当者，只是具体内容与防卫过当有所不同。首先，对避险过当者而言，导致其犯罪的首要原因是客观条件的逼迫，即有某种极为紧迫的危险正在发生。如果没有这种极为紧迫的危险的存在，行为人不可能实施犯罪行为。而且，行为人是在迫不得已的情况下才损害其他合法权益的。因此，完全可以相信，在没有迫在眉睫的危险发生的正常情况下，避险过当者不会再危害社会。其次，避险过当者主观罪过形式也主要表现为过失，少数情况下表现为间接故意，在间接故意的情况下行为人也是为了保护某种合法权益才这么做，因而其主观恶性也明显小于其他类型的间接故意犯。最后，由于避险过当者是为了保护合法权益免受正在发生的危险而损害其他合法权益，从行为动机来说也值得宽宥。综合上述三方面的因素，对避险过当导致不应有的损害发生因而构成犯罪的人适用缓刑，既符合适用缓刑的实质要件，一般也能为公众所接受，因而不但是可行的，而且是必要的。

---

① 至于以直接追求对不法侵害人造成明显超过必要限度的损害为目的的行为，笔者认为不能再称之为防卫行为，因为此时行为人的行为目的已经发生实质性的转变，有了明确的犯罪目的，如果再称之为以保护合法权益为前提的正当防卫的过限行为，显然名不符实，有损正当防卫的正义性。

（四）犯罪中止

犯罪中止，是指在犯罪过程中，行为人自动放弃犯罪或者自动有效地防止危害结果发生，而未完成犯罪的一种犯罪停止形态。对于中止犯，我国《刑法》规定，没有造成损害的，应当免除处罚；造成损害的，应当减轻处罚。外国刑法对中止犯一般也有减免刑罚的规定。例如，现行《日本刑法典》第 43 条规定："……基于自己的意志中止犯罪的，应当减轻或者免除处罚。"现行《德国刑法典》第 24 条第 1 款规定，行为人自愿地放弃行为的继续进行或者阻止其完成的，不因其曾着手构成要件的实现而受处罚。[①] 1996 年《瑞士联邦刑法典》也规定，行为人自动中止犯罪的实施，法官可免除其刑罚。可见，在规定了犯罪中止情形的国家，对中止犯或者是根本不予以处罚，或者是减轻或者免除处罚。对于受到刑罚处罚的中止犯，笔者认为，一般应当考虑适用缓刑，理由是：（1）从中止犯的主观心态发展过程来看，对其不执行刑罚一般不会再危害社会。中止犯虽然是在故意心态的支配下实施了犯罪行为，但是，行为人在犯罪过程中，心态已经发生转变，由犯罪开始时的积极追求危害结果的发生变成了反对危害结果的发生。这说明行为人的主观恶性已经大大减弱，其人身危险性已经基本消失，因而可以相信对其不予关押也不至于再危害社会。（2）从中止犯的危害行为所造成的后果来看，一般不很严重。由于行为人必须自动放弃犯罪或者自动有效地防止危害结果发生才能构成犯罪中止，因而只有在行为人所希望的危害结果尚未发生的情况下才可能存在犯罪中止。因此，只要行为人属于犯罪中止，其危害行为所造成的危害结果通常都不是很严重。当然，也可能存在已经出现严重危害结果的犯罪中止情形，如出于杀人故意将受害人杀至重伤后，又主动停止犯罪并防止了受害人死亡结果的发生，也属于犯罪中止，这时便出现了严重的危害结果。在这种情况下，当然应当慎重考虑是否应当对中止犯予以适用缓刑。但一般情况下，造成了严重危害结果的中止犯往往已经被判处了超过可以适用缓刑的刑期，因而也就不可能宣告缓刑了，如果行为人被判处的刑期仍然在可以适用缓刑的刑期之内，则还是可以考虑适用缓刑。（3）从中止犯的最后表现来看，对其适用缓刑不至于使公众难以接受。由于中止犯最后已经主动停止犯罪，或者积极采取措施防止了危害结果的发生，以实际行动表明了其真诚悔过的心理，一般能为公众普遍具有的"知错能改，善莫大焉"的善良宽容心所接受，因而对其予以适用缓刑，公众一般能够接受。

综上所述，中止犯一般既没有了再犯可能性，公众和受害人也不会对不给予其实际处罚感到强烈不满，因此，对中止犯适用缓刑无论是从再犯可能性上看，

① 参见徐久生、庄敬华译：《德国刑法典》，中国法制出版社 2000 年版，第 49 页。

还是从维护法律秩序的角度看，都是可行的。

（五）犯罪预备和犯罪未遂

有论者认为，在犯罪预备和犯罪未遂的情况下，由于行为人所追求的危害后果没有发生，因而其客观危害通常较小，从这一角度看，对预备犯和未遂犯也存在可以适用缓刑的理由。[①] 笔者对此基本赞同，但同时认为应当明确，对预备犯和未遂犯考虑适用缓刑的理由和对具有前几种情形的犯罪人考虑适用缓刑的理由是有所不同的，对情有可原的犯罪人，因防卫过当、避险过当而构成犯罪的人，以及过失犯和中止犯适用缓刑的理由，都是因为这些人主观恶性和人身危险性都很小，因而不执行刑罚也不至于再危害社会和危及法律秩序；对预备犯和未遂犯适用缓刑的理由则主要是在这两种情况下，犯罪所造成的客观危害通常较小，对他们适用缓刑一般不会引起公众的强烈不满，从而损害刑罚的公正性。由于对犯罪人适用缓刑的总体标准是对其不予关押也不至于再危害社会，而犯罪预备和犯罪未遂仅仅表明犯罪造成的客观危害不严重，并不当然说明犯罪人的主观恶性或者人身危险性小，因此，在对预备犯和未遂犯考虑适用缓刑时，必须结合能够说明其主观恶性和人身危险性大小的事实来决定，而不能只要看到预备犯和未遂犯没有造成严重客观危害，便适用缓刑，否则必然严重背离缓刑适用标准。同时还应当看到，在考虑适用缓刑时，犯罪预备情节和犯罪未遂情节所具有的说服力远不能与犯罪中止情节相提并论。

二、对“有悔罪表现”的理解和把握

所谓有悔罪表现，是指行为人犯罪之后，通过积极的行为，表明自己对犯下的罪行感到后悔。行为人有悔罪表现，通常表明其人身危险性已经较小，没有再犯罪的危险，因而可以考虑适用缓刑。悔罪表现主要有自首、立功以及其他有悔罪表现的情形。

（一）自　　首

自首是一种自动投案的行为，即行为人自动向有关机关承认自己实施了某种犯罪，并自愿将自己置于有关机关或者个人的控制之下，准备接受国家的审查和裁判。自首是一种如实交代自己的犯罪事实的行为，即行为人除了自动投案以外，还按照实际情况彻底交代了自己的犯罪事实。这表明行为人具有良好的认罪态度，愿意承担自己的罪责。认罪的后果是承担相应的刑事责任，行为人既然如实交代了自己的犯罪事实并愿意接受审判，就表明做好了承担相应刑事责任的准备。而犯罪人具有良好的认罪态度，愿意承担自己的罪责正是其悔罪的一种表

① 参见鲍遂献：《论缓刑的适用》，载《中国法学》1992 年第 3 期。

现。当然，并非所有自首的犯罪人都具有真诚悔罪的心理。有些犯罪人可能出于悔罪之外的其他原因而自首，如在将为非作歹者打伤后，基于“好汉做事好汉当”的心理而自首，犯罪人可能就缺乏悔罪心理，但只要他符合自首的条件，同样应当认定为自首。在这种情况下，对自首的犯罪人就不宜认定具有悔罪表现，也就应当慎重适用缓刑。

（二）立　　功

立功行为一般也能反映行为人的悔罪心理。一般而言，行为人只有认识到自己行为的社会危害性并有了悔改之心，才会积极实施立功行为，以争取宽大处理，因此，行为人的立功表现也表明其人身危险性已经大大减小，因而可以考虑适用缓刑。自首和立功虽然在成立条件上有所不同，自首是行为人主动向有关机关承认自己犯了某种罪行并将其置于有关机关的控制之下，而立功则是检举揭发其他人的犯罪事实或者实施了其他与自己罪行无关的有益于社会的行为，但二者体现出的行为人的悔罪表现通常都是很强烈的，都表明行为人的人身危险性已经较小，因而在考虑适用缓刑时，应当同等对待。

（三）其他悔罪表现

其他悔罪表现，主要是指自首、立功之外的其他表明犯罪人对自己罪行感到悔恨的事实情况。这些情况在司法实务中主要表现为归案后积极坦白交代自己的犯罪事实和同案犯的犯罪事实，犯罪后积极采取措施避免危害结果的发生或者挽回犯罪造成的损失、积极补偿犯罪所造成的损害、向受害人赔礼道歉，案发后积极退赃等行为，都是犯罪人真诚悔罪的表现，因而都可以作为考虑对犯罪人适用缓刑的参考因素。

三、对“没有再犯罪的危险”的理解和把握

所谓没有再犯罪的危险，是指综合考虑犯罪人的悔罪表现、个人现状等情况，其再次实施犯罪的可能性很小。考虑犯罪人是否确实没有再犯罪的危险时，首先需要考察的是其悔罪表现。通常情况下，真诚悔罪的犯罪人的再犯可能性很小。但是，二者也不是绝对等同的，悔罪以后再次犯罪的情况也是存在的。因此，独立考察犯罪人是否存在再犯罪的危险，对于适用缓刑是必要的。这就是《刑法修正案（八）》将“没有再犯罪的危险”作为适用缓刑的独立条件的原因。该条件在 1997 年《刑法》中则规定为“适用缓刑确实不致再危害社会”。由于不致再危害社会内容宽泛、边界模糊，不好判断，影响法官适用缓刑的积极性，不利于充分发挥缓刑的功能，《刑法修正案（八）》将其调整为“没有再犯罪的危险”。根据这一调整，行为人即使存在危害社会的可能，只要其危害性不会达到犯罪程度，仍然可以适用缓刑。例如，甲为人脾气暴躁，易与他人发生争

执并辱骂他人，但品行较为端正，从未实施严重侵犯他人权益的行为，现因交通肇事罪被判处有期徒刑2年。对于甲，很难保证他不致再危害社会，因为他随时可能因脾气暴躁而再次与他人发生争执，辱骂他人因而引发邻里纠纷，危害社会秩序，但基本能确信他不会实施犯罪行为，因此可以认定没有再犯罪危险。如果按照1997年《刑法》的规定，就不应对其适用缓刑，按照《刑法修正案（八)》，则可以适用缓刑。可见，《刑法修正案（八)》所作的调整实际上降低了缓刑适用条件，扩大了缓刑适用范围，增强了条文的可操作性，因而是可取的。

（一）犯罪人的性格、经历、所处环境等个人情况

除了从犯罪人是否具有自首情节来把握“没有再犯罪的危险”，还需要从犯罪人的个人情况来把握这一条件。所谓犯罪人的个人情况，是指与犯罪行为没有直接关系的犯罪人的性格、经历、所处环境和一贯表现等个人情况。不少国家的刑法都对可以适用缓刑的犯罪者个人情况提出了要求。例如，现行《德国刑法典》第56条规定，在判断是否能够期待被判决人已经由判决受到警戒，并且在将来无须刑罚执行的影响也不会再实施犯罪行为时，必须特别考虑被判决人的人格性、他以前的生活经历、他的行为状况、他的生活环境和暂缓执行期待于他的作用。根据现行《韩国刑法典》第59条和第62条的规定，在考虑是否对犯罪人适用缓刑时，也必须考虑其性格品行、所处环境。我国台湾地区现行刑法典虽然没有规定对犯罪人适用缓刑时必须考虑犯罪人的个人情况，但在专家们提出的刑法修改建议中，则明确提出，法院宣告缓刑时，应审酌受判决人之性格、素行、生活环境、生活经历，以及缓刑对受判决人所可期待之效果。作出类似规定的还有现行《意大利刑法典》、《瑞士联邦刑法典》、《加拿大刑法典》等，不具有法律效力的《美国示范刑法典》中也有这方面的规定。不过，也有不少国家的刑法没有对适用缓刑时应当予以考虑的犯罪人的个人情况作出规定，如现行《日本刑法典》、《俄罗斯联邦刑法典》、《法国刑法典》以及我国《刑法》。有的学者将决定是否适用缓刑时应当考虑的个人情况归纳为以下几个方面：（1）犯罪人以前的记录，包括少年时是否受到判决、受到何种判决，成年以后是否曾遭到逮捕和定罪。（2）个人和家庭资料，包括自己以及父母兄弟姐妹的情况、个人婚姻状况、所受教育、从事的职业、身体健康状况、心理情绪健康状况、服兵役情况以及经济条件。①

笔者认为，犯罪人的个人情况作为判断“没有再犯罪的危险”的因素加以

① Paul F. Cromwell, George G. Killinger: Community Based Corrections: Probation, Parole and Intermediate Sanctions, St. Paul: West Publishing Company, 1994, P49.

考虑是必要的。犯罪人的性格、品行、生活环境等个人情况，确实能够说明犯罪人再犯可能性的大小、改造的难易程度以及缓刑对其具有的作用的大小。例如，那些性格宽和的犯罪人，由于比较容易适应社会，在缓刑期间一般能够较好地配合缓刑监督机构的监管，顺利改过自新，重新回归社会；而那些性格孤僻的犯罪人，由于与正常社会格格不入，在正常情况下都难以和社会融为一体，在其自由受到限制、行为受到监管的缓刑状态下，就更难指望他能够配合缓刑监督机构对他的教育改造，实现回归社会，而很可能导致其性格和行为更加扭曲，再次犯罪。因此，对具有前一种性格和素行的人，应当倾向于考虑适用缓刑；而对具有后一种性格和素行的人，则不宜首先考虑适用缓刑，而应当考虑予以关押，进行有针对性的人格康复矫正。

除了犯罪人的性格外，以下犯罪人个人情况也应当做为考察其是否具有再犯罪危险的根据，在决定是否适用缓刑时加以考虑。

1. 犯罪人的犯罪历史

犯罪人的犯罪历史，主要是指犯罪人是再犯还是初犯以及其犯罪性质。一般而言，行为人一再犯罪，足以表明其人身危险性较大，特别是那些曾经被判处过实刑的再犯，一般是没有教育改造好的顽固犯，人身危险性尤其大，而初犯的人身危险性则明显小于再犯。因此，对于再犯，特别是曾经被判处过实刑的罪犯和惯犯，通常不能适用缓刑；对初犯则可以考虑多适用缓刑。另外，统计数据表明，犯某种罪行者的再犯率要高于犯其他罪行的人，这类犯罪人往往拥有变态人格，如不加以专门矫正和预防，较难回归正常人格状态，因而再犯率较高。例如，犯猥亵儿童罪的行为人往往拥有变态人格，再犯的可能性较大，如缺乏完善的矫正和监控措施，难以防止其再犯，因而通常不宜宣告缓刑。

2. 犯罪人的一贯品行

犯罪人的一贯品行，主要是指犯罪人的道德品行和受过哪些非刑罚处罚。对于那些品行一贯良好的犯罪人，我们有理由相信他只是一时失足而坠入犯罪的深渊，在帮助他脱离犯罪的泥潭后，他不会再次走上犯罪道路；而对于那些一贯表现不好，品行不端，虽然没有受到过刑罚处罚，却经常受到其他制裁的犯罪人，我们则有理由认为他走上犯罪道路是其一贯品行不端、违法乱纪的必然结果，根据其以往的表现，今后仍然可能再次犯罪。因此，对品行良好的犯罪人，应当考虑多适用缓刑；而对于一贯品行不端、违法乱纪的犯罪人，则应当倾向于考虑实际执行刑罚。

3. 犯罪人的生活环境

犯罪人的生活环境，包括犯罪人的家庭环境、生活的社区环境、接触的周围人群、个人的生活水平等。那些生存环境较好（如周围人群道德水准较高，都有遵纪守法的良好习惯）、生活条件较为优越（如有稳定的工作）的犯罪人，由于其在社会上所处环境和所面临的生活条件有利于其改过自新，一般有理由相信不对他们执行刑罚也不至于再犯罪；而那些生活环境恶劣、生存条件艰难的犯罪人，一方面其所处的生活环境十分不利于他的改过自新，如其周围人群道德水准低下，犯罪现象猖獗，另一方面由于缺乏改恶从善的物质基础，很容易为生活所迫而再次走上犯罪道路。因此，对前者应当倾向于适用缓刑，而后者在社会上改造好的可能性较小，更稳妥的办法应当是对他们实际执行刑罚，这样既将他们与恶劣的生活环境隔离开来，又使他们能够在衣食无忧的条件下接受教育和改造。

4. 对犯罪人适用缓刑可以期待的效果

那些强烈希望缓刑、渴望通过得到缓刑机会来痛改前非的犯罪人，一般会十分珍惜缓刑这一宽大处理，积极配合社区矫正，严格约束自己的行为，努力改过自新，因而可以期待对这类犯罪人适用缓刑能取得较好的效果，对他们应当考虑多适用缓刑；而那些对于可能给予的缓刑无动于衷的犯罪人，则往往不会珍惜缓刑这一宽大处理，也不会因为获得缓刑而严格要求自己，难以让人相信对他们适用缓刑能取得改过迁善之功效，因此，对这类人应当考虑实际执行刑罚。另外，那些适用缓刑能够保全工作，因而能够有稳定的经济收入和较好的生活条件的犯罪人，一般会十分珍惜缓刑所提供的机会，因此对他们适用缓刑通常能够取得良好的效果；而那些生活本来就没有着落的犯罪人，如果不能解决其生活来源问题，即使对其宣告缓刑，他们也可能因为生活所迫而再次走上犯罪道路。因此，对前一类人应当多考虑适用缓刑，对后一类人则应当考虑实际执行刑罚。

5. 犯罪人的个人经历

个人经历对犯罪人的人身危险性也有影响，经历复杂的人由于见多识广，阅历丰富，世界观一旦形成往往较为固定，相应地，一旦实施犯罪，其矫正难度较大，人身危险性也较大；经历简单的犯罪人则与之相反。因此，犯罪人的个人经历也应当做为决定是否对其适用缓刑时单独加以考虑的个人情况。

6. 影响犯罪人再犯可能性的身体和精神方面的客观情况

影响犯罪人再犯可能性的身体和精神方面的客观情况，主要是指影响犯罪人再犯可能性的身体和精神方面的情况。例如，因患病或者身体残疾而丧失或者基本丧失犯罪能力的犯罪人，其再次危害社会的可能性已经消除或者基本消除，可以倾向于考虑适用缓刑；那些心理和情绪健康的犯罪人，一般自我控制能力较强，再犯可能性相对较小，也可以倾向于考虑适用缓刑。相反，那些心理变态、情绪难以自我控制，以及具有某方面癖癖的犯罪人，则容易在不正常心理和情绪的驱使下，或者在某方面瘾癖（如吸毒、酗酒）的控制下再次犯罪。

此外，在考察犯罪人是否具有再犯罪的危险时，还应当考虑犯罪人的职业技能、职业记录、支付能力。①

（二）犯罪后的表现

行为人犯罪后的表现能够反映其内心对犯罪行为的态度，进而反映其再犯罪的可能性大小。通常情况下，行为人在犯罪后如果有自首、立功或者其他积极认罪或者悔罪的行为，则表明其人身危险性较小，再犯罪的可能性较小。例如，自首的行为人必须处于司法机关的控制之下，并接受司法机关的审查和裁判，行为人不可能有机会再去实施危害社会的行为，如果行为人企图再次危害社会，就不会自动投案，从而使自己丧失行动的机会。因此，行为人犯罪以后自首，无论是否真诚悔罪，其主观心态都已经发生了重大转变，人身危险性已经大大减弱，可改造性则增强，因而可以相信其没有再犯罪的危险，考虑对其予以缓刑。立功、主动坦白罪行、真诚悔罪、积极赔偿受害人、服务社会等犯罪后的表现，也表明行为人试图摒弃反社会人格，积极回归社会，因而再犯罪的可能性较小。

需要注意的是，关于人身危险性的上述判断标准，都不是孤立的，需要综合评判，最终得出结论。因此，在此判断过程中，必须赋予法官必要的自由裁量权，同时，又要设置一些基本的判断要素。只有在法官具有较高的专业水平和良好的职业素养的情况下，再配以较为具体明确的评价标准，才可能得出较为准确的结论。

四、对"宣告缓刑对所居住社区没有重大不良影响"的理解和把握

所谓宣告缓刑对所居住社区没有重大不良影响，是指对犯罪人不予关押，置于其所居住社区进行考察，不会给该社区居民带来严重不安，影响他们的正常生活。犯罪是一种严重破坏社会秩序、侵犯法益的行为，因此，民众对罪犯通常都怀有戒备和恐惧心理，希望远离犯罪分子。而《刑法修正案（八）》第13条规定，对宣告缓刑的犯罪分子，在缓刑考验期限内，依法实行社区矫正。这就导致被宣告缓刑的犯罪分子一定要和社区居民接触，因此，对犯罪分子适用缓刑，不能不考虑其所居住社区居民的感受。如果对犯罪分子宣告缓刑会引起他所居住社区居民的严重恐慌或者不安，那么，就会产生两种不利后果，一是会给社区生活秩序带来破坏性影响，不利于社会稳定；二是会导致社区居民对犯罪分子产生排斥甚至仇视心理，不利于犯罪分子回归社会，有违缓刑初衷。可见，在规定了对缓刑人要实行社区矫正的情况下，将"宣告缓刑对所居住社区没有重大不良影

---

① 参见 Paul F. Cromwell，George G. Killinger：Community Based Corrections：Probation，Parole and Intermediate Sanctions，St. Paul：West Publishing Company，1994，P50.

响”作为宣告缓刑的实质条件之一是必要的。

在理解“宣告缓刑对所居住社区没有重大不良影响”时，应当从两个方面着手，一是是否有不良影响；二是如果有不良影响，这种影响是否重大。所谓不良影响，在此应当理解为对社区的正常秩序以及社区居民的安全感具有负面的影响。所谓重大，在这里应当做两个层面的理解，一是会对社区居民的安全感或者社区的正常秩序带来较为严重的冲击；二是具有严重不安全感的社区居民的数量较多，在社区居民中达到了一定数量或者比例。

在判断宣告缓刑对所居住社区是否具有重大不良影响时，应当进行社情民意的调查，即通过问卷调查或者走访等方式，征询犯罪人所居住社区居民的意见，了解他们对犯罪人适用缓刑的态度，他们所担心的问题。需要注意的是，通常情况下，社区居民都不希望本社区住进犯罪分子，因而往往会对犯罪人在本社区进行矫正持反对意见，司法机关不能因此就认为宣告缓刑会对犯罪人所居住社区带来重大不良影响，而需要对居民所担心的问题进行认真分析研究，看这种担心是否有必要，是否能够消除这种担心，应当尽可能对社区居民进行解释和疏导，努力使他们改变偏见，接纳犯罪人。只有在经过耐心细致的解释、疏导工作后，仍然有较多的社区居民反对犯罪人在本社区接受矫正，如果坚持对犯罪人适用缓刑，会导致较多居民的强烈反对，并引起社区秩序的较大混乱，则应当认定为宣告缓刑对所居住社区可能有重大不良影响，因而不适用缓刑。

第三节　在司法实务中把握缓刑适用实质条件时存在的问题及对策

近年来，缓刑在我国刑事司法中地位尴尬，主要表现在这样一种矛盾的局面：一方面，缓刑适用总数偏低，一些应当适用缓刑的犯罪人没有享受到缓刑的“阳光”，缓刑的功能远远没有得到发挥；另一方面，对于某些领域的犯罪，如渎职犯罪、贪污受贿犯罪，缓刑适用的比例却畸高，存在被滥用的问题。例如，根据某项调查统计，在某基层人民检察院向人民法院提起公诉的38名职务犯罪被告人中，被判处缓刑的多达26人，占68.4%。[①] 这说明，我国在缓刑司法方面还存在许多问题，需要加以改进。其中，对缓刑适用实质条件的把握不准，较为随意，是主要问题之一。

缓刑作为一种刑罚个别化的措施，会因人而异，具有相同犯罪情节的人，最

① 刘亚明：《职务犯罪案件适用缓刑情况调查分析》，载中国职务犯罪预防网2004年7月8日。

后是否适用缓刑的结果可能相反，这使得适用缓刑很容易被指责为有失公正。因此，司法机关在适用缓刑时，尤其应当做到严格依法决断，力戒随意。然而，一些司法工作人员却利用关于缓刑适用实质条件规定的模糊性，随意决定适用缓刑或者拒绝适用缓刑，导致缓刑适用偏离公正，给人以缓刑适用似乎无标准，法官可以随心所欲的印象。

一、对职务犯罪的缓刑适用实质条件掌握过于宽松

早在 1996 年，最高人民法院就已经注意到少数法院对贪污、受贿、挪用公款等经济犯罪分子适用缓刑面过宽，有的不该适用缓刑的适用了缓刑，为此专门发布了《关于对贪污、受贿、挪用公款犯罪分子依法正确适用缓刑的若干规定》，明确规定国家工作人员贪污、受贿 1 万元以上，除具有投案自首或者立功表现等法定减轻情节的之外，一般不适用缓刑。国家工作人员贪污、受贿数额 1 万元以上不满 5 万元，根据案件具体情况，适用《刑法》第 59 条第 2 款减轻处罚在有期徒刑 3 年以下量刑的，一般不适用缓刑。只有对其中犯罪情节较轻，积极退赃的，且在重大生产、科研项目中起关键性作用，有特殊需要，或者有其他特殊情况的，才可以适用缓刑，但必须从严掌握。在当前腐败犯罪、渎职犯罪依然严重，严惩腐败犯罪的政策仍在延续的情况下，该司法解释的现实基础未变，刑事政策基础也未调整，其精神本应当继续得到严格遵循，然而，一些法院早已将这一规定抛在脑后，对职务犯罪大量无原则地适用缓刑。据《检察日报》报道，2003 年至 2005 年，全国共有 33519 名贪污、受贿官员被判处缓刑，职务犯罪案件的年均缓刑率为 51. 5%，明显高于公安机关侦查其他案件 19. 74% 的年均缓刑率。[①] 浙江省 1997 年至 2000 年的统计数据也显示，贪污、贿赂等渎职性经济犯罪适用缓刑的比例保持在 35 % 至 45 % 之间；徇私舞弊、滥用职权等渎职犯罪的缓刑适用的比例达 50 % 以上，2000 年 1 至 5 月渎职犯罪适用缓刑的比例甚至达到了 73. 33 %。[②]

最高人民检察院渎职侵权检察厅曾经于 2007 年发布了《检察机关立案查处事故背后渎职犯罪情况报告》。根据该报告，2006 年，在检察机关立案侦查的 629 名犯罪嫌疑人中，已经对 370 人作出了刑事处理，其中，检察机关决定不起诉的 8 人。人民法院已经作出刑事判决的有 249 人，其中判处免予刑事处罚 131 人，占判决总数的 52. 6%；宣告缓刑 107 人，占判决总数的 43%；判无罪 2 人，占判决总数的 0. 8%；判处实刑 9 人，占判决总数的 3. 6%；还有 113 人已由检

① 李微：《被判有罪不入监　贪官凭啥有特权》，载《检察日报·廉政周刊》2006 年 7 月 25 日。

② 应建廷：《缓刑实践的调查与思考》，载《中国刑事法杂志》2000 年第 5 期。

察机关提起公诉尚未宣判。数据分析显示，在已经作出的刑事判决中，判处免予刑事处罚和宣告缓刑的比例高达95.6%。例如，2006年年底，山西省某县矿难渎职案件宣判，人民法院的判决结果令人大跌眼镜：12名渎职官员中9人被判处缓刑，3人被判免予刑事处罚。这也就是说，这12名涉案官员全部是在监外执行，而这起事故造成了56名矿工死亡。一审宣判后，媒体反映强烈。在舆论监督下，人民法院才对部分涉案官员改判，加大了处罚力度。① 云南省高级人民法院的专项调查结果显示，2005年至2009年5年间，云南省人民法院适用非监禁刑总体数量虽然较低，未成年人、老年人犯罪适用比例不到四成。可是，同期领导渎职案件非监禁刑适用比例却居高不下，缓刑占适用总人数九成之多。其中，玩忽职守犯罪适用比例高达92.31%。②

与此同时，对一些平民犯罪，如盗窃罪、诈骗罪等，人民法院在适用缓刑方面却显得十分吝啬。民众往往因此得出官官相护的结论，损害了司法权威和法律的公平、正义。

这种做法不仅对于职务犯的预防改造不能起到效果，还可能挫伤群众参与反腐工作的积极性，使他们对反腐败丧失信心，从而动摇国家反腐败的根基。某市人民检察院在缓刑案件的调查报告中甚至较为极端地认为，管制、拘役及3年以下有期徒刑从刑罚的执行方式、作用和效果上看，已经可以包容3年以下有期徒刑或拘役的缓期执行，因此，缓刑实际上失去了它存在的内在价值。同样处理一件事，结果一样，我们应把复杂的过程简单化而不应把简单的事做得很复杂。因此，建议立法机关取消缓刑制度。可见，对职务犯罪缓刑适用不当，已经严重损害了缓刑价值的发挥，并产生了不少负面影响，损害了刑罚的公正性以及司法机关的权威。

为避免在职务犯罪领域缓刑适用的随意性，一些司法机关进行了有益的探索。例如，江苏省海门市人民检察院与人民法院联合出台了《关于就部分公诉案件缓刑适用问题加强联系的意见》。该意见规定，人民法院对已逮捕案件、法定刑3年以上案件以及职务犯罪案件适用缓刑的，在判决作出前应与检察机关进行沟通，必要时两院负责人直接交换意见。最高人民法院姜兴长副院长在2006年召开的第五次全国刑事审判工作会议上指出，“在贪污、贿赂、渎职等职务犯罪案件的处理上，要严格依法正确适用非监禁刑。要防止不适当扩大适用非监禁刑的现象，对于贪污、贿赂等经济犯罪和其他职务犯罪的定罪处刑，尤其是在适用缓刑、免刑的时候，要慎重对待和准确把握。对贪污、贿赂等经济犯罪和其他

---

① 参见王新友：《检察官：矿难渎职犯罪免刑和缓刑比例达95.6%》，载中国新闻网2007年5月22日。

② 《云南省高院专项调查；渎职案件9成以上判缓刑》，载网易新闻2009年11月5日。

职务犯罪适当适用非监禁刑，但一定要依法进行，特别是要严格掌握法定减轻处罚的条件”。从目前情况看，对职务犯罪缓刑适用率偏高的问题并未得到明显改观，需要进一步加强这方面的监管。

导致职务犯罪适用缓刑比例过高的原因是多方面的，有学者将其归纳为以下几点：第一，某些司法机关对从轻情节的不适当降格处理；第二，某些司法机关存在“对职务犯罪定罪处罚，已足以防止其再次利用职务犯罪的可能性”的错误观点；第三，对职务犯罪分子的缓刑监督措施容易落实；第四，职务犯罪分子的“政绩”、“特长”不适当地影响到量刑；第四，关系网以及人情的干扰。[①]另有论者从法律外部因素和内部因素两个方面指出职务犯罪缓刑适用过滥的原因，其认为从法律外部因素来说，中国的熟人社会、体制间的相互掣肘、司法部门过分追求经济效益、检察机关内部机制不完善都是原因。从法律内部来看，原因主要有：职务犯罪罪名刑期起点低、范围宽，执行不力；适用条件过于笼统，法官自由裁量权大；相关司法解释的严重滞后和自首的认定不科学，使用率高，使得判处缓刑的可能性增大。[②] 无论是何种原因所导致，对职务犯罪缓刑适用比例相对于其他犯罪过高的现象都是不正常的，应当加以控制和调整。

二、为了追求罚金刑的实现而随意掌握缓刑适用实质条件

依照法律的规定，罚金应上交国库，归国家所有，但在实践中，罚金大比例地返还给了执法部门。这种大比例的返还，促使某些法院以对被告人判处罚金并及时缴纳为条件，换取对被告人宣告缓刑。如果被告人已经缴纳罚金，则宣告缓刑；如果不缴纳罚金，则不宣告缓刑，使缓刑变成“一手交钱、一手放人”。[③]这种缓刑适用的做法，不但使缓刑制度变异，而且破坏了法制，损害了法律的尊严，缓刑适用的公正性更无从谈起。

三、片面理解缓刑适用实质条件，不顾犯罪情节，只看悔罪表现，盲目宣告缓刑

根据《刑法》的规定，适用缓刑必须同时具备四方面的条件，其中包括犯罪情节较轻以及有悔罪表现。在司法实践中，一些法院只看被告人是否有悔罪表现，不顾其犯罪情节，将一些犯罪情节严重，根本不符合缓刑适用条件的犯罪分子也宣告缓刑。例如，某市司法局副局长闫某酒后驾车，造成一人死亡、两人受

---

① 应建廷：《缓刑实践的调查与思考》，载《中国刑事法杂志》2000 年第 5 期。

② 宋森：《职务犯罪缓刑适用研究——以山东省某市缓刑适用为切入点》，山东大学 2008 年硕士学位论文。

③ 参见刘兵：《缓刑的适用和效果之浅议》，载正义网 2002 年 3 月 9 日。

伤后驾车逃逸，在不远的路口与另一辆车追尾相撞。对于这样一起性质恶劣、后果严重的交通肇事案，某法院却仅仅判处被告人闫某有期徒刑 3 年，缓刑 3 年。作为一名造成一死两伤，而且交通肇事后还逃逸的犯罪分子，其犯罪情节如此恶劣，后果如此严重，该法院究竟凭什么对其宣告缓刑？难怪有人提出质疑：是不是因为官员身份特殊就可以拥有格外的豁免？是不是因为是官员就可以比其他普通司机幸运？[①]

四、对未成年犯适用缓刑过于严苛

当代社会的特殊预防已经不再局限于传统意义上通过对犯罪人适用一定的刑罚，使之永久或在一定时期内丧失再犯能力，而是扩展到通过各种矫正措施消除犯罪人的人身危险性，使之彻底打消犯罪念头，复归社会。[②] 缓刑这样一种刑罚制度，其主要价值在于矫正犯罪人，防止其再犯。未成年犯作为一类身心发育尚未成熟、可塑性强、矫正余地大的犯罪人，应当是缓刑适用的重点对象。对此，西方发达国家作出了成功的尝试。例如，在德国，未成年犯被判处刑罚后，只要刑期不高于 2 年，大多数都会得到缓刑处理。只有占被判决和制裁总数 6% 的未成年犯被关押在少年监狱。在美国，最终在监狱中服刑的少年犯还不到被判刑的少年犯总数的十分之一。[③] 可以说，对未成年犯减少监禁刑的适用，扩大缓刑及其他非监禁刑的适用，已成为现代国际社会的普遍倾向。很多国家的立法在规定缓刑制度的同时，对于未成年犯适用缓刑还作出了特别规定。1985 年 11 月 29 日在联合国大会上通过的《联合国少年司法最低限度标准规则》（即《北京规则》）更是将缓刑重点列为对未成年犯罪人推荐使用的替代监禁措施。[④]

1997 年《刑法》虽然没有对未成年犯缓刑适用问题作出特别规定，但是在实践中的探索一直没有停止过。在针对未成年犯的缓刑种类完善方面，上海市长宁区人民法院少年法庭于 1993 年 12 月 20 日试行了全国第一例未成年被告人暂缓判决案件。此后，北京市、重庆市、广东省、黑龙江省、江西省等省市都有了对未成年犯罪人适用暂缓判决制度的案例。在立法性文件方面，最高人民法院于 2006 年公布的《关于审理未成年人刑事案件具体应用法律若干问题的解释》第 16 条规定："对未成年罪犯符合刑法第七十二条第一款规定的，可以宣告缓刑。

---

① 参见康劲：《为什么官员多判缓刑》，载《中国青年报》2004 年 1 月 14 日。

② 参见陈兴良著：《本体刑法学》，商务印书馆 2001 年版，第 643～644 页。

③ 参见张素英、裴维奇：《我国未成年人犯缓刑制度的改革与完善》，载《贵州民族学院学报（哲学社会科学版）》2005 年第 1 期。

④ 郑丽萍：《对未成年犯罪人适用缓刑的理性思考和构建设想》，载李希慧、刘宪权主编：《中国刑法学年会文集　第一卷：刑罚制度研究（2005 年度）》（下册），中国人民公安大学出版社 2005 年版，第 955 页。

如果同时具有下列情形之一的，对其适用缓刑确实不致再危害社会的，应当宣告缓刑：（一）初次犯罪；（二）积极退赃或赔偿被害人经济损失；（三）具备监护、帮教条件。”这些都是我国司法实践中对未成年犯扩大缓刑适用的有益探索。

然而，我国由于受缓刑监督考察条件等因素的制约，在符合缓刑适用刑种条件和刑期条件的未成年犯中，被判处实刑的比例远远高于被宣告缓刑的比例，其中有相当数量的未成年犯实际上是符合缓刑适用实质条件的。在对未成年犯适用缓刑做得最好的上海市，1999 年被宣告缓刑的未成年犯，也仅占同期判决的未成年犯总数的 33%；做得相对较好的江苏某市，1999 年被宣告缓刑的未成年犯仅占同期判决的未成年犯总数的 12%，占同期被判处 3 年以下自由刑的未成年犯总数的 24%。[①] 这与此前我国《刑法》和其他法律没有对未成年犯规定任何比成年犯更宽松的缓刑适用条件有关。1997 年《刑法》只在第 72 条第 1 款规定了统一的缓刑适用条件，即“对于被判处拘役、三年以下有期徒刑的犯罪分子，根据犯罪分子的犯罪情节和悔罪表现，适用缓刑确实不致再危害社会的，可以宣告缓刑”，对未成年犯没有任何区别对待。在《预防未成年人犯罪法》中，也仅仅作出“对犯罪的未成年人追究刑事责任，实行教育、感化、挽救方针，坚持教育为主、惩罚为辅的原则”这样宣示性的规定，而没有落实在放宽未成年犯缓刑适用条件等具体制度上。过去某些司法解释甚至对未成年犯设置了比成年犯更为苛刻的、超出了《刑法》规定的其他缓刑适用条件。例如，最高人民法院 1995 年 5 月 2 日印发的《关于办理未成年人刑事案件适用法律的若干问题的解释》规定：“对于被判处拘役、三年以下有期徒刑的未成年罪犯，犯罪后有悔罪表现，家庭有监护条件或者社会帮教措施能够落实，认为适用缓刑确实不致再危害社会的，应当适用缓刑。有下列情形之一的，一般不宜适用缓刑：惯犯、有前科或者被劳动教养二次以上的；共同犯罪中情节严重的主犯；犯罪后拒不认罪的。”在该规定中，对未成年犯适用缓刑增加了“家庭有监护条件或者社会帮教措施能够落实”这一 1997 年《刑法》第 72 条第 1 款之外的条件以及禁止适用缓刑的内容，因而显得比《刑法》的规定更加苛刻。[②] 尽管最高人民法院 2006 年 1 月 11 日公布的《关于审理未成年人刑事案件具体应用法律若干问题的解释》在第 16 条对上述内容进行了调整，重新明确了对未成年犯符合 1997 年《刑法》第 72 条第 1 款规定的，可以宣告缓刑，并规定了对未成年犯应当宣告

① 参见李文伟：《缓刑的发展及我国缓刑监督制度的改革建议》，载《青少年犯罪研究》2001 年第 1 期。

② 参见姚建龙著：《少年刑法与刑法变革》，中国人民公安大学出版社 2005 年版，第 275 页。

缓刑的情形，但也基本上只是回归1997年《刑法》第72条第1款的规定，而没有比成年犯更为宽松。这与我们一贯的未成年犯刑事政策显然还是存在一定差距。

值得称道的是，《刑法修正案（八）》在这方面作出了改进，在第11条规定，对于不满18周岁的人、怀孕的妇女和已满75周岁的人，在符合宣告缓刑的四个方面实质条件的情况下，应当宣告缓刑。这种刚性规定有利于司法机关扩大缓刑的适用对象，减少对应当适用缓刑的人不适用缓刑这种现象的发生。今后，司法机关应当认真贯彻这一立法精神，从宽掌握对未成年人适用缓刑的实质条件，尽可能对符合缓刑适用刑期条件的未成年人宣告缓刑。

学界对于未成年人的缓刑适用问题也一直在进行探讨。针对未成年人的缓刑适用问题，学者们在调查研究的基础上，提出了一系列有价值的意见和建议。例如，有论者通过实地调研，对我国中部地区某地级市进行调查，收集到2006年1月至2008年7月人民法院针对犯罪人的缓刑适用率，得到了下列数据：[①]

年龄	小于16周岁	大于等于16周岁小于18周岁	大于等于18周岁小于25周岁	大于等于25周岁小于35周岁	大于等于35周岁小于45周岁	大于等于45周岁小于55周岁	大于等于55周岁小于80周岁
缓刑适用率	16.7%	16.8%	25.4%	33.4%	38.3%	42.2%	45.2%

由此，我们可以得出结论：第一，我国针对未成年人、青年人的缓刑适用率明显偏低；第二，我国不同年龄段的缓刑适用率基本随着年龄的增长呈上升趋势。

另有学者针对目前未成年人的缓刑裁量中存在的问题提出了以下构想：

（1）增设针对未成年缓刑犯的缓刑适用。比如，有论者认为，对于那些犯罪情节轻微，主观恶性不强的未成年犯，如果法律仅免除其监禁之苦，但是在缓刑考验期满后却不为其撕掉“犯罪标签”，使其因年少时冲动所实施的犯罪记录伴随一生，这会给未成年犯未来一生造成严重的心理负担，对未成年犯未来的升学、就业等也会造成潜移默化的影响。[②] 也有论者指出，通过保留未成年缓刑人

① 佘博通：《从刑事责任的视角看我国缓刑制度的完善》，吉林大学2010年硕士学位论文。

② 廖万里：《论未成年人犯罪前科之消灭——一个社会学的视角》，载陈兴良、胡云腾主编：《中国刑法学年会文集　第二卷：实务问题研究（2004年度）》（下册），中国人民公安大学出版社2004年版，第785页。

的犯罪记录以加强对他们的监控，对于社会的防卫价值不大，却可能使他们因背负沉重的犯罪记录而寸步难行，最终陷入绝望而自暴自弃，再次走上犯罪道路。因此，应当建立未成年人前科消灭制度。[①] 还有论者主张设立暂缓宣判缓宣告缓刑制度，建议少年法庭可以在审理未成年被告人时，经过庭审，对拟定适用缓刑的未成年被告人暂不宣判，准许其在社会中继续学习、生活，接受定期帮教和观护观察。待观护观察期满后，根据帮教观察意见和未成年被告人的具体悔改表现，由人民法院作出一审判决，适用缓刑。[②]

（2）制定符合未成年犯的缓刑适用标准。有论者从未成年犯缓刑适用偏差的原因出发，提出应当单独制定未成年犯缓刑适用标准具体包括：降低未成年犯缓刑适用的刑期标准；取消未成年犯"累犯不适用缓刑"的限制；改变缓刑犯迁居的批准制度为报告制度。在当前，可以保持未成年犯缓刑适用标准的张力，规范未成年犯缓刑适用的裁量权；规定更加细致的工作标准；更新工作观念和制度；适度公开、透明未成年犯缓刑的决定机制。[③] 也有论者主张，将未成年犯缓刑适用条件具体化：①过失犯罪的；②属初犯、偶犯，因被判刑而陷于失学或受挫状态的；③未受过刑罚处罚，未因同种行为受过劳动教养；④有精神障碍的；⑤从犯、胁从犯，犯罪情节轻微的；⑥犯罪后有自首、立功表现的。[④]

（3）增加未成年犯缓刑适用的程序性规定。主要措施有：①对未成年犯实施缓刑听证制度。有学者主张，司法机关在查明未成年被告人犯罪事实的情况下，另行安排一次听证会，邀请公诉人（受害人）、法定代理人（或父母）、辩护人、被告人所在单位（居委会、村委会、学校领导、帮教企业）、公安机关的片区民警等参加，在听证会上就被告人的犯罪原因、犯罪情节、悔罪表现、平时一贯表现、再犯可能性、社区改造环境和监督考察责任的落实等问题进行广泛的交流、核实和论证，以便于人民法院决定是否适用缓刑。[⑤] ②增加未成年犯缓刑担保制度。未成年犯缓刑担保制度，是指未成年犯及其法定代理人在向人民法院提交要求判处未成年犯缓刑的书面申请时，必须同时作出相应的保证并交纳一定

---

① 左坚卫：《未成年罪犯适用缓刑存在的问题与对策》，载《人民检察》2008 年第 16 期。

② 吴扶桑：《未成年犯适用缓刑的条件及其监督机制的完善》，载《法制与社会》2006 年第 16 期。

③ 季凤建、李伟哲：《未成年犯缓刑适用偏差及其解决》，见 2009 年 12 月教育部哲学社会科学重大攻关项目"未成年人犯罪问题研究"阶段性成果。

④ 高珊琦、鲍莹玉：《论未成年罪犯缓刑的适用》，载李希慧、刘宪权主编：《中国刑法学年会文集（2005 年度）》（下册），中国人民公安大学出版社 2005 年版，第 1971 页。

⑤ 陈少琛、刘友水：《对未成年人施行缓刑听证可行性调查研究》，载《青少年犯罪问题》2005 年第 1 期。

数额的保证金，以担保缓刑未成年犯在复归社会后会改过自新的一种法律制度。[①] 具体的设立方式包括主体担保、监护人担保和经济担保。

五、对某些明显符合缓刑适用实质条件的人却不宣告缓刑

犯罪情节较轻、有悔罪表现、没有再犯罪的危险、宣告缓刑对所居住社区没有重大不良影响是《刑法修正案（八）》规定的适用缓刑的四项最基本的实质条件。对于符合这四项条件，不实际执行刑罚也不至于再危害社会的犯罪分子，就可以适用缓刑。然而，在司法实务中，一些法院对于许多完全符合缓刑适用实质条件的普通公民犯罪，却在缓刑适用方面显得极为吝啬，即便对于完全应当适用缓刑的犯罪人，也经常拒绝适用缓刑。例如，四川农民李某、齐某夫妇于2001年10月带儿子一同在北京打工，母子因工资问题与老板发生争执，遂于某日夜里将其他员工的2000元现金及大量衣物偷走，后又将赃物放在李某打工处。案发后三人一同被捕，母子俩分别被以盗窃罪判处有期徒刑8个月和拘役6个月，李某被以窝藏罪判处有期徒刑6个月。[②] 三人无一获得缓刑。而从该案三名犯罪人的犯罪起因、犯罪情节、悔罪表现以及个人情况等方面来看，完全可以都适用缓刑。北京市某基层人民法院1999年判决适用缓刑的233人中，户籍地非本地的只有16人，占适用缓刑人的7%。而同年，外地户籍的犯罪人已达到犯罪人总数的近70%。[③] 有论者对位于上海市市中心、城郊结合部以及郊区的三个基层人民法院自2005年至2007年外来人口适用缓刑的数据进行了调研，发现2005年度三个法院共有2035人被追究刑事责任，其中外来人员有1371人，占67.4%，共有83名外来人员被适用缓刑，缓刑适用率为7.6%，有136名本地人员被适用缓刑，其缓刑适用率为25.61%；2006年度三个法院共有2294人被依法追究刑事责任，外来人员为1515人，占全部犯罪人数的66.04%，有110名外来人员被适用缓刑，缓刑适用率为9.06%，而本地人员中则有194人被适用缓刑，本地人员的缓刑适用率为34.21%；2007年度则共有2677人受到刑事处罚，其中外来人员的数量为1797人，占全体犯罪人数的67.12%，共有122名外来人员被适用缓刑，缓刑适用率为8.95%，而本地人员则有190人被适用缓刑，缓刑适用率为31.93%。由此，我们可以发现，在外来人员犯罪率居高不下的情况

① 徐建主编：《青少年法学新视野》（上），中国人民公安大学出版社2004年版，第381页。

② 该资料来源于《信报》2002年11月21日。

③ 石永：《缓刑适用与犯罪预防》，载《河南公安高等专科学校学报》2005年第4期。

下，外来人员的缓刑适用率却远远低于本地人员。[①] 也有论者统计了 2003 年至 2005 年山东省聊城市两级人民法院对外来人员的缓刑适用情况：[②]

年份	聊城市犯罪人数	聊城市缓刑人数	聊城市犯罪人缓刑适用率（%）	聊城市外来犯罪人数	聊城市外来缓刑人数	聊城市外来犯罪人缓刑适用率（%）
2003	2405	336	13.9	241	8	3.3
2004	2381	364	15.3	278	11	3.9
2005	2816	436	15.5	304	17	5.6

这类该适用缓刑而不适用的情况在我国司法实践中为数不少，表明缓刑制度还远没有发挥其应有的功能。

之所以会出现这种该判缓刑而不判的情况，一个重要原因是外来人员在本地实施犯罪，如果适用缓刑，在考察时面临诸多困难。理论界和实务界中已经有不少学者对此问题予以关注，并提出了自己的意见。有论者认为，应当在立法上对缓刑适用条件进一步明确化、具体化。例如，在制度构建方面，应当建立健全审前调查评估制度；有条件地适用缓刑保证金制度；对特殊主体，如未成年人和老年人及丧失危害社会能力的聋哑人、盲人和其他病残者犯罪的缓刑适用作出明确规定；进一步完善考察制度；设立灵活的考验期限。在司法实践中，司法工作人员要正确认识缓刑的价值，对外来人员和本地人员一视同仁。在司法执行方面，应当建立统一高效的监管制度，深化同社区矫正的联系。[③] 另有论者认为，针对外来人员适用缓刑存在的问题，可以考虑建立缓刑保证金制度。责令被告人提供担保人，担保人应出具保证书，并由担保人出具一定数额的保证金。[④] 还有论者提出，为解决流动人口犯罪中缓刑犯的监督考察问题，贯彻法律面前人人平等原则，在立法上可实行以“居住地管辖”为主、“户籍地管辖”为辅的原则，即缓刑犯原则上由其居住地的社区矫正机构监督考察，如果由户籍地的社区矫正机构监督考察更为合适的，也可由后者负责。[⑤]

---

① 褚维姝：《论城市外来人员缓刑适用的现状与完善》，华东政法大学 2009 年硕士学位论文。

② 金芳：《论缓刑制度及其完善》，苏州大学 2008 年硕士学位论文。

③ 褚维姝：《论城市外来人员缓刑适用的现状与完善》，华东政法大学 2009 年硕士学位论文。

④ 刘延和：《缓刑适用实证研究》，载《中国刑事法杂志》2007 年第 3 期。

⑤ 李文宏：《论我国缓刑制度之完善》，对外经济贸易大学 2006 年硕士学位论文。

六、程序性对策：建立保障诉讼主体和社会参与缓刑决定的诉讼程序

为了使缓刑适用正当合理，需要有一定的程序来保障。有论者指出，针对目前在缓刑适用上法官自由裁量权过大的问题，在实践中可以采取以下四种制约方式：一是加强内部把关；二是尝试缓刑听证；三是主张把缓刑问题纳入法庭调查，由公诉机关和被告人就是否符合缓刑条件进行举证和辩论，法庭居中裁判；四是把受刑人员人身危险性的调查和评估交给独立的社会机构来承担。[①] 值得一提的是，一些地方法院采用在判决书中公开裁量理由的办法保障其他诉讼主体和社会的参与，[②] 而刑事法学界近年来对缓刑听证程序的构建问题也展开了热烈讨论。

（一）是否应当设立缓刑听证程序之争论

浙江省杭州市萧山区人民法院在全国率先推行缓刑听证制度，即凡对故意犯罪被告人拟适用缓刑的，必须经过缓刑听证程序。2003 年 6 月 16 日，该法院在审理一起非法拘禁案件时，对被告人王某首次采用了缓刑听证制度。[③] 随后，江苏省沭阳县人民法院也试行了缓刑听证制度。该法院在审理一起故意伤害案时，在被告人最后陈述后、合议庭评议前，邀请了被告人所在单位负责人、所在地居委会代表、所在地公安派出所代表、住所地邻居、人民陪审员代表以及被害人亲属，连同本案的公诉人、辩护人、合议庭成员一起召开听证会。[④] 而山东省日照市中级人民法院于 2003 年 10 月制定了《缓刑适用听证规则》，通过施行缓刑适用听证制度，让尽量多的权益利害人在一个公开、透明的环境下充分交流、表达意见，从不同角度、用不同方式判断被告人是否具有悔罪表现，适用缓刑是否会再危害社会。[⑤] 从杭州市萧山区人民法院在全国首推缓刑听证制度以来，理论界及实务界看法不一，有支持与反对两种声音。

有反对者从司法成本角度质疑该制度的必要性和正当性。例如，陈兴良教授

---

① 刘延和：《缓刑适用实证研究》，载《中国刑事法杂志》2007 年第 3 期。

② 扬法宣、雷苗：《邢江判决书公开量刑“加减法”打造“透明”判决书》，载中国法院网 2009 年 6 月 15 日。

③ 参见侯颖：《杭州萧山法院在全国首推缓刑听证制度》，载新浪新闻网 2003 年 6 月 21 日。

④ 参见传虎、时潮、明泽：《沭阳试行缓刑听证制度》，载搜狐新闻网 2003 年 11 月 4 日。

⑤ 参见山东省高级人民法院刑一庭：《缓刑适用和执行中的热点问题研究》，载《山东审判》2007 年第 3 期。

就认为，法院所担心的“是否再危害社会”上的主观随意性问题，完全可以用现有制度解决，即辩护律师和公诉机关就“是否再危害社会”方面进行举证，法官居中裁判就行了。法官所做的缓刑调查，实际上是辩护律师和公诉机关应做的工作。如果把这项程序推广出来，只会增加法官负担和司法成本。[①] 另有反对者从无罪推定的角度予以批判，认为萧山区人民法院审判员仅在阅卷的基础上就初步判断被告人有罪，并在开庭审理之前举行了缓刑听证会，这等于说法院在未经审判的情况下就认定被告人的行为已经构成了犯罪，已经严重违反了无罪推定的原则，法官由此产生的预断也严重影响了法院判决的公正性。[②]

相对于反对者来说，支持者的人数则更多。有论者认为，缓刑听证程序至少有以下四方面好处：第一，使得宣告缓刑的过程置于社会与群众的监督之下。第二，多个机关与组织的参与，体现了分权与制衡的原则。第三，多种意见得到考虑，更容易得到各方面的遵守与执行。第四，以缓刑听证程序的设置取代上报平衡程序的设置，从追求形式的公正转向追求实质的公正。[③]

（二）缓刑听证制度的具体构建

笔者认为，设立缓刑听证程序是有意义的，但是在具体建构这种听证制度时，需谨慎、科学，不可违背无罪推定等刑诉事诉法的基本原则，那种未审先听证的程序显然是不合适的。

1. 关于缓刑听证程序的主体

有学者认为，缓刑听证会的人员由三部分组成，即听证人、听证参与人及旁听人员。听证人，是指在听证活动中负责听证会的组织、保障听证活动正常进行的工作人员，包括听证主持人和听证人。如果审判组织采用合议制，则合议庭成员都是听证人，审判长为主持人；如果是简易程序实行独任审判，审判员为听证人。书记员由参与审理该案件的书记员担任。听证参与人包括检察机关的公诉人、缓刑监督考察机关的代表、受害人及其代理人、被告人及其辩护人、被告人的家属、被告人所在单位或基层组织的代表。其他社会公众可以参加旁听。[④]

2. 缓刑听证的时间

关于萧山区人民法院将缓刑听证的时间选择在开庭前一天的做法，被学界批评为违反无罪推定原则，笔者认为是有道理的。而有论者认为，根据我国刑事诉讼程序，定罪和量刑集中在一个程序之中，法官在评议时要同时解决定罪和量刑问题，而控辩双方的辩论也同时包括定罪和量刑两个方面。这不同于英美法系国

① 傅剑锋：《全国首例缓刑听证案调查》，载人民网 2003 年 6 月 26 日。

② 俞亮：《“缓刑听证”应该缓行》，载南方网 2003 年 7 月 3 日。

③ 阮方民：《对改进我国缓刑制度的两点思考》，载《法学》2000 年第 10 期。

④ 王伟：《缓刑制度的实践与思考》，载《河北法学》2006 年第 7 期。

家的诉讼程序，在英美法系国家定罪和量刑是分属两个不同阶段的。因此，不宜引进西方的听证制度，而应当立足我国国情，将缓刑的听证程序安排在审判庭有关定罪量刑的评议之后。① 笔者认为，此方法是可取的。

3. 缓刑听证的内容

有论者主张，在缓刑听证中，主要应就被告人的悔罪表现、犯罪情节、再犯可能性、社区改造环境、家庭责任、配合考察单位或者基层组织的责任、缓刑考察期间的义务能否得到切实履行等进行核实，并听取检察机关、公安机关、被告人家庭、被告人所在单位或者社区、被告人本人及辩护人等多方面的意见，并考量对犯罪人缓刑考察期间的监督考察责任能否落实。② 笔者认为，缓刑听证的内容显然应当围绕缓刑适用条件来组织，即从犯罪情节是否较轻、犯罪人是否有悔罪表现、是否有再犯罪危险、适用缓刑是否会对所居住社区有重大不良影响四个方面来组织听证活动。

4. 缓刑听证的具体程序

有论者主张分情况考虑缓刑听证的具体程序，认为可以分为单独举行和不单独举行两种情况：在通常情况下，即适用简易程序审理的案件和适用普通程序审理的对是否适用缓刑争议不大、相对简单的案件，可以将缓刑听证纳入法庭审理的过程，与审判程序合二为一，不单独举行听证会。在特殊情况下，即对于是否适用缓刑存在较大争议的案件，可以在认定被告人构成犯罪的前提下，另行召集有关人员举行缓刑听证会，就该被告人是否可以适用缓刑进行听证，而后在判决时一并作出决定。③ 也有论者对缓刑听证的具体程序予以构建，主张审判程序应包含以下环节：（1）审判长或独任审判员介绍案情、受害人的反映与请求、被告人犯罪前犯罪中犯罪后的表现、被告人与被害人的和解情况，以及法律规定的量刑幅度；（2）被告人陈述悔罪表现及认罪态度；（3）听证参与人向被告人发问；（4）被告人的亲属或所在学校、单位领导、村居社区负责人介绍若适用缓刑后能给被告人提供的监管、帮教措施；（5）听证参与人发表个人意见；（6）听证主持人归纳听证重点；（7）是听证参与人根据听证情况，进行无记名投票。④ 笔者认为，缓刑听证一定要在定罪量刑以后进行，而是否适用缓刑所需听证的内容较为复杂，因此，缓刑听证程序应当一概单独进行。

---

① 李巍：《现代司法理念下的中国缓刑制度的完善》，吉林大学法学院2008年博士学位论文。

② 阮方民：《对改进我国缓刑制度的两点思考》，载《法学》2000年第10期。

③ 王伟：《缓刑制度的实践与思考》，载《河北法学》2006年第7期。

④ 山东省高级人民法院刑一庭：《缓刑适用和执行中的热点问题研究》，载《山东审判》2007年第3期。

第五章 缓刑适用的排除条件

所谓缓刑适用的排除条件，是指法律明文规定不得适用缓刑的情形。从字面含义来分析，缓刑适用的排除条件是一种介于缓刑适用的形式条件和实质条件之间的特殊条件，因为这些条件虽然不直接体现犯罪人的主观恶性或者再犯可能性，但却往往让人难以相信其今后不会再实施犯罪。以现行《意大利刑法典》中的适用缓刑的排除条件为例，一方面，以前曾因重罪受到过监禁刑处罚，或者被宣告为重罪或者违警罪惯犯或者职业犯，并不当然表明犯罪人今后再犯罪的可能性很大，因为他很可能在因重罪受到过监禁刑处罚，或者被宣告为惯犯或职业犯以后，又改邪归正了，而其最新的一次犯罪则可能是出于过失或者激于义愤而实施，这种犯罪人即使不予关押，其今后再犯罪的可能性也很小，因而他很可能是符合适用缓刑的实质条件的；另一方面，以前曾因重罪受到过监禁刑处罚，或者被宣告为重罪或者违警罪惯犯或者职业犯的犯罪人，以其一再犯罪的事实表明他比普通人与犯罪活动有着更密切的联系，无论这种联系是其主动保持的，还是因其性格特征而导致的，都确实更难以让人相信不对其实际执行刑罚也不至于再犯罪，因而这些条件显然包含着不能适用缓刑的实质性因素在内。基于适用缓刑的排除条件所具有的这种特殊性，有必要将其单列一章加以探讨。

第一节 缓刑适用排除条件的域外考察

不少国家的刑法对缓刑适用的排除条件作出了专门规定，概括起来，这些规定的内容主要包括以下三方面。

一、在一定时间内被判处过一定之刑罚

这是规定得最为普遍的缓刑适用的排除条件。一般认为，被判处过一定刑罚的犯罪人在一定时间之内又犯罪，说明该犯罪人并未改过自新，因而不能指望对其不执行刑罚也不至于再犯罪，也就不宜对其宣告缓刑。不过，尽管许多国家刑法都规定了这方面的排除条件，但在具体内容上却存在较大差别。具体而言，存

在以下几种立法例:

第一种，明确规定在犯罪前多长时间内被判处过何种刑罚，不得适用缓刑。例如，现行《韩国刑法典》第62条规定，曾被判处徒刑以上的刑罚，刑罚执行完毕或者被免除后未满5年的，不得缓刑。现行《法国刑法典》第132－30条也规定，在重罪和轻罪方面，对自然人只有被告人在其犯罪行为前5年内未因普通法之重罪或者轻罪判处徒刑或者监禁刑者，始得命令缓刑。1996年《瑞士联邦刑法典》也有类似的规定。

第二种，规定被判处过何种刑罚的犯罪人，在多长时间内再被判处何种刑罚，原则上不得适用缓刑，但允许有例外。例如，根据现行《日本刑法典》第25条的规定，以前曾被判处过监禁以上刑罚，执行完毕或者获得免除执行之日起5年内又被判处监禁以上刑罚的，原则上不得缓刑，但以前被判处过监禁以上的刑罚而经缓刑的人，被判处1年以下的惩役或者监禁的，具有应当特别斟酌的情节时，也可以缓刑。现行我国台湾地区刑法典也有类似的规定。

第三种，规定累犯不得适用缓刑。我国《刑法》的规定便是如此。由于累犯也是被判处过一定刑罚的犯罪人在刑罚执行完毕或者赦免以后一定时间内又犯罪而被判处一定刑罚，因而也可以归入在一定时间内被判处过一定刑罚则不得适用缓刑的立法例之中。

第四种，规定只要被判处过一定刑罚，便不得适用缓刑。例如，根据现行《意大利刑法典》第164条的规定，犯罪人只要以前曾因重罪受到过监禁刑处罚的，即使已经被宣告复权，也不得适用缓刑。

二、犯罪人被宣布为某种难以改造或者具有某种危险的人

现行《意大利刑法典》规定了对这类犯罪人适用缓刑的排除条件。该法典第164条规定，被宣告为重罪或者违警罪惯犯或者职业犯的，以及由于犯罪人被法律推定为具有社会危险性的人，应当在刑罚以外附加适用人身保安处分的，不得适用缓刑。

我国刑法对此也有所体现，明确规定某类难以改造或具有某种危险的犯罪分子不得适用缓刑。我国《刑法修正案（八）》第12条修正1997年《刑法》第74条，增加了对“犯罪集团的首要分子”不适用缓刑的规定。犯罪集团的首要分子一般主观恶性大，人身危险性和社会危险性比较大，其再犯可能性也很大，在一定区域内的社会影响比较恶劣，对这类人不适用缓刑。

三、犯某些特殊种类犯罪的人

此一排除条件在适用缓刑的罪种条件中已作探讨，在此不赘述。

不过，也有一些国家的刑法典没有对适用缓刑的排除条件作出具体规定。例

如，现行《德国刑法典》只规定，对于被判处6个月以上自由刑的犯罪人，如果为了维护法律秩序需要执行刑罚，那么不得缓刑，而没有具体规定对具有何种情形的犯罪人不得适用缓刑。这种适用缓刑的排除条件比较抽象。还有的国家刑法则完全没有规定适用缓刑的排除条件，如俄罗斯、加拿大。

第二节　缓刑适用排除条件评析

一、规定适用缓刑排除条件的利弊

规定适用缓刑排除条件的意义在于，它可以十分明确地将某些情形排除在适用缓刑的范围之外，从而防止法官的自由裁量权在这一领域的滥用。但是，这种规定很容易因为自身内容的不合理而陷入与缓刑适用的其他条件的冲突之中。前述各国刑法关于缓刑适用排除条件的规定，多少都存在这方面的问题。关于将某些种类的犯罪排除在可以适用缓刑的范围之外的做法，已经为各国司法实践证明不合理，因而为大多数国家刑法所放弃，在此不再评论，即便是那些曾经在一定时间之内被判处过一定刑罚的人，甚至累犯中间，也存在可以宽宥之人。例如，甲是累犯，但他后一次犯罪完全是在受到对方多次无理挑衅和恶意攻击的情况下，因一时情绪失控而突发犯罪，过错完全在对方，甲显然是有可能符合适用缓刑的实质条件的。规定对所有累犯都不适用缓刑，便将类似甲的这些人排除在宽宥的范围之外，对他们而言显然是不公平的。那些被宣布为某种难以改造或者具有某种危险的人，同样可能是符合适用缓刑的实质条件的。因此，笔者认为，前述各种关于适用缓刑的排除条件的具体规定都存在不合理之处。

各国刑法关于适用缓刑排除条件的具体规定都有不合理之处的原因，笔者认为很简单：犯罪人是否可以适用缓刑，必须通过对犯罪性质、犯罪情节、悔罪表现、犯罪人人格、品行、素行、生活环境、生活经历等一系列因素的综合考察，才能最后得出结论，而前述各国刑法规定的缓刑适用的排除条件，都只是以某一方面的因素作为考察内容便得出结论，这就难免陷入以偏概全的错误之中。

二、是否应当规定适用缓刑排除条件之我见

笔者主张，在刑法中不宜具体规定有关缓刑适用的绝对排除条件，而应当在规定科学完善的缓刑适用实质条件的基础上，辅之以缓刑适用的相对排除条件。理由是：第一，究其内容，所谓缓刑适用的排除条件只不过是一些变换了面孔出现的缓刑适用的实质条件。例如，那些在法律中列举出来规定不得适用缓刑的犯罪，实际上就是一些性质恶劣的犯罪，我们只要在考察适用缓刑的实质条件时，注意犯罪性质这方面的因素，就能够作出正确的判断，而无须再规定这方面的排

除条件，而且，仅仅根据这一个方面的因素是不能在是否可以适用缓刑方面得出正确结论的。至于犯罪人是否属于累犯、惯犯、职业犯或者再犯，则在考察犯罪人的一贯表现和个人经历时会考察到，而犯罪人是否属于具有某种危险的人，则在考察犯罪人的人格、品行时会注意到，都无须也不应当单独作为适用缓刑的一项绝对排除条件。第二，缓刑适用的实质条件由于不可能规定得十分具体，因而存在可操作性较差的缺陷，需要相对较为具体的适用缓刑的排除条件来补充，但这些排除条件只能是相对的，即它们只能是一些指导性的条件，而不能是绝对必须遵守的内容。

三、我国刑法对缓刑适用排除条件的规定及评析

我国刑法也规定了缓刑适用排除条件。1997 年《刑法》第 74 条规定："对于累犯，不适用缓刑。"《刑法修正案（八）》第 12 条修改为："对于累犯和犯罪集团的首要分子，不适用缓刑"。将累犯以及犯罪集团的首要分子绝对排除在缓刑之外。笔者认为，上述规定具有积极意义。这是因为，累犯以及犯罪集团的首要分子，无论是从其犯罪情节来看，还是从其再犯罪的危险性上看，都已经基本不具备宣告缓刑的条件，明文规定对这些犯罪人不得适用缓刑，可以防止法官滥用自由裁量权，不适当地对这类犯罪分子适用缓刑。

不过，适用缓刑的排除条件还是以相对排除为宜。所谓相对排除条件，是指对某些特殊的犯罪或者犯罪人，在列举出一定的条件之后，再规定不得适用缓刑。例如，对惯犯和累犯，可以这样规定："对于惯犯和累犯，除有特别值得宽大的情节外，不得适用缓刑。"所谓特别值得宽大的情节，在这里应当是指表明犯罪人已经没有人身危险性并且值得奖励和同情的情节，如犯罪人是激于义愤而故意犯罪从而成为累犯，或者成为惯犯后又有充分事实说明其已经改邪归正并有立功表现。这样就不至于出现明明符合适用缓刑的全部条件，却被排除在缓刑之外的情况。

一些地方法院就缓刑适用的排除条件作出了更明确的规定。例如，2003 年，江苏省姜堰市人民法院在其制定的《姜堰市人民法院规范量刑指导意见》（第四版）中，对缓刑的适用提出了以下排除条件：（1）犯罪造成严重后果或者给国家或者他人造成重大损失 10 万元以上无法弥补的；（2）犯罪动机、手段等情节恶劣或者将赃款用于其他违法、犯罪活动的；（3）犯罪前一贯表现不好，受过刑事处罚、劳动教养两次或者其他行政处罚三次以上的；（4）犯罪后认罪态度不好，有能力而拒不退赃、不赔偿，无悔罪表现的；（5）共同犯罪中情节严重的主犯；（6）犯罪涉及的财物属国家救灾、抢险、防汛、优抚、救济款项和物资，情节严重的；（7）判处缓刑，可能激化社会矛盾的；（8）本分则已作限制

性规定的。虽没有上述情形，但适用缓刑不符合刑罚价值的，不适用缓刑。[①] 又如，北京市房山区人民法院2005 年以来对缓刑裁量规范采取了量化标准，对各种犯罪情节区分为28 种“倾向于适用缓刑的情节” 和12 种“倾向于不适用缓刑的情节”，分别配置以一定的缓刑适用指数，综合评分以后，对于缓刑适用指数小于20 分的，不得适用缓刑；缓刑适用指数在 -20 至0 之间的，一般不适用缓刑；缓刑适用指数在0 至20 分之间的，可以适用缓刑；缓刑适用指数超过20 分的，应当适用缓刑。其中，倾向于适用缓刑的情节，如未成年人、犯罪预备、犯罪未遂、自首、立功、退赃等；倾向于不适用缓刑的情节，如主犯、有犯罪前科、缺乏必要的考验环境等。最高人民法院1996 年印发的《关于对贪污、受贿、挪用公款犯罪分子依法正确适用缓刑的若干规定》第3 条第3 项规定，犯罪动机、手段等情节恶劣，或者将赃款用于投机倒把、走私、赌博等非法活动的，不适用缓刑。这些规定实际上是从反面进一步细化了缓刑适用的实质条件，既有利于最大限度地发挥缓刑的功能，又有助于防止缓刑被滥用，值得借鉴和推广。

① 该资料来源于东方法眼2010 年2 月23 日。

第六章　数罪并罚情况下的缓刑适用

数罪并罚情况下的缓刑适用是司法实务中一个疑难问题。这一问题又可以分为判决宣告前的数罪并罚，以及判决宣告后，在缓刑考验期限内行为人又犯新罪或者发现漏罪的数罪并罚问题。

第一节　判决宣告前数罪并罚的缓刑适用

一、判决宣告前数罪并罚后能否适用缓刑的域外考察

关于犯罪人被数罪并罚时是否可以适用缓刑，有的国家刑法明确规定可以适用，有的国家则没有作出规定。目前尚未发现哪个国家刑法明确规定对受数罪并罚的犯罪人不得适用缓刑。应当指出的是，没有规定数罪并罚可以适用缓刑，并不意味着对被数罪并罚的犯罪人不得适用缓刑，因为法官完全可以根据犯罪人所犯数罪的性质、情节，犯罪人的悔罪表现以及个人情状等内容，以适用缓刑的法定条件为标准，决定是否对犯罪人适用缓刑。因此，从理论上看，只要法律没有明确禁止对被数罪并罚的犯罪人适用缓刑，法官的这种裁判就是合法并且合理的。尽管如此，还是有些国家的刑法明确规定了一人犯数罪仍然可以适用缓刑。例如，现行《德国刑法典》第58条第1项规定：“如果某人实施了数个犯罪行为，那么，对第56条规定的暂缓执行刑罚来说，以总和刑罚的期限为准。”这表明，对因为实施了数个犯罪行为而被数罪并罚的犯罪人，只要符合刑法规定的缓刑的形式条件和实质条件，对犯数罪的人同样可以适用缓刑。1996年《瑞士联邦刑法典》第41条第1款第4段也规定：“在数个刑罚相竞合的情况下，法官可以将同种刑罚宣告附条件执行”①。这也说明对于被数罪并罚的犯罪人同样可以适用缓刑。

① 这里的“附条件执行”即缓刑。——作者注

二、关于判决宣告前数罪并罚后能否适用缓刑的理论争议

对被数罪并罚的犯罪人能否适用缓刑，我国《刑法》没有作出明确规定，司法实务中目前也没有统一的做法，不过值得一提的是，1951 年 9 月 12 日，当时的司法部在《对上海市人民法院关于财产刑罚使用问题的检查报告的批复》中曾规定："数罪并罚案件，可知其行为是不好的，一般不需宣告缓刑。"而在刑法学界有否定说和肯定说两种对立的观点。

否定说认为，在数罪并罚的情况下不应适用缓刑，主要理由是：一人犯有数罪，表明其社会危害性和人身危险性较大，不能轻信其不致再危害社会，故对被适用数罪并罚的犯罪人不能宣告缓刑。① 我国台湾地区刑法理论界也有论者倾向于这种观点。例如，有学者认为，"惟如所犯者为数罪，即使数罪定执行刑之结果，仍在二年以下有期徒刑时，可否认为恶性不大，实不无问题。因之如果将缓刑之宣告严苛限制为一人犯一罪之情形，自不发生数罪之执行刑亦可宣告缓刑"②。

肯定说则认为，在数罪并罚的情况下仍然可以考虑适用缓刑，二者并不排斥。主要理由是：（1）就缓刑适用要件来看，一个人犯有数罪，在数罪并罚后被判处的刑种和刑期仍然符合缓刑条件的情形是客观存在的。（2）一个人犯有数罪并不绝对表明其罪行严重或者主观恶性大。只要犯罪人被数罪并罚后决定执行的刑罚符合适用缓刑的刑期条件，且同时符合其他适用缓刑的条件，就可以对犯罪人宣告缓刑。③ 还有学者进一步指出，在数罪并罚的情况下，只有所犯数罪均符合缓刑适用条件，才能适用缓刑，而且，如果一个人触犯三种以上罪名时，不应再适用缓刑。因为一个人有三种以上罪名需要追究时，就说明犯罪人多次实施犯罪，这时适用缓刑有违《刑法》第 72 条的精神。同时，肯定说认为，对被数罪并罚后宣告缓刑的具体步骤是先对数罪分别定罪量刑，在此基础上，再按照数罪并罚的原则决定执行的刑罚，而后针对执行刑宣告缓刑，并确定缓刑考验期。④

---

① 参见赵秉志主编：《刑法争议问题研究》（上卷），河南人民出版社 1996 年版，第 796 页。另参见高铭暄主编：《新中国刑法学研究综述（1949 - 1985）》，河南人民出版社 1986 年版，第 501 页；甘雨沛主编：《刑法学专论》，北京大学出版社 1989 年版，第 472 页。

② 蔡墩铭著：《刑法总则争议问题研究》，（台湾）五南图书出版公司 1991 年版，第 385 页。

③ 参见鲍遂献：《论缓刑的适用》，载《中国法学》1992 年第 3 期。另参见赵秉志主编：《刑法争议问题研究》（上卷），河南人民出版社 1996 年版，第 795 页；顾肖荣著：《刑法中的一罪与数罪问题》，学林出版社 1986 年版，第 141 页。

④ 李文宏：《论我国缓刑制度之完善》，对外经济贸易大学 2006 年硕士学位论文。

笔者认为，对被数罪并罚的犯罪人能否适用缓刑，同样应当以缓刑适用的形式条件和实质条件为标准进行判断，即在数罪并罚的情况下，犯罪人被判处的刑罚是否符合适用缓刑的形式条件，犯罪人的主观恶性和人身危险性是否都很大。除此之外没有其他特殊的判断标准。通常情况下，一个人数次犯罪，确实表现出了比较严重的社会危害性和人身危险性，因为每一次犯罪都会对社会秩序造成严重破坏，也都显示出犯罪人与其他人相比的更不可信赖性。从我国司法实务中有关数罪并罚的案件来看，确实有很多人的犯罪性质和情节都较为严重，主观恶性也较大，并且所受的刑罚处罚也超过了3年，因而从形式条件和实质条件上看都已经不符合适用缓刑的条件。但如果就此认为对被数罪并罚的人都不能适用缓刑，仍不免犯以偏概全的错误，因为在实务中不能排除少数被数罪并罚的人被判处的刑罚没有超过3年有期徒刑，并且犯罪人的主观恶性和人身危险性也较小，从形式条件到实质条件都符合适用缓刑的条件。例如，甲因为生活困难，盗窃了2000元钱，被判处有期徒刑1年，又因过失致人重伤被判处有期徒刑2年，两罪并罚决定执行有期徒刑2年零6个月。甲平时并无劣迹，犯罪后的认罪态度和悔罪表现都很好。对于甲，笔者认为就完全可以适用缓刑。可见，仅凭一个人犯有数罪，便认定其社会危害性和人身危险性较大，不能轻信其不致再危害社会，过于武断，对于少数被数罪并罚之后仍然符合缓刑条件的犯罪人，还是可以适用缓刑。

三、我国刑事司法解释对判决宣告前数罪并罚后能否适用缓刑的规定

由于《刑法》没有明文规定，我国实务部门在处理刑事犯罪的过程中，对数罪并罚以后的犯罪分子能否适用缓刑的问题存有疑惑。就此问题，山东省人民检察院曾向最高人民检察院提出《关于对数罪并罚决定执行刑期三年以下的犯罪分子能否适用缓刑的请示》。针对此请示，1998年9月17日最高人民检察院法律政策研究室作出《关于对数罪并罚决定执行刑期为三年以下有期徒刑的犯罪分子能否适用缓刑问题的复函》明确规定，根据《刑法》第72条的规定，可以适用缓刑的对象是被判处拘役、3年以下有期徒刑的犯罪分子；条件是根据犯罪分子的犯罪情节和悔罪表现，适用缓刑确实不致再危害社会。对于判决宣告以前犯数罪的犯罪分子，只要判决执行的刑罚为拘役、3年以下有期徒刑，且符合根据犯罪分子的犯罪情节和悔罪表现，适用缓刑确实不致再危害社会的案件，依法可以适用缓刑。这就以法律文件的形式确立了对于判决宣告以前犯数罪的犯罪分子，数罪并罚以后仍然可以适用缓刑。

需要明确的是，身犯数罪的犯罪人，其主观恶性及人身危险性往往比仅犯一罪的犯罪人更大，且所犯数罪被判处的刑罚的总和刑期可能超过3年，因此，在

决定是否宣告缓刑的时候，应当比仅犯一罪的犯罪人更加严格和慎重。

四、对判决宣告前数罪并罚后如何适用缓刑的进一步探讨

这里主要涉及的是对于数罪并罚的案件，是以各项宣告刑相加的总和刑期为依据，还是以数罪并罚后决定执行的刑期为依据，来判断是否符合缓刑适用的刑期条件。在对数罪并罚实行累加制的国家，当然不存在这一问题；在实行限制加重的国家，则是一个必须解决的问题。对此，有的国家刑法作出了明确规定。例如，现行《德国刑法典》第 58 条第 1 款规定，在数罪并罚适用缓刑的情况下，以总和刑罚的期限为准。同时，该法典第 54 条规定，在数罪并罚时，除存在被判处终身自由刑的情况外，总和刑罚通过限制加重的方式形成。可见，在现行《德国刑法典》中，是以数罪并罚后决定执行的刑罚为标准，来判断是否符合缓刑的刑期条件。

（一）理论界观点

对这一问题，我国刑法理论界也存在两种观点，一种观点认为，必须根据数罪中各罪被判处的刑罚相加的总和刑期来决定能否适用缓刑。其主要理由是：数罪并罚中决定执行的刑期与缓刑制度中被判处的刑期是两个不同的概念，不能混淆。不能把数罪并罚决定执行的刑期当做缓刑中被判处的刑期或原判刑期，适用缓刑。[①] 另一种观点认为，应当根据数罪并罚后决定执行的刑罚来判断能否适用缓刑。其主要理由是：（1）从我国刑法对缓刑的立法精神来看，对犯罪分子适用缓刑时，只是概括地考虑被告人的各种情节，然后决定是否适用缓刑。（2）1979 年《刑法》第 67 条（即 1997 年《刑法》第 72 条）规定的“被判处拘役、三年以下有期徒刑”，既可以理解为宣告刑，也可以理解为执行刑，它与 1979 年《刑法》第 64 条（即 1997 年《刑法》第 69 条）所规定的“决定执行的刑期”，在法律效果上并无不同，都是针对法定刑而言的应当执行的刑罚。[②] 我国台湾地区也有不少学者持这种观点。例如，有学者认为：“在宣告多数二年以下有期徒刑之情形下，不仅须各罪之宣告刑，均不超过二年，且须所定执行刑之总刑期亦不超过二年，始得宣告缓刑，盖不如是，则法文上对于短期自由刑之限制，将等于虚设也。”[③] 另有学者也认为：“数罪并罚之案件如谕知缓刑，应一并谕知，不得择一宣告缓刑，其各罪之宣告刑及执行刑均在二年以下者，亦得一并宣告缓

① 参见赵秉志主编：《刑法争议问题研究》（上卷），河南人民出版社 1996 年版，第 796 页。另参见顾肖荣著：《刑法中的一罪与数罪问题》，学林出版社 1986 年版，第 140 ~ 141 页。

② 参见鲍遂献：《论缓刑的适用》，载《中国法学》1992 年第 3 期。

③ 韩忠谟著：《刑法原理》，（台湾）雨利美术印刷有限公司 1981 年版，第 474 页。

刑，但各罪之宣告刑均在二年以下，如执行刑超过二年者，即不得缓刑。”[①] 在上述两种观点中，后一种观点占主导地位。

笔者赞同根据数罪并罚后决定执行的刑期来判断能否适用缓刑的观点，主要理由如下：

1. 数罪并罚后决定执行的刑期更准确地反映了犯罪人所犯数罪整体的社会危害性和犯罪情节

对被数罪并罚的犯罪人究竟是根据对各罪的宣告刑相加的总和刑期，还是根据数罪并罚后决定执行的刑期来判断其是否符合适用缓刑的刑期条件，关键是看究竟是总和刑期还是决定执行的刑期更能准确地反映了犯罪行为的社会危害性和犯罪情节，如果是前者，就应当以总和刑期为根据，因为这意味着一旦各宣告刑的总和刑期超过了可以适用缓刑的刑期，从犯罪情节来看就已经不符合适用缓刑的条件，当然也就不应再适用缓刑；如果是后者，就应当以决定执行的刑罚为根据，因为这意味着即使犯罪人数罪的宣告刑相加的总和超过了可以适用缓刑的刑期，从犯罪情节来看，也可能还没有超过可以适用缓刑的程度，因而仍然可以适用缓刑。

笔者认为，各宣告刑相加的总和刑期和数罪并罚后决定执行的刑期相比，后者更能准确地反映了数罪在整体上表现出的社会危害性。主要理由是：（1）对数罪所判刑罚简单相加后的总和刑期往往不能正确反映犯罪人所实施的数罪在整体上的社会危害性。根据系统论的观点，部分之和并不总是等于整体，事实上也是如此。具体到刑罚领域，对犯罪人所犯数罪分别定罪量刑后简单相加得出的刑期，就很难与其所有犯罪行为所体现出的整体社会危害性和刑事责任相适应。因为在对犯罪人各罪分别评价的时候，是以各罪的社会危害性和犯罪人在当时的表现为依据，而在对犯罪人所有犯罪行为进行整体评价的时候，则要对各种定罪量刑因素重新进行排列组合，在综合考虑的基础上得出结论，两种评价结果当然会有所不同了。（2）最终确定的执行刑才是对犯数罪的犯罪人所犯罪行的全面评价。在数罪并罚时，之所以要在数罪中的最高刑以上，总和刑以下来确定一个执行的刑期，是因为立法者认识到了对数罪所判处刑罚的简单相加往往不能准确反映出数罪所体现出的整体的社会危害性，因而授权给法官在一定幅度内，综合考虑各种因素，以确定一个与数罪在整体社会危害性上相当的刑期，否则，就没有必要采取限制加重等数罪并罚原则了。

可见，数罪并罚后决定执行的刑期才与数罪所体现出的整体上的社会危害性以及犯罪人应当承担的刑事责任相适应，才是在确定对犯数罪的犯罪人能否适用

---

① 高仰止著：《刑法总则之理论与实用》，（台湾）五南图书出版公司 1986 年版，第 546～547 页。

缓刑时在刑期上的依据。

2. 数罪并罚后决定执行的刑期能够避免因适用缓刑的刑期过长而过度损害刑法的公正性，并影响缓刑的效果

对缓刑设置刑期条件的原因之一是避免因适用缓刑的刑期过长而过度损害刑法的公正性，并影响缓刑的效果，以决定执行的刑期为根据来确定是否符合缓刑的刑期条件，符合这一立法意图。前面已经论述过如果对被判处较长刑期的犯罪人也适用缓刑，容易使人觉得刑法缺乏严肃性，影响刑法的权威和公正性，还容易导致因对犯罪人的缓刑考验期过长而影响缓刑的效果，这里的刑期，显然是指判决最终确定的刑期。因此，从这方面看，对数罪并罚的犯罪人也应当以判决最终决定执行的刑期为根据来确定是否符合缓刑的刑期条件。

（二）法律性文件的规定

对此问题，最高人民检察院法律政策研究室在1998年9月17日《关于对数罪并罚决定执行刑期为三年以下有期徒刑的犯罪分子能否适用缓刑问题的复函》中也作出了明确规定："对于判决宣告以前犯数罪的犯罪分子，只要判决执行的刑罚为拘役、三年以下有期徒刑，且符合根据犯罪分子的犯罪情节和悔罪表现，适用缓刑确实不致再危害社会的案件，依法可以适用缓刑。"从而以法律文件的形式明确了对于判决宣告以前犯数罪的犯罪分子，数罪并罚以后可以适用缓刑。从刑期上看，是以决定执行的刑期为准，而不是以数罪分别被判处的刑罚的总和刑期为准。

第二节　判决宣告后数罪并罚的缓刑适用

判决宣告后数罪并罚包括两种情况：一是在缓刑考验期间又犯新罪，然后数罪并罚；二是在缓刑考验期间发现漏罪，然后数罪并罚。在这两种情况下能否再对犯罪人适用缓刑，值得探讨。

一、缓刑考验期间又犯新罪，数罪并罚后能否再适用缓刑

对犯罪人不实际执行刑罚也不至于再危害社会只是司法机关根据犯罪人的犯罪情节和悔罪表现而作出的主观判断，这种判断并非总是准确。即使在宣告缓刑的当时有足够的理由令人相信犯罪人不会再危害社会，对其宣告缓刑是完全正确的，也可能因为日后情势的变迁和犯罪人人格的转变而导致其在缓刑考验期内又犯新罪。一般认为，如果缓刑人在缓刑考验期限内又犯新罪，足以表明其人身危险性并未消除，无法令人相信不对其实际执行刑罚也不至于再危害社会，因此，犯罪人在缓刑考验期间又犯罪，通常应当撤销缓刑，实际执行刑罚。问题是，缓

刑考验期间又犯新罪，在对旧罪和新罪实行数罪并罚后，是否就一概不能再宣告缓刑了呢？对此问题，各国有不同的观点和做法。

（一）缓刑考验期间又犯新罪，数罪并罚后能否再适用缓刑的域外考察

缓刑考验期间又犯新罪，首先涉及的问题是撤销缓刑，然后是数罪并罚，最后才是数罪并罚后能否再适用缓刑。通常情况下，一旦撤销缓刑，就要实际执行刑罚，不得再适用缓刑。因此，撤销缓刑与数罪并罚后不得再适用缓刑两者密切相关，需要一并探讨。

被宣告缓刑的人在缓刑考验期间又犯新罪，有的国家规定应当一概撤销缓刑，有的国家只规定可以撤销缓刑，亦即某些情况下也可以不撤销缓刑。归纳起来，可以分为以下几种情形：

（1）缓刑考验期间又犯新罪，一概撤销缓刑。例如，1996 年《瑞士联邦刑法典》第 41 条第 3 款第 1 段规定，被判刑人在考验期间实施重罪或轻罪，法官命令执行刑罚。而该法典规定，犯罪只有重罪和轻罪两种。因此，根据上述规定，缓刑人只要在缓刑考验期限内又犯罪，就应当撤销缓刑，实际执行原判刑罚或者其替代措施，[①] 不能再次宣告缓刑。

（2）缓刑考验期间又犯某些性质的新罪，应当撤销缓刑。至于犯哪些性质的新罪应当撤销缓刑，不同国家和地区的刑法规定又有差异。具体可以分为以下几种：第一种是根据所犯新罪的罪过形式以及被判处刑罚的轻重来决定是否应当撤销缓刑。例如，我国台湾地区刑法典第 75 条规定，缓刑期内再犯罪，受有期徒刑以上刑之宣告者，应撤销缓刑宣告。但因过失犯罪者，不适用前项之规定。根据该条规定，缓刑考验期间再犯过失罪，可以不撤销缓刑宣告，继续适用缓刑。现行《俄罗斯联邦刑法典》第 74 条第 5 款规定，如果在考验期中被判缓刑的人实施中等严重的故意犯罪、严重的故意犯罪或特别严重的故意犯罪，法院应撤销缓刑并依照该法典第 70 条规定的规则对他处刑。根据该条规定，缓刑人如果在缓刑考验期间又犯较轻的故意犯罪或者过失犯罪，数罪并罚后仍然可以宣告缓刑。第二种是根据缓刑人所犯新罪被判处刑罚的轻重来决定是否撤销缓刑。例如，现行《意大利刑法典》第 168 条第 1 款第 1 项规定，如果在规定的期限内被判刑人实施某一应处以监禁刑的重罪或者同样性质的违警罪，缓刑当然撤销。现行《法国刑法典》第 132－36 条规定，无论原予缓刑之刑罚如何，凡被新判监禁刑或徒刑者，即撤销原给予的缓刑；自然人或法人被判监禁或徒刑以外的其他

---

① 根据 1996 年《瑞士联邦刑法典》第 41 条第 3 款第 2 段规定，被判刑人在考验期间犯重罪或轻罪，法官既可以命令执行原判刑罚，也可以执行该刑罚的替代措施。

任何新刑，即撤销原已对监禁或徒刑之外的其他任何刑罚所给予的缓刑。第三种是根据缓刑人所受的是何种缓刑来确定其犯何种新罪时应当撤销缓刑。例如，现行《韩国刑法典》第61条规定，接受暂缓宣告（一种缓刑制度）者，在暂缓期间被判处停止资格以上的刑罚，宣告暂缓的刑罚。第63条规定，被宣告暂缓执行（另一种缓刑制度）者，在暂缓期间又被判处徒刑以上的刑罚并经判决确定的，暂缓执行的宣告失效。

（3）缓刑人在缓刑考验期间又犯表明对其不应当适用缓刑之罪，应当撤销缓刑。这类规定和第二类规定的不同之处在于，它不是以缓刑人所犯新罪的罪过形式或者被判处刑罚的轻重为依据，而是以所犯新罪体现出来的缓刑人的人身危险性和主观恶性等撤销缓刑的实质条件为依据，来确定是否应当撤销其缓刑。例如，现行《德国刑法典》第56条f第1款规定，如果被判决人在考验时间实施犯罪，并且因此表明成为暂缓执行刑罚的基础的期待没有被满足，法院取消暂缓执行刑罚。

（4）缓刑人在缓刑考验期间又犯被判处一定刑罚，并且不应当适用缓刑之罪，应当或者可以撤销缓刑。例如，现行《日本刑法典》第26条第1款规定，缓刑人在缓刑考验期间又犯被判处监禁以上刑罚之罪，而对其刑罚没有宣告缓刑的，应当撤销缓刑的宣告；现行《法国刑法典》第132－48条规定，如被判刑人犯在考验期内因普通法之重罪或轻罪判处无缓期之自由刑，作出判决的法院在听取执行推事之意见后，得命令撤销原给予的部分或全部缓刑。

另外，当缓刑人在缓刑考验期间又犯较轻的罪行时，可以撤销缓刑。例如，现行《日本刑法典》第26条之二规定，在缓刑期间内又犯罪被判处罚金的，可以撤销缓刑的宣告；现行《俄罗斯联邦刑法典》第74条第4款规定，如果在考验期中被判缓刑的人实施过失犯罪或实施故意的轻罪，则由法院决定撤销或保留缓刑的问题。

（二）缓刑考验期间又犯新罪，数罪并罚后能否再适用缓刑的域外立法评析

只要缓刑人在缓刑考验期间又犯罪，或者又犯某种罪过形式之罪，或者又犯被判处一定刑罚之罪，即撤销缓刑，数罪并罚后不得再适用缓刑这种立法的优点在于可操作性强，只要缓刑人所犯新罪符合这些形式要件，就一律撤销缓刑，无须法官再做进一步的权衡，这有助于防止法官对自由裁量权的滥用；但这种规定无视缓刑人又犯新罪的原因和具体情节，显得过于武断和机械，有违撤销缓刑的本意。比如，某些犯罪（特别是过失犯罪，也包括某些故意犯罪），行为人本不欲实施之，只因一时疏忽或者受到外界因素的强烈刺激而致危害结果发生。在这种情况下，很难说缓刑人怙恶不悛、改造无望。而撤销缓刑应当以事实表明缓刑人并未改恶迁善，仍然具有较强的人身危险性为依据。因此，即使缓刑人在缓

刑考验期间又犯新罪（包括故意犯罪），也并不当然表明其不符合适用缓刑的实质条件，仍然有区别对待的必要。上述第二种规定充分考虑了缓刑人在缓刑考验期间又犯较严重的新罪通常体现出的严重人身危险性和对其教育感化的困难，因而规定对在缓刑考验期间又犯某些较为严重之罪行的缓刑人才撤销缓刑，相对更为合理，但这种规定毕竟不是直接根据犯罪所体现出的犯罪人的主观恶性和再犯可能性来决定是否撤销缓刑，因而仍然不免将一些从犯罪情节和悔罪表现来看可以不撤销缓刑的犯罪人之缓刑撤销，同时将一些从犯罪情节和悔罪表现来看本应当撤销缓刑的犯罪人之缓刑继续保留，从这两方面看有欠合理。上述第三种规定的合理性在于，它严格把握住了对在缓刑考验期间又犯罪的缓刑人撤销缓刑的根本原因，是其犯罪行为表明不能指望对他不执行刑罚也不至于再危害社会；其缺陷在于没有一个量化的标准，因而可操作性最差，它赋予法官过多的自由裁量权，很容易导致缓刑被不正当适用，从而破坏司法公正。上述第四种规定虽然准确把握住了导致缓刑应当撤销的新罪的性质，但对新罪的这种性质（即可以宣告缓刑）的判断却要借助其他标准，而其他标准又不明确，因此，这种规定实际上仍缺乏可操作性。

那么，缓刑人在缓刑考验期间究竟犯何种罪应当撤销缓刑呢？笔者认为，还是应当从形式要件和实质要件两方面考虑，其中，形式要件应当结合原判刑罚来确定，即新罪所判刑罚与原罪所判刑罚数罪并罚之后，如果已经不符合适用缓刑的刑期等形式条件，则应当撤销缓刑，数罪并罚后不得再适用缓刑；实质要件则是所犯新罪表明缓刑人并没有改过自新，不能期待对其不执行刑罚也不至于再危害社会，在这种情况下，数罪并罚后不得再适用缓刑。为了增强可操作性，对撤销缓刑实质条件的规定可以采取排除法，即规定除了所列举的情形之外，缓刑考验期限内又犯罪的应当撤销缓刑，实际执行刑罚。例外的情形主要是：（1）情节不恶劣、后果不严重的过失犯罪；（2）因值得同情的犯罪动机而犯罪；（3）防卫过当和紧急避险过当；（4）中止犯；（5）犯罪以后自首、立功或者积极挽回损失；（6）其他表明犯罪人确实不至于再危害社会的情形。

（三）关于缓刑考验期间又犯新罪，数罪并罚后能否再适用缓刑的争论

对于在缓刑考验期限内又犯新罪，我国的司法解释没有作出过规定。1997年《刑法》第77条只规定，在缓刑考验期限内犯新罪或者发现判决宣告以前还有其他罪没有判决的，应当撤销缓刑，对新犯的罪或者新发现的罪作出判决，把前罪和后罪所判处的刑罚，依照《刑法》第69条的规定进行数罪并罚，以决定执行的刑罚。至于决定了执行的刑罚后，能否对犯罪人再次适用缓刑，没有作出明确规定。理论界目前对这一问题有不同的看法。有学者认为，从《刑法》条文的规定来看，对这种情形不得再适用缓刑。其理由是，既然《刑法》已经明

确规定了对在缓刑考验期限内又犯新罪或者发现漏罪的犯罪分子一律撤销缓刑，就说明在数罪并罚后不得再对其适用缓刑。不过，该论者同时认为《刑法》这样规定并不妥当，应当完善。[1] 还有学者认为，对于在缓刑考验期限内又犯新罪，数罪并罚后不得再适用缓刑。其理由主要是，缓刑罪犯在缓刑考验期限内又犯新罪，证明其不能经受缓刑期间的考验，已经在事实上再次危害社会，因而不符合适用缓刑的条件。[2] 同时，有论者认为，仅从字面表述上看，不能得出对发现漏罪的缓刑人在数罪并罚后，不得再适用缓刑的结论。其理由是，《刑法》第77条中“应当撤销缓刑”的规定，是为了数罪并罚的需要而设置的，即只有先撤销缓刑，才谈得上对漏罪和前罪进行数罪并罚。而撤销原来的缓刑并不当然表明在数罪并罚之后不能再宣告缓刑。既然《刑法》没有明确规定在数罪并罚后不得再适用缓刑，那么只要犯罪人在数罪并罚之后仍然符合缓刑的形式条件和实质条件，就应当可以再次对其适用缓刑。[3]

笔者认为，从理论上分析，缓刑人在缓刑考验期限内又犯新罪，通常表明其没有很好地约束自己的行为，努力改过自新，因而应当认定不再符合缓刑实质条件，在撤销缓刑，数罪并罚后，不得再适用缓刑。但是，也不能完全排除犯罪人仍然符合缓刑适用条件的可能。比如，某些过失犯罪，缓刑人纯属一时疏忽而导致危害结果的发生，且犯罪后又积极采取措施加以补救。在这种情况下，很难就此认定行为人并未改恶迁善或者悔改无望，已不符合适用缓刑的实质条件。而且，对本来符合缓刑适用条件的又犯新罪的缓刑人员硬性规定不得再适用缓刑，对于维护秩序，预防犯罪也不利。因此，笔者认为，对于在缓刑考验期限内发现缓刑人又犯新罪的，在对前罪和后罪实行数罪并罚并决定执行的刑罚以后，如果综合考察认为其仍然符合缓刑条件，可以考虑对犯罪人再次宣告缓刑，只不过应当严格加以限制。至于如何设置具体限制条件，可以从犯罪类型（故意还是过失）、罪行轻重、犯罪人表现、受害人态度等方面考虑，并整体评估适用缓刑与不适用缓刑的利弊。

但是，从《刑法》第77条第1款和第2款的关系，以及第2款规定的具体内容来判断，对在缓刑考验期限内犯新罪的，应当在数罪并罚后一律实际执行刑罚。首先，从第77条第1款和第2款规定的关系来看，该条第1款和第2款都是对应当撤销缓刑的情形的规定，其中，第1款是规定对缓刑考验期限内犯新罪

① 参见段仁元、郝如建：《我国缓刑制度的几个问题》，载《江苏公安专科学校学报》2001年第2期。

② 参见邓强：《缓刑期内又犯罪的不应再适用缓刑——兼谈缓刑撤销制度的完善》，载《理论观察》2006年第2期。

③ 此种观点系笔者与同仁私下交流时同仁所提出，尚未见于公开发表的论文中。

的缓刑人应当撤销缓刑，第2款是规定对违反法律、行政法规或者国务院有关部门关于缓刑的监督管理规定，或者违反人民法院判决的禁止令，虽然没有构成犯罪，但情节严重的，应当撤销缓刑。显然，在立法者看来，第1款所规定的应当撤销缓刑的情形比第2款规定的情形在性质上更为严重，因为前者已经达到犯罪程度，而后者还只是一般违法。因此，如果出现第2款规定的情形应当撤销缓刑，实际执行原判刑罚，那么，出现第1款规定的情形当然更应当撤销缓刑，实际执行原判刑罚。其次，从第77条第2款规定的具体内容来看，该款明确规定，对违反法律、行政法规或者国务院有关部门关于缓刑的监督管理规定，或者违反人民法院判决的禁止令，情节严重的，应当撤销缓刑，执行原判刑罚。这就清楚地表明，对性质更为严重的在缓刑考验期限内犯新罪的情形，更应当撤销缓刑，在数罪并罚后实际执行刑罚。

（四）我国刑法对缓刑考验期间又犯新罪，数罪并罚后能否再适用缓刑的规定

根据我国《刑法》第77条第1款的规定，被宣告缓刑的犯罪分子，在缓刑考验期限内犯新罪，应当撤销缓刑，对新犯的罪作出判决，把前罪和后罪所判处的刑罚，依照《刑法》第69条的规定，决定执行的刑罚。

由此可以看出，我国对有关犯罪分子在缓刑考验期限内又犯新罪的规定属于第一种类型，即只要犯罪分子在缓刑考验期限内犯新罪，无论其所犯罪是轻罪还是重罪，是故意犯罪还是过失犯罪，也无论其所犯之罪是何种性质，一概撤销其缓刑，对新犯的罪作出判决后，前罪和后罪按相关规定数罪并罚，决定执行的刑罚。

对于缓刑考验期间又犯新罪后的撤销缓刑及数罪并罚程序，最高人民法院的相关司法解释也作出过规定。1985年8月21日最高人民法院《关于人民法院审判严重刑事犯罪案件中具体应用法律的若干问题的答复（三）》第37条规定，被宣告缓刑的犯罪分子，在缓刑考验期限内再犯新罪需撤销缓刑的，依照我国《刑事诉讼法》有关管辖的规定，并考虑到最高人民法院1956年11月24日《关于宣告假释或缓刑的罪犯另犯新罪应由哪一个法院撤销假释或缓刑等问题的批复》的精神，应当由审判新罪的人民法院，在审判新罪时，对前罪判决宣告的缓刑予以撤销。如果原来是上级法院宣告缓刑的，审判新罪的下级法院也可以撤销原判宣告的缓刑，并将前罪和后罪所判处的刑罚，依照1979年《刑法》第70条的规定，决定执行的刑罚；但是，不能改变原判的刑罚，也不能撤销原判决。

（五）缓刑考验期间又犯新罪，在缓刑考验期满后才被发现的处理方法

对这一问题，我国台湾地区在司法实务中的做法是不得再撤销缓刑，其理由

是，缓刑期满，而缓刑之宣告未经撤销者，其刑之宣告失其效力，已无宣告刑可执行，自无再行撤销缓刑之余地，故撤销缓刑，须于缓刑期内为之。[①] 学者们也大多赞成这种做法。[②]

我国大陆在司法实务中的做法则正好相反，规定为应当撤销缓刑，数罪并罚。这也就是说，已经宣告不再执行的刑罚又要重新执行。例如，1985 年 8 月 21 日最高人民法院《关于人民法院审判严重刑事犯罪案件中具体应用法律的若干问题的答复（三）》明确规定，对被宣告缓刑的犯罪分子不再执行原判的刑罚，是以罪犯在缓刑考验期限内不再犯新罪为条件的；如果罪犯在缓刑考验期限内再犯新罪，就应当撤销缓刑，把前罪和后罪所判处的刑罚，依照《刑法》有关规定，决定执行的刑罚。即使是在缓刑考验期满后，才发现该罪犯在缓刑考验期限内所犯的新罪，如未超过追诉时效期限的，也应当按照《刑法》有关规定执行。理论界较有代表性的观点也认为，在这种情况下，应当撤销缓刑，理由是：（1）新犯的罪是在考验期满后发现的，并不能改变缓刑人在考验期间又犯新罪的事实；（2）法律规定撤销缓刑的条件是在考验期限内又犯新罪，并没有要求再犯的新罪必须是在考验期限内被发现的；（3）再犯的新罪是在什么时候被发现，是公安机关侦查范围内的事，与缓刑人是否遵守条件，是否得到改造无关。[③]

上述两种做法的分歧，主要源自法律对被判刑人在缓刑考验期限内又犯新罪如何处理的规定不同，两种观点的结论虽然相互对立，但从遵循法律的角度看，都是正确的。从法理的角度分析，则两种观点都存在值得商榷之处，主要原因是：（1）规定在缓刑考验期限内再犯新罪不论具体情形一概撤销缓刑是不合理的（具体理由在前面探讨缓刑考验期限内又犯新罪能否再适用缓刑时已作阐述，在此不赘述）。既然这样做不合理，被判刑人在缓刑考验期限内又犯新罪，在缓刑考验期满后才被发现，一律撤销缓刑就更不合理。因此，司法实践中对被判刑人在缓刑考验期限内又犯新罪，在缓刑考验期满后才发现，一律撤销缓刑的处理方式有欠合理。（2）规定缓刑期满，而缓刑之宣告未经撤销者，其刑之宣告一概失其效力也不合理。原刑之宣告失其效力的实质理由，在于犯罪人已经改过自新。而缓刑期满，缓刑之宣告未经撤销，并不当然表明犯罪人已经改过自新，因

① 参见高点法学编辑研究室、法源资讯股份有限公司编著：《高点精编六法全书》，（台湾）高点文化事业有限公司 1998 年版，第 1186 页。

② 参见蔡墩铭著：《刑法总则争议问题研究》，（台湾）五南图书出版公司 1991 年版，第 386～387 页。

③ 参见高铭暄主编：《刑法学原理》（第三卷），中国人民大学出版社 1994 年版，第 481 页。

为导致这种结局的原因可以有多种，其中有一种便是缓刑人在缓刑期间所犯新罪没有被发现，这种情况很可能与导致原刑之宣告失其效力的实质理由不相符合，因而原刑之宣告不应失其效力。因此，规定缓刑期满，而缓刑之宣告未经撤销者，其刑之宣告一概失其效力也不合理。

笔者认为，对于被判刑人在缓刑考验期限内又犯新罪，在缓刑考验期满后才被发现的情形，应当区分不同情形处理。具体而言，可以分为以下几种情形处理：（1）如果考验期限内所犯新罪情节轻微，根据《刑法》第37条规定被免予刑事处罚，则不宜撤销原来的缓刑，而只需根据《刑法》第37条的规定对犯罪人予以训诫或者责令具结悔过、赔礼道歉、赔偿损失，或者由主管部门予以行政处罚或者行政处分。因为既然犯罪人被免予刑事处罚，就充分说明对其无须实际执行刑罚，也就无须撤销原来的缓刑。（2）如果新罪仍然被判处了刑罚，但从犯罪情节来看，应当对其宣告缓刑，与前罪数罪并罚之后也仍然符合缓刑的条件，并且从犯罪人犯罪后到案发前的表现来看，有充分的理由相信他已经改过自新，不会再危害社会，则可以对犯罪人数罪并罚之后再次宣告缓刑，并规定一个新的缓刑考验期，对犯罪人再次进行考验，原来的缓刑考验期不得折抵新的考验期。这是因为，既然犯罪人仍然符合缓刑的条件，从实现特殊预防的目的来看就可以宣告缓刑，如果这种宣告不会明显损害刑罚的公正和权威，就没有理由不对犯罪人再次宣告缓刑，不能因为犯罪人没有在缓刑考验期限内投案自首便一概不再适用缓刑，因为自首毕竟不是犯罪人的法定义务。（3）如果新罪所判刑罚与原罪所判刑罚在数罪并罚之后超过了可以适用缓刑的限度，或者根据新罪的性质和情节不宜适用缓刑，则应当撤销原来的缓刑，对犯罪人数罪并罚后实际执行刑罚。那种认为只要考验期满而缓刑未经撤销的，原判刑罚便一律不再执行或者一律失其效力的做法并无足够理由，反而会助长犯罪人侥幸逃脱惩罚的心理。

二、缓刑考验期间发现漏罪，数罪并罚后能否再适用缓刑

缓刑考验期间发现漏罪同样涉及撤销缓刑，数罪并罚，以及数罪并罚后能否再适用缓刑的问题。

（一）缓刑考验期间发现漏罪，是否撤销缓刑的域外考察

对于缓刑人在缓刑考验期间被发现在缓刑前犯有其他罪行，因而被再次定罪判刑，是否应当撤销缓刑，有两种态度：一种是在缓刑考验期间一旦发现缓刑前还有其他罪行没有判决，一律撤销缓刑；另一种是在缓刑考验期间，因缓刑前犯其他罪行而被判处一定之刑罚才撤销缓刑。至于犯何种罪，被判处何种刑罚才撤销缓刑，主要有以下几种规定：

1. 所犯漏罪是故意犯罪，并被判处有期徒刑以上刑罚

例如，我国台湾地区刑法典第75条第1项第2款规定，缓刑前犯他罪，而

在缓刑期限内受有期徒刑以上刑之宣告者，撤销其缓刑。该条第2项规定，过失犯罪的不适用此规定。根据这两项规定，缓刑人在缓刑前所犯罪行符合以下两个条件时，应当撤销缓刑：第一，是故意犯罪；第二，因该项犯罪而在缓刑考验期内受有期徒刑以上刑之宣告。

2. 所犯漏罪被判处监禁以上刑罚，并且没有被宣告缓刑

例如，现行《日本刑法典》第26条第2项规定，对缓刑宣告以前所犯其他罪判处监禁以上刑罚，而对其刑罚没有宣告缓刑的，应当撤销缓刑宣告。根据该项规定，对在缓刑考验期限内发现漏罪的，在同时具备以下情形时，应当撤销缓刑宣告：第一，缓刑人因漏罪被判处监禁以上刑罚；第二，所判处的刑罚没有被宣告缓刑。至于撤销缓刑后如何处理，现行《日本刑法典》没有规定。从现行《日本刑法典》对数罪并罚的规定来看，撤销缓刑后应当对前罪和漏罪所判刑罚相加或者并科。

3. 根据缓刑类型的不同来确定导致缓刑撤销的漏罪的条件

例如，现行《韩国刑法典》第61条规定，接受暂缓宣告者，在暂缓期间被判处停止资格以上的刑罚，或者发现曾有被判处停止资格以上刑罚的前科时，宣告暂缓的刑罚。根据该条规定，接受暂缓宣告者在缓刑考验期间被发现漏罪的，如果因漏罪被判处停止资格以上的刑罚，应当撤销缓刑，宣告暂缓的刑罚。至于宣告暂缓的刑罚后是否实际执行刑罚，该法典没有规定。同时，该法典第63条规定，被宣告暂缓执行者，在暂缓执行期间又被判处徒刑以上的刑罚并经判决确定的，暂缓执行的宣告失效。被宣告暂缓执行刑罚的缓刑人在缓刑考验期间被发现漏罪的，如果因漏罪被判处徒刑以上的刑罚，应当撤销缓刑。至于撤销缓刑以后如何处理，该法典也没有规定。

4. 将漏罪与前罪相结合，或者根据漏罪的犯罪性质和严重程度来确定漏罪被判处何种刑罚应当撤销缓刑

例如，现行《意大利刑法典》第168条第2项规定，如果缓刑人因先前实施的犯罪又一次受到处罚，这后一刑罚与被暂缓执行的刑罚相加超过了第163条规定[①]的限度，或者虽然这后一刑罚与被暂缓执行的刑罚相加未超过第163条规定的限度，但法官从犯罪的性质和严重程度考虑，认为不宜再对犯罪人适用缓刑，均可以撤销暂缓执行刑罚的决定。

（二）缓刑考验期间发现漏罪，数罪并罚后能否再适用缓刑的域外考察

犯罪人在缓刑考验期间被发现在缓刑前犯有其他罪行，因而被数罪并罚之

① 即关于缓刑适用条件的规定。——作者注

后，还能否再适用缓刑？域外立法一般都持肯定态度，即规定只有在宣告缓刑前所犯罪行较为严重，被判处较重之刑罚才不再缓刑。例如，我国台湾地区刑法典第75条第1项第2款规定，缓刑前犯他罪，而在缓刑期内受有期徒刑以上刑之宣告者，撤销其缓刑。该条第2项规定，过失犯罪的不适用此规定。根据这两项规定，缓刑人在缓刑前所犯罪行符合以下两种情形时，应当撤销缓刑：一是故意犯罪；二是因该项犯罪而在缓刑考验期内受有期徒刑以上刑之宣告。又如，《日本刑法典》第26条第2项规定，对缓刑宣告以前所犯其他罪判处监禁以上刑罚，而对其刑罚没有宣告缓刑的，应当撤销缓刑宣告。根据该项规定，对在缓刑考验期限内发现漏罪的，在同时具备以下两种情形时，应当撤销缓刑宣告：一是缓刑人因漏罪被判处监禁以上刑罚；二是所判处的刑罚没有被宣告缓刑。根据这些规定反推，当行为人所犯罪行不严重或者发现的漏罪可以适用缓刑时，数罪并罚以后还是可以宣告缓刑的。

（三）缓刑考验期间发现漏罪，数罪并罚后能否再适用缓刑的理论思考

对于在缓刑考验期限内发现漏罪一概撤销缓刑之立法例，理论界多数持肯定态度，其理由主要是，缓刑人员尚有漏罪的事实表明，缓刑人员尚未真正悔改，尚存危害社会的可能，不符合缓刑的条件，故应当撤销缓刑，不再缓刑。[①] 不过，也有学者提出了对于在缓刑考验期限内发现漏罪，须被判处一定之刑才撤销缓刑之立法例的观点。有趣的是，学者也是从缓刑前犯他罪所体现出来的主观恶性这一角度来论证。例如，我国台湾地区学者柯庆贤先生认为，行为人“缓刑前犯他罪，其品行本非善良，已难期其改过自新，因未发觉前犯他罪或于缓刑宣告后确定前犯他罪而未及发现他罪而宣告缓刑，即有不当，其前犯之他罪，既于缓刑期内受有期徒刑以上刑之宣告，仍应撤销其缓刑之宣告，执行其原宣告刑”[②]。

笔者认为，在缓刑考验期限内发现漏罪一律撤销缓刑，数罪并罚后实际执行刑罚的做法欠妥，其理由是：（1）被宣告缓刑的犯罪人在缓刑前犯有其他罪行，只能表明他在犯该罪前的品行曾经不好，而不能说明他在缓刑考验期间的表现如何，也不能说明他在犯他罪之后的品行如何，而他即使在缓刑前没有犯其他罪，仅凭其被宣告缓刑的犯罪也表明他曾经品行不好，如果因此而不能适用缓刑，岂不是所有犯罪人都不能适用缓刑？这显然是荒唐的。因此，以缓刑前犯他罪表明犯罪人品行不端为理由，否定对这种犯罪人可以适用缓刑的观点难以成立。

---

① 参见翟中东：《缓刑制度研究综述》，载于志刚主编：《刑法问题与争鸣》（2001年第1辑），中国方正出版社2001年版，第218页。

② 柯庆贤著：《刑法专题研究》，（台湾）三民书局1998年版，第611页。

(2) 被宣告缓刑的犯罪人在缓刑前犯有其他罪行，并不能说明缓刑人员尚未真正悔改，也不能因此而认定难以期待其改过自新。这是因为缓刑人员尚有漏罪，只能表明其过去的表现不好，而人是发展变化的，过去犯下的罪行并不当然表明其现在仍然具有人身危险性，相反，犯罪人可能现在已经改邪归正、弃恶从善了。在后一种情况下，犯罪人的人身危险性已经不复存在。此时，除非新发现的漏罪的性质和危害程度不符合适用缓刑的条件，或者新发现的漏罪本身虽然符合适用缓刑的条件，但在与原来已经宣判的犯罪进行数罪并罚后，已经不符合适用缓刑的条件，因而应当撤销缓刑，实际执行刑罚，否则，缓刑前犯有其他罪行的犯罪人同样可能在形式上和实质上都符合适用缓刑的条件，可以在对漏罪和原已判决之罪进行数罪并罚之后，再次宣告缓刑。(3) 被宣告缓刑的犯罪人没有主动坦白交代其漏罪不应成为撤销其缓刑的理由。在缓刑考验期间发现漏罪与在缓刑前发现犯罪人犯有其他罪的区别，仅在于罪行被发现的时间不同。

那么，为什么有论者会认为，在缓刑前发现一人犯数罪可以适用缓刑，而在缓刑宣告后发现漏罪就不能适用缓刑呢？笔者认为，其所持主要理由不外乎犯罪人没有主动坦白交代自己的罪行，企图逃脱法律的制裁，因而缺乏悔罪表现，否则，从维护社会秩序稳定的要求出发，对过了较长时间才发现的犯罪并不需要给予从严处罚。而从法理上分析，这种理由是不能成立的。首先，法律并没有规定对不是由自己主动坦白交代，而是由司法机关发现的犯罪行为应当从重处罚。虽然各国在刑法规定以及刑事司法实践中，对于自首或者主动坦白罪行的犯罪人往往予以从宽处罚，但并不能因此反推对不自首或者坦白的犯罪人应当从重处罚，否则便有违罪刑法定原则和罪刑相当原则。对缓刑考验期限内发现漏罪的犯罪人一律撤销缓刑，实际执行刑罚的做法，正是对没有主动交代自己罪行的犯罪人予以从重处罚这种错误做法的具体表现，显然有失妥当。其次，强求犯罪人主动交代自己的罪行违反人的趋利避害的本性。就像许多犯了一般错误的人为了逃避承担责任会设法掩饰自己的错误那样，实施了犯罪行为的人为了逃避刑罚制裁也会隐瞒自己的犯罪事实，这样做在人格上虽值得非议，却乃人之常情，并无厚非之理。这正是各国法律只规定对主动交代自己罪行的犯罪人可以或者应当从宽处罚，而不规定对没有主动交代罪行的犯罪人应当从重处罚的原因。最后，从刑事政策的角度分析，也没有必要对在缓刑考验期限内发现在缓刑前犯有其他罪的犯罪人一律撤销缓刑。维护社会秩序稳定，促进犯罪人改过自新是刑事政策的重要内容。在缓刑考验期限内发现犯罪人在缓刑考验期还有漏罪，如果其所犯漏罪情节并不严重，与原判刑罚在数罪并罚之后仍符合缓刑的形式条件，而犯罪人在缓刑考验期间的表现又很好，那么，无论从维护社会秩序稳定的角度，还是从促进犯罪分子改过自新的角度看，对犯罪人再次宣告缓刑都是有益的。如果在缓刑考验期间一旦发现漏罪便一律撤销缓刑，那些正在努力洗心革面、改恶迁善的犯罪人的处境发生了极为不利的转变，其在缓刑期间的努力便告前功尽弃，这必然给犯罪人以沉重打击，使其改过自新的信心和决心丧失殆尽，再加上随之而来的实际执行刑罚可能导致的监狱内交叉感染，犯罪人改造好的可能性显然会大大降低。同时，犯罪人处境的变化又会给其家庭造成不利影响，这一切变化显然都是不利于社会秩序的稳定的。可见，仅仅因为被宣告缓刑的犯罪人没有主动坦白交代其漏罪就一律撤销缓刑弊多利少，并不可取。

还应当强调指出，犯罪人没有主动交代自己的罪行并不表明其没有悔罪表现，也不表明其没有悔罪心理，亦即犯罪人没有主动交代自己的犯罪事实与犯罪人是否有悔罪心理和悔罪表现并没有直接联系。这是因为，悔改表现是多种多样的，主动交代自己的罪行只是其中的表现之一。例如，甲因犯盗窃罪被判处有期徒刑 2 年，缓刑 3 年。在缓刑考验期间，甲通过自己的劳动使得生活过得很好，对自己没有交代的一次抢夺 1000 元的犯罪行为十分后悔，但由于害怕交代后撤销缓刑，故没有向有关司法机关交代自己的罪行，但却写了封匿名悔过信并附上 1000 元钱给受害人，不久公安机关还是侦破了此案，甲因此而被判处有期徒刑 1 年。对于本案中的甲，显然不能因为甲没有主动交代自己的罪行而认定其没有真正悔改。况且，缓刑考验期限内发现漏罪还有可能是犯罪人主动交代的结果，在这种情况下，难道还能说犯罪人没有真正悔改，或者难以期望其改恶迁善吗？

综上所述，笔者认为，在缓刑考验期限内发现漏罪一概撤销缓刑的做法过于绝对，与缓刑适用的形式条件和实质条件可能发生冲突，因而有欠妥当。

对于在缓刑考验期间，因缓刑前犯其他罪而被判处一定之刑罚才撤销缓刑的立法例，笔者认为立意可取，值得借鉴。在具体内容的设置上，笔者认为现行《意大利刑法典》的立法模式值得借鉴，即通过将漏罪与前罪相结合，或者根据漏罪的犯罪性质和严重程度来确定漏罪被判处何种刑罚应当撤销缓刑，因为这种规定与缓刑适用的形式条件和实质条件最相吻合。

（四）我国刑法对缓刑考验期间发现漏罪，数罪并罚后能否再适用缓刑的规定及评析

《刑法》第 77 条规定，被宣告缓刑的犯罪分子，在缓刑考验期限内发现判决宣告以前还有其他罪没有判决的，应当撤销缓刑，对新发现的罪作出判决，把前罪和后罪所判处的刑罚，依照《刑法》第 69 条的规定，决定执行的刑罚。至于决定了执行的刑罚后，能否对犯罪分子再次适用缓刑，则没有明确作出规定。理论界目前对这一问题有不同的看法，有论者认为，既然《刑法》已经明确规定了对在缓刑考验期限内发现漏罪的犯罪分子一律撤销缓刑，就说明在数罪并罚

后不得再对其适用缓刑，而且该论者还就此结论提出了自己的不同意见。[①] 但另有论者认为，仅从字面表述上看，不能得出对发现漏罪的缓刑人在数罪并罚后，不得再适用缓刑的结论。其理由是，《刑法》第 77 条中“应当撤销缓刑”的规定，是为了数罪并罚的需要而设置的，即只有先撤销缓刑，才谈得上对漏罪和前罪进行数罪并罚。因此，撤销原来的缓刑并不当然表明在数罪并罚之后不能再宣告缓刑。既然刑法没有明确规定在数罪并罚后不得再适用缓刑，那么只要犯罪分子在数罪并罚之后仍然符合缓刑的形式条件和实质条件，就应当可以再次对其适用缓刑。[②]

笔者认为，后一种观点虽有一定道理，但从《刑法》第 77 条第 1 款和第 2 款的关系，以及第 2 款规定的具体内容来判断，对在缓刑考验期限内发现漏罪的，应当在数罪并罚后一律实际执行刑罚。[③]

不过，最高人民法院的司法解释对缓刑考验期间发现漏罪数罪并罚后能否再宣告缓刑的态度是肯定的。最高人民法院在 1985 年 8 月 21 日颁发的《关于人民法院审判严重刑事犯罪案件中具体应用法律的若干问题的答复（三）》中曾规定，在依照 1979 年《刑法》第 65 条对漏罪定罪判刑，并对漏罪和原已判决之罪实行数罪并罚后，如果仍符合缓刑条件，仍可宣告缓刑。笔者认为，该司法解释的立法根据在 1997 年《刑法》修订后并没有发生根本性变化，因而至今我国《刑法》仍然采用的是缓刑考验期间发现漏罪一律撤销缓刑的立法模式。具体表现中《刑法》第 77 条第 1 款规定，被宣告缓刑的犯罪分子，在缓刑考验期限内发现判决宣告以前还有其他罪没有判决的，应当撤销缓刑，对新发现的罪作出判决，把前罪和后罪所判处的刑罚，依照《刑法》第 69 条的规定，决定执行的刑罚。

在理解我国《刑法》第 77 条第 1 款的规定时，还有两个问题值得探讨：

其一，如何理解该条中“判决宣告以前”的含义？

根据我国《刑法》第 73 条第 3 款的规定，缓刑考验期限，从判决确定之日起计算。而这里的“判决确定之日”，显然应当是指判决生效之日。如果将《刑法》第 77 条中的“判决宣告以前”理解为未生效判决宣告以前，那么就会在未生效判决宣告以后，生效判决作出以前这段时间，出现一个惩罚的空白，即《刑法》只规定了被宣告缓刑的犯罪分子在判决生效以后犯新罪，以及判决宣告以前还有其他罪应当撤销缓刑，而没有规定被宣告缓刑的犯罪分子在判决宣告以

① 参见段仁元、郝如建：《我国缓刑制度的几个问题》，载《江苏公安专科学校学报》2001 年第 2 期。

② 此种观点系笔者与同仁私下交流时同仁所提出，尚未公开发表。

③ 具体理由参见本书第 106 页。

后、生效以前又犯罪的应当如何处理。例如，1999 年 7 月 1 日，一审法院作出的判处甲有期徒刑 1 年，缓刑 2 年的判决宣告，甲不服，提出上诉；1999 年 8 月 1 日，二审法院作出的判处甲有期徒刑 1 年，缓刑 2 年的判决生效，从而进入对甲的缓刑考验期。而甲于 1999 年 7 月 15 日又实施了新的犯罪，如果将《刑法》第 77 条中的“判决宣告以前”理解为未生效判决宣告以前，那么甲的犯罪行为既不是在缓刑考验期限内实施的，也不是在判决宣告以前实施的，这样对甲撤销缓刑就没有法律依据了。因此，对《刑法》第 77 条规定中的“判决宣告以前”，应当理解为判决确定前。

其二，在缓刑考验期满后才发现犯罪人在缓刑前犯有其他罪的，如何处理?

有的国家刑法规定，缓刑执行期限届满，暂缓执行的宣告没有失效或者没有被撤销，原判暂缓执行的刑罚之宣告即失效。[①] 如果是这样的话，在缓刑考验期满后才发现犯罪人在缓刑前犯有其他罪的，不得再撤销缓刑。但我国《刑法》没有作出这方面的规定，而只是在第 77 条第 1 款规定，被宣告缓刑的犯罪分子，在缓刑考验期限内犯新罪或者发现判决宣告以前还有其他罪没有判决的，应当撤销缓刑。笔者认为，既然《刑法》只规定在缓刑考验期限内发现判决宣告前还有其他罪没有判决的，应当撤销缓刑，那么在缓刑考验期满后才发现漏罪，就不能再撤销缓刑，而只能根据《刑法》有关追诉时效的规定，决定是否追究该漏罪的刑事责任，原判的刑罚当然也不能再执行。

三、在缓刑考验期满后才发现犯罪人在缓刑前犯有其他罪的处理方法

有的国家刑法规定，缓刑执行期限届满，暂缓执行的宣告没有失效或者没有被撤销，原判暂缓执行的刑罚之宣告即失效。[②] 如果是这样的话，在缓刑考验期满后才发现犯罪人在缓刑前犯有其他罪的，不得再撤销缓刑。但我国《刑法》没有作出这方面的规定，而只是在第 77 条第 1 款规定，被宣告缓刑的犯罪分子，在缓刑考验期限内犯新罪或者发现判决宣告以前还有其他罪没有判决的，应当撤销缓刑。笔者认为，既然刑法只规定在缓刑考验期限内发现判决宣告前还有其他罪没有判决的，应当撤销缓刑，那么在缓刑考验期满后才发现漏罪，就不能再撤销缓刑，而只能根据《刑法》有关追诉时效的规定，决定是否追究该漏罪的刑事责任，原判的刑罚当然也不能再执行。

---

① 现行《韩国刑法典》第 65 条的规定即是如此。

② 现行《韩国刑法典》第 65 条的规定即是如此。

第七章　缓刑的法律后果

缓刑的法律后果，又称缓刑的效力，是指缓刑考验期满，被判刑人没有出现导致缓刑撤销的事由，将产生何种法律后果。在这一问题上，存在两种不同的规定：一种是原判刑罚不再执行，但有罪之判决仍然存在；另一种是原判之罪刑均归于失效。

第一节　缓刑法律后果的域外考察

一、缓刑的法律后果之一：保留有罪宣告而免除刑罚执行

所谓保留有罪之宣告而仅免除刑罚之执行，是指缓刑考验期限内，被判刑人如果没有出现导致缓刑撤销的事由，缓刑考验期满，原判刑罚就不再执行，但原判定罪量刑的宣告仍然有效。这种缓刑的法律后果是，犯罪人的犯罪前科记录仍然存在。规定缓刑的法律后果为免除刑罚之执行的，主要有现行《德国刑法典》和我国《刑法》。例如，现行《德国刑法典》第56条g规定："如果法院没有取消暂缓执行刑罚，那么，在考验期满后免除刑罚。"

二、缓刑的法律后果之二：缓刑人被视为未曾犯罪

所谓缓刑人被视为未曾犯罪，是指缓刑考验期限内，被判刑人如果没有应当撤销缓刑的情形，缓刑考验期满，原来的定罪量刑判决均归于失效，犯罪人被视为自始就没有犯过罪的人。规定这种缓刑后果的刑法典较多，英美法系国家和大陆法系国家的刑法均有这种规定。具有这种法律后果的缓刑有以下两种表现形式：

（一）宣告有罪而暂缓宣告刑罚

这种缓刑又有两种立法例，一种为英美两国所采用，是在刑事诉讼中对犯罪人只作刑事责任的宣告，而暂缓其刑罚之宣判，并赋予犯罪人一定的义务，而由观护人加以监督、考核与辅导。犯罪人如能在宣告的观试期间洁身自好而不再犯

罪，并履行其义务者，则注销其刑事责任的宣告，视同自始没有犯罪。如果犯罪人在宣告的观试期间内再次犯罪，或不履行其义务且情节严重，则根据已经作出宣告的刑事责任和再犯之罪，并参考犯罪人在观试期间的行为宣判其刑，并加以执行。[①] 从有关资料来看，现行《法国刑法典》也规定了这种缓刑。[②] 另一种为某些大陆法系国家刑法所采用，也是只对犯罪人作有罪责的宣告，而暂缓其刑罚的宣告，与前一种缓刑所不同的是在宣告犯罪人有罪责时，对其的刑罚处罚也已经作出，只是没有宣告而已，犯罪人如果在缓刑考验期间没有发生应当撤销缓刑的情形，那么考验期满后，原有罪宣告便视为失效，一旦在缓刑考验期限内出现应当撤销缓刑的情形，则宣判并执行原未宣告的刑罚。现行《韩国刑法典》[③]、

① 参见林山田著：《刑罚学》（修订版），（台湾）商务印书馆 1992 年版，第 209 页。

② 现行《法国刑法典》第 132－60 条规定，如表明罪犯正获重返社会，所造成的损害正在赔偿之中，由犯罪所造成之危害即将停止，法院得推迟刑罚宣告。第 132－63 条规定，在自然人被告到庭之场合，法院得在不超过 1 年之期限内置当事人于考验制度之下，并按第 132－60 条规定的条件与方式，推迟刑罚宣告。第 132－65 条规定，送回庭审时，法院得考虑人犯在考验期的表现，或者免除其刑罚，或者宣告法律规定之刑罚，或者按第 132－63 条规定之条件与方式，再次推迟刑罚宣告。这里需要明确“免除其刑罚”的真实含义。根据法国学者卡斯东·斯特法尼的介述，推迟宣告刑罚的决定意味着宣告被告人有罪，但法院不就其“可处罚性”作出宣告并且对被告人不予追究责任。如果被告人不遵守监视与救助措施，或者不履行对其规定的特别义务，无需等待考验期结束，执行法官即可提请轻罪法院就被告人的刑罚问题作出审理决定（参见［法］卡斯东·斯特法尼等著，罗结珍译：《法国刑法总论精义》，中国政法大学出版社 1998 年版，第 633 页、第 635 页）。由此可见：第一，在决定推迟刑罚宣告时，具体的刑罚尚未作出，否则执行法官无需提请轻罪法院就被告人的刑罚问题作出审理决定，而只需提请轻罪法院就原来已经作出的刑罚加以宣告即可。第二，由于现行《法国刑法典》规定的普通缓刑和附条件缓刑的法律后果均为原有罪判决视同不曾发生，即罪刑均告消灭，而普通缓刑和附条件缓刑都是在对犯罪人既定罪又判刑的基础上作出，因此，比缓刑更为宽缓的只定罪不判刑的推迟刑罚宣告的最有利于犯罪人的法律后果，即“免除其刑罚”当然更应当理解为有罪判决视同不曾发生。

③ 现行《韩国刑法典》第 59 条规定，宣告 1 年以下劳役或者徒刑、停止资格或者罚金，参酌第 51 条的规定，对悔改表现显著者，可以暂缓宣告。但曾被判处停止资格以上刑罚者除外。第 60 条规定，自接受暂缓宣告之日起，经过 2 年，视为免诉。既然被视为免诉，就不存在定罪量刑的问题，行为人也就应当视为未曾犯罪之人。

现行《德国刑法典》[①] 都规定了具有这种法律后果的缓刑。

（二）罪刑宣告后暂缓执行刑罚

这种缓刑是对犯罪人定罪量刑并加以宣告，同时决定暂缓刑罚的执行并交付考验，如果缓刑考验期间没有发生应当撤销缓刑的情形，缓刑考验期满，原来关于犯罪和刑罚的宣告即丧失效力，犯罪人的法律地位与未曾实施过犯罪行为者相同。目前大多数国家的刑法典都规定了这种缓刑制度，如现行《法国刑法典》[②]、现行《意大利刑法典》[③]、1996 年《瑞士联邦刑法典》[④]、现行《俄罗斯联邦刑法典》[⑤] 等。现行《日本刑法典》和我国台湾地区现行刑法典虽然都只规定缓刑的宣告未被撤销并经过缓刑期的，其刑罚的宣告丧失效力，[⑥] 但理论上、实务中均将刑法典的这种规定理解为是将缓刑考验期满而缓刑未经撤销的犯罪人视为未曾犯罪之人。[⑦]

---

① 现行《德国刑法典》第 59 条规定，如果某人被判处至 180 日额的罚金刑，法院可以除了责任宣告之外警告他、确定刑罚和保留对该刑罚的宣判，如果：（1）期待行为人将来没有刑罚的宣判也不再实施犯罪行为，（2）从对行为人的行为和人格性的总体评价中产生了特别的情况，该情况表明要免除对他进行刑罚的宣判，和（3）维护法律秩序不需要宣判刑罚。第 59 条 b 规定，如果被警告人没有被宣告所保留的刑罚，那么，法院在考验时间期满之后确定以警告为终结。既然以警告为终结，那么原有罪的宣告和未宣判的刑罚都失其效力，行为人也就应当被视为未曾犯罪之人。

② 现行《法国刑法典》第 132－35 条规定，因重罪或轻罪被判刑并得到缓刑的被判刑人犯，自判刑起 5 年期限内，未犯普通法之重罪或轻罪被判处无缓期之新刑从而撤销原缓刑者，其因前科重罪或轻罪处缓期执行刑罚的判刑视同不曾发生。前判刑视同不曾发生，意味着视犯罪人为没有受过罪刑宣告，当然也就应当视为未曾犯罪之人。

③ 现行《意大利刑法典》第 167 条规定，如果在规定的期限内被判刑人没有实施重罪或者同样性质的违警罪，并且履行了为其规定的义务，犯罪消灭。在这种情况下，刑罚不再执行。既然犯罪消灭，刑罚也不再执行，也就必然被视为未曾犯罪之人。

④ 1996 年《瑞士联邦刑法典》第 41 条第 4 款规定，被判刑人在考验期间表现良好，且罚金和绝对之附加刑已经执行的，为判决之州的主管机关，应从刑事犯登记册中消除判决记录。从刑事犯登记册中消除犯罪记录，意味着犯罪人前科消灭，也就应当被视为未曾犯罪之人。

⑤ 现行《俄罗斯联邦刑法典》第 74 条第 1 项规定，如果在考验期届满前被判缓刑的人以自己的行为证明他已经得到改造，则法院可以根据对缓刑人行为实行监督的机关的报告，作出撤销缓刑并撤销被判刑人前科的裁定。该条规定也表明缓刑的法律后果是被判刑人被视为未曾犯罪之人。

⑥ 现行《日本刑法典》第 27 条规定，缓刑的宣告未被撤销并经过缓刑期间的，刑罚的宣告丧失效力。我国台湾地区现行刑法典第 76 条规定，缓刑期满，而缓刑之宣告未经撤销者，其刑之宣告失其效力。

⑦ 参见刘清景主编：《刑法总则》，（台湾）学知出版社有限公司 1996 年版，第 652 页。

第二节 我国缓刑的法律后果

一、一般缓刑的法律后果：仅免除刑罚执行而不消灭犯罪前科

根据《刑法修正案（八）》第13条修正的我国《刑法》第76条后的规定，对宣告缓刑的犯罪分子，在缓刑考验期限内，依法实行社区矫正，如果没有应当撤销缓刑的情形，缓刑考验期满，原判的刑罚就不再执行，并公开予以宣告。根据这一规定，我国《刑法》规定的缓刑的法律后果是保留有罪之宣告而仅免除刑罚之执行。

对缓刑的这种立法模式，持否定态度的学者居多。其理由主要是，这种规定"仅免其刑之执行，而其宣告刑之前科不良记录仍然存在，使犯罪者所留下之污点永远无法磨灭，有失缓刑之立法本旨"①。笔者认为，将缓刑的法律后果规定为保留有罪之宣告而仅免除刑罚之执行，确实有其局限性，一个明显的弊端就是它不利于被宣告缓刑的犯罪人重返社会。

首先，正如有学者所指出，保留前科记录的缓刑使缓刑人背负了曾经犯罪的污点，这在其心灵上难免留下阴影，因而相对于消灭前科记录的缓刑而言，在促使犯罪人以正常的心态重返社会方面确实有其不足之处。因此，对于那些罪行很轻，即使在缓刑考验期满后消灭犯罪前科记录也不会严重损害刑罚的公正性和刑法权威的犯罪人，可以而且应当选择法律后果为消灭犯罪记录的缓刑。

其次，仅免除刑法执行而保留前科记录的缓刑，对未成年缓刑人的影响尤其不利。未成年缓刑人由于可塑性强，未来生存环境一般还会不断发生变化，如果让他永远背负一个曾经犯罪的污点辗转于社会不同领域，对其无疑是一种长期的精神折磨。同时，由于未成年人的心理尚不够成熟，承受能力较成年人要差，保留犯罪前科记录对他们的自信心的打击比成年人更大，相应地对他们未来的成长的负面影响也更严重。因此，对未成年缓刑人尤其不应当适用法律后果为仅免除刑法执行而保留前科记录的缓刑。

但是，并非只有消灭前科记录才能促使犯罪人改过自新、重返社会。对于那些罪刑相对较为严重的成年缓刑人而言，缓刑考验期满而保留犯罪记录本来就是一种客观公正的做法，只要保留方式得当，对他们重返社会保持善行并不会有什么不利影响，主要理由是：首先，成年缓刑人基本上都是智力发育正常的人，能够认识到在他们实施了相对较为严重的犯罪的情况下对他们予以缓刑，已经是对

---

① 参见柯庆贤著：《刑法专题研究》，（台湾）三民书局1998年版，第594页。

他们的特别宽大，因而即使在缓刑考验期满，宣告不再执行原判刑罚后仍保留犯罪记录，也不至于因此产生抵触情绪从而拒绝改过自新，复归社会。其次，只要对成年缓刑人保留前科记录的方式得当，保留前科记录并不会明显影响其生存环境。对于生活环境相对较为固定的成年缓刑人而言，由于周围群众对他已经较为了解，在其被宣告缓刑后，一般不会注意他是否还保留着前科记录，也不会因为保留前科记录而对他有特别不好的看法，缓刑人的原有工作是否保留也不会因为是否保留前科记录而有不同。对于生活环境不稳定的缓刑人而言，只要有关机构对其犯罪前科记录进行必要的保密，便不至于影响其在新的生活环境中的正常发展。最后，对成年缓刑人保留前科记录，还可以对其起到警示作用，提醒其谨慎行事，避免重蹈覆辙，因为一旦其再次犯罪，便属于再犯，面临着更为严厉的处罚。

综上所述，笔者认为，对成年缓刑人保留前科记录，既不会明显影响其改过自新、重返社会，又相对较为公正，比消灭前科记录更有利于维护社会秩序和刑法的公正性，因而对这些人适用法律后果为保留罪刑的宣告而仅免除刑罚执行的缓刑，不但是合理的，也是必要的；而对于未成年缓刑人，则应当适用罪刑均不加宣告，而仅对他们作出保留刑罚的警告的缓宣告缓刑，其法律后果则为罪刑之判决归于失效，缓刑人的法律地位与未曾犯罪人相同。这样既能最有效地促进缓刑人重返社会，又能较多地保证刑罚的公正性，不至于破坏社会秩序。

二、战时缓刑的法律后果：罪刑均告失效

《刑法》第449条规定，在战时，对被判处3年以下有期徒刑没有现实危险宣告缓刑的犯罪军人，允许其戴罪立功，确有立功表现时，可以撤销原判刑罚，不以犯罪论处。这是一种使原罪刑宣告丧失效力，亦即消灭前科的缓刑制度。对这种将缓刑的法律后果规定为原罪刑宣告丧失效力，犯罪人被视为未曾犯罪之人的立法例，持赞同态度的学者居多，主要理由是，这种规定能够“荡涤旧耻、勉励自新”[①]，有利于缓刑人的改恶迁善。

不可否认，消灭前科的缓刑确实最有利于犯罪人改过自新、重返社会，有其长处，但同时也应当看到它的短处，那就是它可能导致刑罚制度的公正性不足从而不利于维护社会秩序。

首先，这种规定对某些缓刑人而言过于宽纵，导致刑罚不够公正合理。缓刑的内容之一是对那些犯罪行为已经达到一定严重程度，应当判处自由刑的犯罪人暂缓执行刑罚，以避免短期自由刑的弊端，这些被缓刑者所实施的犯罪行为的社

---

① 参见高点法学编辑研究室、法源资讯股份有限公司编著：《高点精编六法全书》，（台湾）高点文化事业有限公司1998年版，第1193页。

会危害性，与那些只需判处更轻的主刑（如管制），甚至仅需判处附加刑的犯罪人所实施的犯罪行为的社会危害性相比，显然更为严重。如果对这些缓刑人最终都消灭前科，一旦他们再犯罪，势必出现这样一种局面，即曾经犯下相对较重罪行的人再次犯罪，因为前次犯罪记录已经消除，犯罪人被视为初次犯罪者，给予了较轻的处罚；而曾经犯下相对较轻罪行的人再次犯罪，由于存在犯罪前科记录，属于再犯，受到了较重的处罚。这显然是有失公正合理的。

其次，不利于维护社会秩序。促使缓刑人改过自新固然是缓刑的最重要目的，但这并非缓刑应当追求的唯一目标，在设置和运用缓刑制度时，还必须顾及可能对社会秩序所造成的影响。如果缓刑设置得过分轻纵犯罪人，难免严重损害刑罚的公正和权威，导致公众对刑法缺乏信任感并产生不满情绪。对于受害人而言，这种不满情绪尤其强烈，很可能由此而引发新的违法甚至犯罪活动。而对于社会上潜在的犯罪人而言，这种过分的宽大无疑像是给他们注射了一剂强心针，只会更加坚定他们犯罪的决心。这一切显然都不利于维护社会秩序。

因此，我国刑法严格控制消灭前科的缓刑的适用对象的态度应当说是谨慎可取的，其不足在于仅适用于战时的军人，范围似乎太窄，对可塑性强，社会、家庭难辞其咎的未成年犯罪人，也应当考虑适用这一缓刑制度。

三、被宣告缓刑的人缓刑考验期满后再犯罪是否成立累犯的问题

在司法实务中，有的因故意犯罪被判处有期徒刑宣告缓刑的犯罪人，在缓刑考验期满后，5 年内又犯应当被判处有期徒刑以上的故意犯罪，在这种情况下，行为人是否属于累犯？这涉及行为人能否再次被宣告缓刑的问题。如果属于累犯，则排除了对犯罪人再次宣告缓刑的可能；如果不属于累犯，则尚有再次宣告缓刑的余地。对这一问题，学界有肯定和否定两种对立的观点。

1. 肯定说

肯定说认为，在这种情况下，行为人属于累犯。主要理由是：（1）缓刑的执行，实质上是刑罚的一种特殊执行方式。缓刑期满后不再执行原判刑罚，“是一种实质意义上的‘执行完毕’的‘执行’”。此时的“不再执行”，实际是通过“缓刑的执行”已经得到了执行，即将缓刑期满视为累犯制度所规定的“刑罚执行完毕”[①]。（2）被判处缓刑的犯罪分子在缓刑期满后 5 年内又犯应当判处有期徒刑以上刑罚之故意犯罪，足以证明其具有较大的主观恶性和社会危害性，很难改造好，对于这种罪犯以累犯处理，是符合立法精神的，应当以累犯从重予以处罚。（3）缓刑不及于附加刑，附加刑仍执行，并且有确定的执行完毕时间

① 参见许生群、赵兴军：《缓刑期满后故意犯罪构成累犯》，载《人民法院报》2004 年 9 月 20 日。

的。因此，因故意犯罪被判处有期徒刑宣告缓刑的犯罪人，在缓刑考验期满后，5 年内又犯应当被判处有期徒刑以上的故意犯罪，符合累犯的法律规定。① 还有论者指出，缓刑是我国刑法中一种特殊的刑罚执行方式，并且从法律规定看，累犯的构成其实也只要求被判处过有期徒刑以上刑罚，而不必实际地、完全地执行该种刑罚。而且，从公平性角度来说，也不应该对适用缓刑的犯罪分子再度犯罪另眼看待。②

2. 否定说

否定说认为，在这种情况下，行为人不属于累犯。1979 年《刑法》时期，就有学者明确指出，对于缓刑期满究竟意味着原判刑罚不再执行还是执行完毕，不能作任意解释，必须看法律如何规定，1979 年《刑法》第 70 条中明文规定“如果没有再犯新罪，缓刑考验期满，原判的刑罚就不再执行”，很明显，缓刑考验期满只能意味着原判刑罚不再执行，所以就没有执行完毕的问题，硬要把它理解成为“原判刑罚执行完毕”，毫无法律根据。此外，讨论罪行是否相当，处刑过重还是过轻，不能脱离法律本身的规定，否则就失去了统一的标准，所以缓刑期满后即使再犯新罪也不能构成累犯。③ 有学者直接指出，既然缓刑的原判刑罚不再执行，当然也就不存在刑罚执行完毕的问题，更无构成累犯的前提条件。④ 也有论者从文理解释的角度批驳了肯定说，并认为缓刑人不构成累犯的深层原因是违背了累犯制度的设置初衷。⑤

笔者赞成否定说，认为被宣告缓刑的人缓刑考验期满后再犯罪，任何情况下都不构成累犯。认为可以成立累犯的观点既不符合有关缓刑和累犯的理论，也无法律依据。

首先，缓刑根本就不是一种刑罚执行制度，缓刑考验期满谈不上刑罚执行完毕的问题。缓刑的本质是有条件地不执行原判刑罚甚至不宣告刑罚，其法律后果是使原判刑罚丧失效力甚至使原罪刑宣告均丧失效力。正是在法律后果上，缓刑与假释存在本质区别，前者导致原判刑罚在法律上不再执行，从而丧失效力；后者导致原判刑罚在法律上执行完毕。缓刑的这种本质特征以及法律后果，就决定

---

① 张书占、唐大伟、赵霞：《缓刑考验期满后再犯罪可构成累犯》，载《中州大学学报》2000 年第 2 期。

② 曹南成、夏冰、张如新：《判处三年以下有期徒刑依法适用缓刑的罪犯能够构成累犯》，载《检察实践》2001 年第 6 期。

③ 柯葛壮：《缓刑期满以后再犯新罪不能构成累犯》，载《现代法学》1986 年第 3 期。

④ 陈兴良著：《规范刑法学》（第二版）（上册），中国人民大学出版社 2008 年版，第 351 页。

⑤ 于志刚：《缓刑犯再次犯罪制裁规则的体系化思索》，载《河南社会科学》2010 年第 4 期。

了缓刑的适用根本不存在所谓的刑罚执行问题，更不存在刑罚“执行完毕”的问题。试想，一项使原判刑罚丧失效力或者使原罪刑宣告均丧失效力的制度，怎么可能产生原判刑罚执行完毕的后果？

其次，缓刑本身也不存在执行的问题。缓刑并不是一种独立的刑种，在我国的刑罚种类当中，无论是主刑还是附加刑，都没有缓刑这样一种刑罚。既然不是一种刑罚，谈何缓刑的执行呢？所谓缓刑的执行这一说法是自相矛盾的。所谓“缓刑的执行，实质上是刑罚的一种特殊执行方式”、“是一种实质意义上的‘执行完毕’的‘执行’”以及“此时的‘不再执行’，实际是通过‘缓刑的执行’已经得到了执行”等等说法，[①] 均是逻辑混乱的表述。

最后，认为缓刑考验期满后原判刑罚已经执行完毕的观点，直接违反了法律的规定。“原判的刑罚就不再执行”与“原判刑罚已经执行完毕”的法律意义完全不同，根据前者，刑罚并未执行；根据后者，刑罚已经执行。而刑法关于累犯的规定是“被判处有期徒刑以上刑罚的犯罪分子，刑罚执行完毕或者赦免以后，在五年以内再犯应当判处有期徒刑以上刑罚之罪”，明确要求累犯的成立条件之一是刑罚执行完毕或者赦免以后。而被宣告缓刑的犯罪分子如果没有被撤销缓刑，缓刑考验期满后的待遇是原判刑罚不再执行，因而既不符合刑罚执行完毕这一条件，也不符合赦免这一条件，也就不再有成立累犯的可能了。正是基于这一原因，《刑法》第 65 条第 1 款规定了“五年以内”这一累犯成立的期限，对于被假释的犯罪分子，从假释期满之日起计算，而没有规定对于宣告缓刑的犯罪分子，从缓刑考验期满之日起计算，实际上也就排除了缓刑人再犯罪成立累犯的可能。实际上，1989 年 10 月 25 日最高人民法院研究室《关于缓刑考验期满三年内又犯应判处有期徒刑以上刑罚之罪的是否构成累犯问题的电话答复》已经明确了这一态度。该答复指出：“如果犯罪分子在缓刑考验期内没有再犯新罪，实际上并没有执行过原判的有期徒刑刑罚；加之被判处有期徒刑缓刑的犯罪分子，一般犯罪情节较轻和有悔罪表现，因其不致再危害社会才适用缓刑。所以，对被判处有期徒刑缓刑的犯罪分子，在缓刑考验期满三年内又犯应判处有期徒刑以上刑罚之罪的，可不作累犯对待”。虽然最终结论为“可不作累犯对待”，似乎存在按累犯处理的可能，但它明确肯定了缓刑并没有执行过原判的刑罚，实际上也就肯定了缓刑人再犯罪不成立累犯。

认为被判处缓刑的犯罪分子在缓刑期满后 5 年内又犯应当判处有期徒刑以上刑罚之故意犯罪，足以证明其具有较大的主观恶性和社会危害性，很难改造好，因而对这种罪犯应当以累犯处理的观点，且不说与该答复的观点相左，值得商

---

① 参见许生群、赵兴军：《缓刑期满后故意犯罪构成累犯》，载《人民法院报》2004 年 9 月 20 日。

権，即便如此，也是把应然当做实然，从逻辑上看是不通的。

至于以缓刑不及于附加刑，附加刑仍执行，进而认为缓刑人在缓刑考验期满后，5 年内又犯罪，符合累犯的法律规定的观点，则犯了张冠李戴的错误。《刑法》对累犯规定的明明是有期徒刑执行完毕或者赦免以后，5 年内再犯罪，论者却已附加刑执行完毕作为符合累犯成立条件的理由，显然是说不通的。

第八章　缓刑考察

缓刑考察制度是促使犯罪人改过自新，从而实现设立缓刑制度之目的的重要环节。缓刑考察制度设置是否科学合理，直接影响到缓刑的效果。因此，对缓刑考察制度的探讨具有重要的现实意义。

第一节　缓刑考验期的设置

在规定缓刑考察制度时，不可避免地要对缓刑的考验期作出规定。其主要原因是：第一，缓刑考验必须有一个最长时间的限制。缓刑对刑罚执行权或者犯罪前科的消灭是附条件的，这种条件集中体现为犯罪人没有违反他应当遵守的有关规定。犯罪人应当遵守有关规定，意味着他比普通人要受到更多的约束，也就是他的自由要受到更多的限制，如果这种约束和限制是无限期的，那么被宣告缓刑的人所失去的自由将比实际执行刑罚的犯罪人还要多得多，这显然是不公平的，也是被宣告缓刑的犯罪人所不能接受的，因此，缓刑考验必须有一个最长时间的限制，并且这一时间不能超过被判处刑罚太多。第二，缓刑考验必须有一个最短时间的限制。如果缓刑考验时间太短，既难以达到教育感化犯罪人之目的，也无从检验缓刑对犯罪人的具体效果，因而将导致缓刑形同虚设。因此，设置一个适当的缓刑考验期对于促进犯罪人改过自新、实现缓刑的目的是必要的。

一、缓刑考验期设置的域外考察

各国刑法关于缓刑考验期限的规定差别较大，归纳起来，可以分为以下几种类型：

第一类，明确规定了缓刑考验的具体期限。这类规定对缓刑考验期的具体期限作出了明确规定，司法机关只能对被宣告缓刑的判刑人规定这一考验期。例如，根据现行《韩国刑法典》第59条和第60条的规定，判处1年以下劳役或者徒刑、停止资格刑或者罚金而暂缓宣告者，缓刑考验期为2年。根据现行《法国刑法典》第132－35条的规定，因重罪或轻罪被判刑并得到缓刑的被判刑人犯，缓刑考验期为5年，因违警罪被判刑并得到缓刑宣告的被判刑人犯，缓刑考验期为2年。根据现行《意大利刑法典》第163条的规定，如果是对重罪宣告缓刑，那么缓刑考验期为5年，如果是对违警罪宣告缓刑，那么缓刑考验期为2年。

第二类，规定了缓刑考验期的具体上限和下限。这类规定对缓刑考验期的最长期限和最短期限作出了具体规定，司法机关可以在此限度内确定一个具体的考验期限。例如，现行《日本刑法典》第25条规定，对于符合缓刑条件者，可以在1年以上5年以下的期间内暂缓其刑罚的执行。现行《韩国刑法典》第62条①、现行《法国刑法典》第132-42条②、1996年《瑞士联邦刑法典》第41条第1款第3段③、现行《德国刑法典》第59条a第1项④等均作出了这类规定。

第三类，不但规定了缓刑考验期的具体期限或者最长期限和最短期限，而且规定视情况可以延长或者缩短考验期。例如，现行《俄罗斯联邦刑法典》第33条第3款规定，在判处1年以下剥夺自由或更轻的刑罚种类而宣告缓刑时，考验期不得少于6个月，不得超过3年；在判处超过1年的剥夺自由或更轻的刑罚种类而宣告缓刑时，考验期不得少于6个月，不得超过5年。同时，该法典第74条第2款又规定，如果被判缓刑的人逃避履行法院责令他履行的义务或者又破坏社会秩序，并因此受到行政处罚，法院可以根据该条第1款所规定机关的报告延长考验期，但延长的部分不得超过1年。现行《法国刑法典》第132-61条⑤、第132-65条⑥，现行《加拿大刑法典》（1985年修订）第738条第3款（c）⑦、

---

① 现行《韩国刑法典》第62条规定，宣告3年以下劳役或者徒刑，参酌第51条的规定，有可宽恕的事由时，得定1年以上5年以下之期间暂缓执行其刑。

② 现行《法国刑法典》第132-42条规定，刑事法院规定考验期限；考验期不得少于18个月，也不得超过3年。

③ 1996年《瑞士联邦刑法典》第41条第1款第3段规定，法官将刑罚的执行予以推迟的，则应对被判刑人规定一个2年至5年的考验期。

④ 现行《德国刑法典》第59条a第1项规定，由法院确定保留刑罚的警告的考验时间的期限，该期限不允许多于3年和少于1年。

⑤ 现行《法国刑法典》第132-61条规定，被推迟刑罚宣告的罪犯送回庭审时，法院可以依第132-60条规定的条件与方式再次推迟刑罚宣告。

⑥ 现行《法国刑法典》第132-65条规定，送回庭审时，法院得考虑人犯在考验期的表现，按第132-63条规定之条件与方式，再次推迟刑罚宣告。

⑦ 根据现行《加拿大刑法典》第738条第3款（c）的规定，当法院已作出缓刑命令时，法院可在任何时候，根据被告人或检察官的申请，传唤被告人到庭，在听取被告人和检察官的意见后，缩短缓刑令的有效期。

第738条第4款（e）[1]，现行《德国刑法典》第56条a第1项[2]等均作出了这类规定。

二、对域外缓刑考验期规定的评析

那么，上述三类关于缓刑考验期的立法规定孰优孰劣？笔者认为，鉴于设置缓刑考验期的目的是为了促进缓刑目的的实现，应当以是否有利于促进缓刑目的实现为标准来判断其优劣，最能够促进缓刑目的实现的关于缓刑考验期的规定便是最可取的规定。基于这一标准，笔者认为第三类规定最为合理可取，理由是：

（1）缓刑考验期的长短应当与犯罪人的人身危险性大小相适应，第一类关于缓刑考验期的规定没有做到这一点。犯罪人的人身危险性越大，其改过自新相对而言就越难，就越不能轻易放弃对他的监督考察。第一类关于缓刑考验期的规定不问犯罪人人身危险性大小，均规定相同的缓刑考验期，没有考虑到人身危险性大小不同的犯罪人，对社会秩序可能造成的破坏以及给公众造成的不安感也不相同，因而应当设置不同的缓刑考验期，显然有失妥当。

（2）缓刑考验期的长短应当随犯罪人人身危险性的变化而变化，第一类和第二类关于缓刑考验期的规定均没有做到这一点。由于犯罪人在缓刑考验期间的表现是不同的，如有的犯罪人表现很好，在缓刑考验期间以积极的行动弥补因其犯罪行为给国家、社会或个人造成的损害，积极履行为其规定的义务，其行为表明其人身危险性已经变小或者消除；而有的犯罪人则表现较差，屡有违反缓刑监管规定或者不履行义务的行为，表明其人身危险性不仅没有消失，甚至更大，因而缓刑考验期应当能够随被判刑人在缓刑考验期间表现的好坏及其人身危险性大小的变化情况而缩短或者延长，这样才更能够一方面调动被判刑人改过自新的积极性，另一方面防止没有改造好的被判刑人回归社会，再次危害社会。第二类关于缓刑考验期的规定虽然针对被宣告缓刑的犯罪人人身危险性的不同设置了一个有一定弹性的缓刑考验期间，但却没有针对犯罪人在缓刑考验期间的表现而设置

---

① 根据现行《加拿大刑法典》第738条第4款（e）的规定，当缓刑的被告人被定犯有包括第740条规定的罪名在内的罪，并且：（a）在可对定罪判决提出上诉的期限届满前未提出上诉的；（b）已对定罪判决提出过上诉，上诉被驳回的；或者（c）被告人以书面形式向法庭作出认罪答辩并选择不上诉的，或者根据具体情况放弃上诉权的；除了对该罪判处应处的刑罚以外，法院可以应检察官的申请，传唤被告人到庭，并在听取被告人和检察官的意见后，延长缓刑令有效期，但延长期限不得超过1年。

② 现行《德国刑法典》第56条a第1项规定，由法院决定考验时间的期限，该期限不允许多于5年和少于2年。同时，该法典第56条a第2款规定，暂缓执行刑罚付以考验时间始于暂缓执行刑罚的决定发生法律效力时。它可以在事后被缩短至最低限或者在其期满前被延长至最高限。

缩短或者延长缓刑考验期的内容，这是其缺陷所在。第一类缓刑考验期规定同样存在这方面的缺陷。

综上所述，只有第三类关于缓刑考验期的规定同时做到了上述两点，因而最有助于实现设置缓刑考验期的目的。

三、我国刑法对缓刑考验期的规定及评析

（一）我国刑法对缓刑考验期所采立法模式

我国 1979 年《刑法》和现行《刑法》都只规定了缓刑考验期限而没有规定对被宣告缓刑的犯罪人是否可以延长或者缩短缓刑考验期。现行《刑法》第 73 条仅规定，对符合缓刑条件的被判处拘役的犯罪人，可以宣告原判刑期以上 1 年以下的缓刑（但最低不少于 2 个月），对符合缓刑条件的被判处有期徒刑的犯罪人，可以宣告原判刑期以上 5 年以下的缓刑（但最低不得少于 1 年）。但是，最高人民法院曾于 1985 年 5 月 9 日在《关于缓刑考验期内表现好的罪犯可否缩减其考验期限的批复》中，对缩减缓刑考验期限的问题作出过规定，根据该批复，规定宣告缓刑的犯罪分子，如果在缓刑考验期间确有突出悔改表现或者立功表现，可以参照 1979 年《刑法》第 71 条关于减刑的规定，对原判刑罚予以减刑，同时相应地缩减其缓刑考验期限。减刑后的期限不能少于原判刑期的二分之一，减刑后相应缩减的缓刑考验期限不能低于减刑后的刑期，而且判拘役的缓刑的考验期限不能少于 1 个月，判有期徒刑的缓刑的考验期限不能少于 1 年。因此，从立法上看，我国采用的是第二种立法模式，而从司法上看，实际上采用的是第三种立法模式规定的办法。应当指出的是，上述批复明显与 1979 年《刑法》及现行《刑法》规定相冲突，表现在：根据 1979 年《刑法》和现行《刑法》的规定，缓刑是对原判刑罚有条件不执行，因而在缓刑考验期间，被宣告缓刑的犯罪人原判刑罚从事实上到法律上均从未执行过，而减刑只有在对犯罪人实际执行刑罚的前提下才能够进行，因此，被宣告缓刑的犯罪人不具备获得减刑的前提条件，依法不能够获得减刑，也就不能缩短缓刑考验期。对此问题我国早有学者论及，[①] 在《刑法》修订过程中也有学者提出了对缓刑人的减刑在《刑法》中作出明确规定的主张，[②] 但未引起立法者的注意，以致对缓刑人缩短或延长缓刑考验期仍然于法无据，这是在完善缓刑制度时应当解决的一个问题。

（二）我国刑法关于缓刑考验期的最短期限的规定及评析

各国对缓刑考验期最短期限的规定差别很大，我国《刑法》规定的是 2 个

① 参见李文燕：《我国缓刑制度的理论与实践》，载杨敦先主编：《刑法运用问题探讨》，法律出版社 1992 年版，第 124 ~ 125 页。

② 参见陈兴良著：《刑法疏议》，中国人民公安大学出版社 1997 年版，第 178 页。

月，其他国家或地区有的规定为6个月（如现行《俄罗斯联邦刑法典》），有的规定为1年（如现行《韩国刑法典》第62条对刑罚暂缓执行的考验期的规定），还有的国家规定为2年（如1996年《瑞士联邦刑法典》）。笔者认为，缓刑考验期的最短期限以1年为宜，理由是：（1）设置缓刑考验期的目的是考察犯罪人是否确实去恶从善，其人身危险性是否消除，如果缓刑考验期过短，容易导致还没有来得及检验被判刑人是否已经改过自新、消除了人身危险性，缓刑考验期便已满的局面出现，从而难以达到设置缓刑考验期的目的。（2）如果将缓刑考验期的最低期限规定得过长，对于那些所犯罪行很轻的被判刑人而言未免过于严苛，不但没有必要，还容易使被判刑人因感觉受到不适当的处遇而产生抵触情绪，从而影响缓刑的效果。（3）在1年的时间里，经过春夏秋冬四个不同季节的考察，已经能够基本看清被判刑人的心理状态和行为动向，从而大致推知他是否已经去恶从善。犯罪学实证研究表明，在不同季节，潜在的犯罪人可能实施的犯罪类型是不同的，如在夏季针对女性而实施性侵害的犯罪较多，而在冬季实施侵犯财产利益的犯罪较多。同时，犯罪心理学研究成果表明，天气对人的情绪以及犯意的产生也有影响，如恶劣的气候可能导致人的情绪焦躁，从而容易引发暴力犯罪。自然界只有春夏秋冬四个季节，如果犯罪人经历过这四个不同季节而无违法犯罪或者违反缓刑考验期间应当遵守之规定的情形，则基本可以说明在其他客观条件相对稳定的情况下，犯罪人确已去恶从善，不会再危害社会。可见，以1年作为缓刑考验期的最低期限应当较为合适。

四、司法实践中如何确定缓刑考验期

虽然《刑法》规定了缓刑考验期的上限和下限，但在司法实践中，在如何确定缓刑考验期的具体期限上却显得较为混乱，如有的规定判处有期徒刑2年，缓刑2年；有的规定判处有期徒刑1年，缓刑也是2年；甚至有的规定判处有期徒刑2年，缓刑4年，让人感觉缓刑考验期的规定随意性很大。那么，对缓刑考验期究竟应当如何确定呢？笔者认为，解决这一问题应当从以下几方面着手：

（一）确定缓刑考验期首先应当参照被判处刑罚的轻重

根据罪责刑相适应原则，被判处刑罚的轻重与犯罪行为所造成的客观危害、犯罪人的主观恶性及其人身危险性相关，其中，所造成的客观危害和犯罪人的主观恶性起主要作用，人身危险性仅起次要作用。因此，刑罚的轻重主要是对犯罪行为所造成的客观危害和犯罪人的主观恶性综合考虑的结果，犯罪人被判处的刑罚越重，说明其犯罪行为所造成的客观危害越严重或者其主观恶性越深，亦即其罪行越严重，相应地规定较长的缓刑考验期以确认其是否确已改过自新是必要的。同时，由于缓刑考验期限内犯罪人必须遵守监管规定，其人身自由受到一定限制，与普通人的境遇有所不同，因而仍具有一定的惩罚性，对所受刑罚处罚较重的犯罪人规定较长的考验期，从公正性的角度来说也是应当的。因此，所判处的刑罚越重，对其设置的缓刑考验期就应当越长。

（二）确定缓刑考验期最主要的应当参照犯罪人可能存在的人身危险性

如前所述，设置缓刑考验期的目的是为了检验犯罪人是否确实已经改过自新，不会再危害社会，因此，在确定考验期的长短时，最主要的依据应当是犯罪人可能存在的人身危险性。这里似乎存在一个悖论，即一方面宣告缓刑是以犯罪人确实不致再危害社会为前提，这表明犯罪人已经没有人身危险性；另一方面却说必须以犯罪人可能存在的人身危险性为确定缓刑考验期长短的主要依据。其实这两方面并不矛盾，只不过前后两个人身危险性的含义有所不同而已。前者是经《刑法修正案（八）》第 11 条修正后的《刑法》第 72 条第 1 款规定中所谓没有再犯罪的危险，亦即犯罪人没有人身危险性，是法官根据各种因素得出的一种主观认识，它的真实含义是法官根据犯罪情节和犯罪人的悔罪表现，认为犯罪人已经没有再犯罪的危险，因而这里的人身危险性是指法官主观认识中的人身危险性。显然，法官只有在认为犯罪人已经没有再犯罪的危险，亦即没有人身危险性的情况下，才会对犯罪人宣告缓刑。后者则是确定缓刑考验期长短的犯罪人可能存在的再犯罪的危险，即客观上犯罪人可能存在的人身危险性。显然，谁也不能保证他的主观判断与客观实际情况是完全相符合的，否则便无须规定缓刑考验期了。因此，在认定犯罪人已经没有人身危险性的情况下，仍然必须考虑犯罪人客观上可能具有的人身危险性，并据此规定缓刑考验期的长短。例如，甲构成盗窃罪，乙构成故意伤害罪，两人都是初犯，主观恶性都不深，并且都真诚悔罪，犯罪情节也都较轻，显然对两人都可以宣告缓刑，亦即主观上可以认为两人都没有再犯罪的危险了，但谁能保证两人客观上不会再危害社会了呢？显然不可能，因而有必要规定一个考验期，这个考验期的长短则主要应当根据各种体现犯罪人人身危险性的因素来确定。例如，在前面的案例中，甲、乙虽然都是故意犯罪，但犯罪性质并不相同，如果统计数据表明，盗窃罪的再犯几率要大大高于故意伤害罪，那么，在两人被判处相同刑罚的情况下，对甲的缓刑考验期应当长于乙。

确定缓刑考验期的其他应当考虑的因素，可以参考有关缓刑适用实质条件。例如，犯罪情节相对较恶劣的，缓刑考验期应当较长；悔罪表现越真诚、越彻底的，缓刑考验期应当越短。但是，最重要的还是要参考影响再犯可能性的各项指标，如犯罪性质、生活环境、个人性格等。

（三）缓刑考验期限短于原判刑期是否合适

我国《刑法》第 73 条明确规定，缓刑考验期必须在原判刑期以上，在此基础上，被判处的刑罚越重，所犯罪行性质越容易再犯，设置的缓刑考验期就应当越长。但是，有的国家刑法规定缓刑考验期限既可以等于或者超过原判刑期，也可以短于原判刑期。例如，现行《俄罗斯联邦刑法典》第73条第3款规定，在判处1年以下剥夺自由或更轻的刑种时，考验期不得少于6个月，不得超过3年，而在判处超过1年的自由刑时，考验期不得少于6个月，不得超过5年。根据该款规定，缓刑考验期限可以短于原判刑期，这是否合适呢？笔者认为，这并不合适，理由有二：其一，如前所述，这样规定从对罪行重的犯罪人应当给予更严格的考验的角度和公正性的角度看都有所欠缺。其二，如果事实表明犯罪人真的没有人身危险性了，可以通过今后在考验过程中缩短其考验期予以鼓励，而无须通过这种有欠公正合理的方式来做到。

第二节　缓刑人义务的设定

所谓缓刑人义务，是指法院根据法律对被宣告缓刑的犯罪人设定其在缓刑考验期间应当遵守的事项以及应当履行的义务。

一、缓刑人义务设定的域外考察

行为人是否履行缓刑义务，是判断其是否真诚悔罪，是否有再犯罪危险的标准之一。因此，应当设置科学合理的缓刑。对此，各国刑法的规定存在很大差别，在一些缓刑制度较为完善的国家，缓刑人的义务主要有以下两方面内容：

（一）缓刑负担

所谓缓刑负担，是指给缓刑人规定的类似于刑事制裁的义务，其目的是对已经实施的违法行为实现补偿任务，这些义务的规定能够避免违法行为没有给缓刑人任何可感知的痛苦后果。①

1. 各国刑法关于缓刑负担之规定的主要事项

关于缓刑负担的规定较为详细的是现行《德国刑法典》，其他国家的规定与之大致相同，只不过没有单独规定出来，而是与缓刑人应当遵守的义务规定在一起。根据现行《德国刑法典》第56条b的规定，缓刑负担主要包括以下事项：

（1）缓刑负担的主要内容。根据现行《德国刑法典》第56条b第2款的规定，法院可以使被判决人承担的负担主要有：①尽力补偿由其行为所造成的损害。至于补偿的额度，通常认为不得超过民法上的赔偿请求（包括精神损害赔偿），如果损害赔偿被认为不足以赎罪，法院可以根据第56条b第2款第1句第

① 参见［德］汉斯·海因里希·耶赛克、托马斯·魏根特著，徐久生译：《德国刑法教科书》（总论），中国法制出版社2001年版，第1007页。

2 项至第 4 项的规定，对行为人规定其他义务。②根据行为人的行为和人格性，为有利于公益设施支付钱款。③提供其他公益性服务。对此，有人提出了质疑，认为该规定缺乏起码的确定性，并且违反了禁止强制劳动的规定。但这两种非议都被德国宪法法院驳回，其只是强调就严厉程度而言，支付义务不得与刑罚相同。有学者认为，那些与行为人实施的犯罪行为有关的义务（如在道路交通中过失犯罪以后，在医院从事公益劳动）是很有意义的。④为有利于国库支付钱款。这种情况非常类似于交纳罚金。这就产生了一个问题，即支付钱款的数额是否按照与罚金刑相同的原则来量定？答案是否定的，但必须遵守一点，即支付的钱款不能超过不法行为人应当承担的责任的程度。[①]

上述缓刑负担在其他国家的刑法中也作了部分或者全部规定。例如，现行《加拿大刑法典》第 737 条第 2 项规定，“下列条件应当视为在缓刑令中已作出规定：……（e）赔偿或补偿被侵害人或受伤害人因犯罪行为遭受的实际损失或损害”。现行《法国刑法典》第 132－45 条规定，“作出判决的法院或执行推事得特别规定被判刑人犯遵守下列一项或几项义务：……5．根据其承担义务之能力，赔偿全部或部分因其犯罪造成的损害；6．证明其按承担义务之能力向国库支付了因其被判刑应当支付的款项”。该法典第 132－54 条第 1 款同时规定，法院得依第 132－40 条及第 132－41 条规定的条件与方式，[②] 规定被判刑人犯为公法法人之利益或有资格实施公共利益劳动之协会的利益，从事 40 小时至 240 小时的公共利益劳动。

（2）规定缓刑负担时应当受到的限制。缓刑负担并非在任何情况下都应当对缓刑人设置。根据现行《德国刑法典》第 56 条 b 第 1 项以及第 56 条 b 第 2 项第 2 句的规定，对缓刑人规定缓刑负担时，应当遵守以下规定：第一，不允许给被判决人规定不可期待的要求。只有在负担的履行不妨碍损害的补偿时，法院才应该宣布第 2 项至第 4 项所规定的负担。第二，如果被判决人自愿承担为弥补已经实施的不法行为所需要的适当服务，而该自愿承担的履行又是被期待的，那么，法院通常暂时免除其负担。如果行为人不履行其允诺的自愿承担，法院可于事后规定相应的义务。现行《法国刑法典》在第 132－45 条规定犯罪人的赔偿损害以及向国库支付款项的义务时，实际上已经对可以规定这些缓刑负担的条件作出了限制，即必须根据其承担义务之能力来规定负担，与现行《德国刑法典》对缓刑负担的限制大体相同。另外，有学者认为，在设置缓刑负担时，还应当受到以下两方面的限制：第一，负担之设定应能提供受缓刑之宣告者对其所为之不法

① 参见［德］汉斯·海因里希·耶赛克、托马斯·魏根特著，徐久生译：《德国刑法教科书》（总论），中国法制出版社 2001 年版，第 1008～1009 页。

② 即关于缓刑的条件和方式。——作者注

有一个赎罪的可能性，因此法官不得设置与此目的相反的负担。第二，设定负担应当顾及相当性原则，即所设定于受缓刑宣告者的负担，在其种类与数量上应与犯行之刑事责任相当。①

2. 对设定缓刑负担之价值的论证

笔者认为，对缓刑人设定缓刑负担有其重要价值，这主要表现在以下两个方面：

（1）可以在一定程度上使自由刑缓刑与罪刑相当原则保持协调。由于缓刑适用的法律后果是使原判刑罚归于消灭，因此，如果不给自由刑缓刑人设置一些其他的制裁性义务，犯罪人在犯罪后便可能实际上不承担任何法律后果，这显然与罪刑相当原则严重冲突，并且与其他刑罚措施不协调。例如，如果不对自由刑缓刑人设置一些制裁性义务，其待遇便比因犯较轻之罪而被判处罚金刑实刑的犯罪人的更好，这显然是不合理的。对缓刑人规定一定的制裁性义务，可以部分分担犯罪人的责任，从而在实质上与罪刑相当原则保持协调。

（2）可以作为检验缓刑人是否真诚悔罪的手段。缓刑人要使其所受之刑罚宣告不实际执行，应当有具体行动证明其确实想改过自新。在缓刑人有能力的条件下，给其规定应当履行一定的制裁性义务，实际上又是一种检验其是否真诚悔罪的手段，如果缓刑人有能力对因自己的犯罪行为而造成的损害进行补救却拒绝这么做，就表明其并无真诚悔罪的心理，这时便没有理由相信他不会再实施危害行为，因而不宜对其再适用缓刑。②

因此，德法等国关于缓刑负担的规定可以作为我国完善缓刑制度时借鉴的内容。值得注意的是，刑法在设置缓刑负担时，必须明确、具体，避免法官随意给缓刑人规定不合理的负担。

（二）缓刑指示

所谓缓刑指示，是指为了防止缓刑人将来继续实施犯罪而规定的其必须遵守的某些事项。缓刑指示与缓刑负担的区别在于，缓刑负担带有刑事制裁性属性，而缓刑指示则仅仅是为了帮助缓刑人更好地改过自新，而没有制裁的成分在内。

1. 各国刑法关于缓刑指示之规定的主要事项

综观各国刑法关于缓刑指示的规定，主要包括以下事项：

（1）缓刑指示的主要内容。各国刑法所列举的缓刑指示的内容主要有以下诸项：①遵守法律与居住、进修、工作、自由时间或者经济关系秩序相联系的规定。②行为善良。③按法庭要求出庭。④不离开负责缓刑人改造工作的专门国家

---

① 参见林山田著：《刑罚学》（修订版），（台湾）商务印书馆 1992 年版，第 217 页。

② 关于设定缓刑负担的主要理由，可以参见林山田著：《刑罚学》（修订版），（台湾）商务印书馆 1992 年版，第 216 页。

机关的管辖区，向负责缓刑人改造工作的专门国家机关或者人员（如法院、缓刑官或法院指定的其他人）报告住址、职业、住宅的变化或工作、学习的地点，以及其他有助于对其生活状况及履行义务进行监督的情况或材料。⑤进入醒酒、戒毒、戒除药癖或治疗性病的机构进行治疗，或者接受与身体性攻击相联系的治疗处分或者戒除治疗。⑥扶养配偶或其他有责任扶养的人。⑦在确定的时间向负责缓刑人改造工作的专门国家机关或者人员报告并接受监督，服从召见。⑧不拥有、持有或携带武器，不占有、携带或者保管会给其提供继续犯罪的机会或者诱惑的确定的物品。⑨尽力就业。⑩不与会给其提供继续犯罪的机会或者诱惑的确定的人或者确定团体的人交往，不给他们以工作、培训或者提供住处；不与某些被判刑的人来往，尤其不同罪犯或共犯来往；不同特定人员进行联系，尤其不与犯罪之受害人进行联系。⑪居住于适当的教养院或者适当的设施（此时必须获得被判决人的同意）。⑫接受考验监督人员来访。⑬前往国外，应事先得到缓刑监管人员的批准；如其改变工作或居所有碍其履行义务，也应事先得到缓刑监管人员的批准。⑭从事一项职业活动，或者参加职业教育或职业培训。⑮不驾驶按交通法规规定的驾驶执照种类确定的特定车辆。⑯不从事在进行该职业活动中或进行该职业活动时实施了犯罪的那种职业活动。⑰不在专门指定的任何地点出现。⑱不参与赌博，尤其是不参与赛马赌博。⑲不出入零售酒馆。

除了对缓刑指示作出明确的列举之外，各国刑法一般还同时对缓刑指示作出了概括性规定。例如，现行《加拿大刑法典》第737条第2项在列举了7项缓刑人应当遵守的规定后，在第8项规定，被告人还应当遵守法庭认为保证被告人行为善良、不再犯同类罪或其他罪所需要的其他适当条件。现行《德国刑法典》第56条c则先笼统规定了在被判决人为了不再实施犯罪行为需要的情况下，法院应当对他宣布考验时间期限内的指示，然后再专门列举几种特别的指示。因此，法院原则上可以自由地就行为人的生活作出对其特殊预防实属必要的指示。

各国刑法关于缓刑指示的规定之所以采取列举式和概括式相结合的办法，其原因是：缓刑指示是为了防止缓刑人再犯罪，而每个缓刑人的具体情况不一样，可能导致其再次犯罪的潜在原因相应地也不一样，因而其应当注意和遵守的事项也不一样。刑法不可能穷尽形形色色的缓刑人在缓刑期间各自应当注意和遵守的事项，只能采取概括式的规定。同时，有些事项又是所有缓刑人在缓刑考验期间都应当遵守的，对这些事项则可以明确加以列举。

（2）对设置缓刑指示的限制。在设置缓刑指示时，一些国家的刑法还规定了不应当或者可以免除指示的情形，这些情形主要有：①不得给被判决人设置不可期待的指示，亦即缓刑指示不能对缓刑人的生活方式作过分的要求。例如，现行《德国刑法典》第56条c第1款规定，法院给被判决人宣布考验时间期限内的指示，如果其为了不再实施犯罪行为需要这种帮助。此时不允许给被判决人的生活指导规定不可期待的要求。②被判刑人作出了某些承诺时，可以免除指示。例如，现行《德国刑法典》第56条c第4款规定，当被判决人对其未来的生活指导作出相应的承诺，而这种承诺的遵守是被期待的，法院通常暂时免除指示。另外，有学者认为，缓刑指示还应当受到以下两方面的限制：第一，缓刑指示应当与缓刑目的相一致，发布的指示应能作为缓刑人再社会化的手段。第二，缓刑指示应当顾及相当性原则。对于情节轻微的犯罪者，不应发布严重侵害其生活方式的指令。①

2. 对设置缓刑指示之必要性的论证

笔者认为，设置缓刑指示对于促使缓刑人改过自新，防止其重新犯罪，从而实现缓刑目的，具有重要的意义，这主要表现在：

（1）设置缓刑指示可以使缓刑人在改过自新时有可以努力的方向。缓刑指示通常是在对犯罪人的个人情况进行考察之后，针对可能导致其再次犯罪的因素而采取的预防性措施，这些措施的分布，使得缓刑人明确了解在日常生活中应当注意哪些事项，不能从事哪些活动，从而有了明确的努力方向，有利于其改过自新。

（2）设置缓刑指示可以使缓刑监管工作做到有的放矢。缓刑监督考察工作是一项十分复杂、难度很大的工作，其中一个重要的原因就是缓刑监督考察的对象十分复杂，每个缓刑人犯罪的原因和容易导致其再次犯罪的因素各不相同，要想准确把握其思想动态十分不易。发布缓刑指示则是做好缓刑工作的重要一环。这是因为缓刑指示一般是在对缓刑人的犯罪原因、性格特征、生活环境等对其改过自新有重要影响的因素进行分析后，有针对性地发布的，这些指示都是围绕防止缓刑人再犯罪这一目的来发布的，因此，只要这些指示适当，缓刑监督考察人员只需按照这些指示去监督指导缓刑人的活动，就能够取得良好的效果，从而避免了缓刑工作中无的放矢，既劳民伤财，效果又差的不利局面。

（3）设置缓刑指示可以使缓刑考察机关在判断缓刑人是否已经改过自新时有明确的标准可供参照。判断缓刑人是否已经改过自新必须有一定的考察内容和标准，如果只是泛泛地要求缓刑人必须遵守法律法规，不得从事违法犯罪活动，很难准确判断缓刑人是否已经改过自新，只有对其规定一些具体的必须遵守的事项和必须履行的义务，才能够通过对其是否做到了这些事项的检查，确定其是否已经告别或远离了那些容易导致其犯罪的恶习、人员、场所，融入了正常社会，不会再次坠入犯罪深渊。

① 参见林山田著：《刑罚学》（修订版），（台湾）商务印书馆1992年版，第219页。

二、我国对缓刑人义务的规定

我国《刑法》规定的缓刑人义务属于缓刑指示而非缓刑负担。这些缓刑指示包括两个部分：一是 1997 年《刑法》规定的缓刑人应当遵守的规定；二是《刑法修正案（八）》第 11 条第 2 款规定的禁止令。

（一）1997 年《刑法》规定的缓刑指示

1997 年《刑法》第 75 条对缓刑人规定了 4 项缓刑指示：（1）遵守法律、行政法规，服从监督；（2）按照考察机关的规定报告自己的活动情况；（3）遵守考察机关关于会客的规定；（4）离开所居住的市、县或者迁居，应当报经考察机关批准。这四项《刑法》规定的缓刑人应当遵守的基本义务，适用于任何一个缓刑人。

在司法实践中，有的地方除了要求缓刑犯要遵守上述规定，还给他们设置了具体的缓刑指示。例如，2001 年 5 月，北京市房山区人民法院、房山区人民检察院、北京市公安局房山分局联合制定了《关于被判处缓刑管制人员考察管理工作实施办法》，该办法要求缓刑犯每月必须保证不低于 8 小时的集中学习或公益劳动，每个季度必须持考察表到法院汇报自己的思想和表现情况。对判处缓刑的未成年犯安排与成年犯不同的公益活动内容，要求他们积极从事力所能及的公益活动，培养乐于助人的好品德，每半年做两件好人好事，如打扫公共楼道卫生、清除公共场所小广告、帮助孤寡老人做家务、护送老人小孩过马路等。房山区人民法院的做法体现了以人为本的关怀精神，对教育、挽救、改造未成年人产生了很好的作用。[①]

（二）关于对缓刑人适用禁止令的缓刑指示

为了贯彻实施《刑法修正案（八）》第 11 条第 2 款对缓刑人的禁止性规定，最高人民法院、最高人民检察院、公安部、司法部于 2011 年 4 月 28 日联合印发了《关于对判处管制、宣告缓刑的犯罪分子适用禁止令有关问题的规定（试行）》（以下简称《规定》）。《规定》对禁止令的适用目的、适用对象以及具体内容作出了尝试性规定。

1. 禁止令的适用目的

根据《规定》，禁止令的适用目的是促进对犯罪分子的教育矫正、有效维护社会秩序。《规定》第 1 条规定，对宣告缓刑的犯罪分子，人民法院根据犯罪情况，认为从促进犯罪分子教育矫正、有效维护社会秩序的需要出发，确有必要禁

---

① 张景义：《人民法院参与综治的有益探索——关于房山法院对缓刑管制人员实施监管办法的调查》，载《人民法院报》2002 年 10 月 17 日。

止其在缓刑考验期限内从事特定活动，进入特定区域、场所，接触特定人的，可以根据《刑法》第72条第2款的规定，同时宣告禁止令。需要明确的是，并不是对所有缓刑人都需要适用禁止令，也不是对缓刑人适用禁止令越多越好。相反，适用禁止令以确有必要为前提。这是因为一旦适用禁止令，就意味着剥夺了缓刑人的部分权利，就缓刑人本人而言，具有负面价值。因此，如果对缓刑人不适用禁止令既不会妨碍对其教育矫正，也不会危及社会秩序时，从保障人权的角度看，就不宜适用禁止令。

2. 禁止令的适用根据

那么，如何判断是否需要对缓刑人适用禁止令，亦即根据哪些因素来判断是否需要适用禁止令呢？对此，《规定》第2条予以了明确。根据该条规定，人民法院判断对缓刑人是否适用禁止令的根据主要有以下几个方面：（1）犯罪原因；（2）犯罪性质；（3）犯罪手段；（4）犯罪后的悔罪表现；（5）个人一贯表现。例如，犯罪分子是因为常进酒吧酗酒闹事而犯罪，且自控能力较差，则需要考虑在缓刑考验期限内禁止其进入酒吧。又如，犯罪分子是因为担任公司会计而犯罪，且此前屡次实施有关违法行为，则需要考虑在缓刑考验期限内禁止从事会计业务。

3. 禁止令的内容

总体而言，禁止令的内容主要包括三个方面的内容：

（1）禁止从事特定活动。根据《规定》第3条，人民法院可以根据犯罪情况，禁止宣告缓刑的犯罪分子在缓刑考验期限内从事以下一项或者几项活动：①个人为进行违法犯罪活动而设立公司、企业、事业单位或者在设立公司、企业、事业单位后以实施犯罪为主要活动的，禁止设立公司、企业、事业单位；②实施证券犯罪、贷款犯罪、票据犯罪、信用卡犯罪等金融犯罪的，禁止从事证券交易、申领贷款、使用票据或者申领、使用信用卡等金融活动；③利用从事特定生产经营活动实施犯罪的，禁止从事相关生产经营活动；④附带民事赔偿义务未履行完毕，违法所得未追缴、退赔到位，或者罚金尚未足额缴纳的，禁止从事高消费活动；⑤其他确有必要禁止从事的活动。

（2）禁止进入特定区域、场所。根据《规定》第4条，人民法院可以根据犯罪情况，禁止宣告缓刑的犯罪分子在缓刑考验期限内进入以下一类或者几类区域、场所：①禁止进入夜总会、酒吧、迪厅、网吧等娱乐场所；②未经执行机关批准，禁止进入举办大型群众性活动的场所；③禁止进入中小学校区、幼儿园园区及周边地区，确因本人就学、居住等原因，经执行机关批准的除外；④其他确有必要禁止进入的区域、场所。

（3）禁止接触特定人。根据《规定》第5条，人民法院可以根据犯罪情况，禁止宣告缓刑的犯罪分子在缓刑考验期限内接触以下一类或者几类人员：①未经对方同意，禁止接触被害人及其法定代理人、近亲属；②未经对方同意，禁止接触证人及其法定代理人、近亲属；③未经对方同意，禁止接触控告人、批评人、举报人及其法定代理人、近亲属；④禁止接触同案犯；⑤禁止接触其他可能遭受其侵害、滋扰的人或者可能诱发其再次危害社会的人。

至于是禁止其中的一项还是多项，则需要充分考虑与犯罪分子所犯罪行的关联程度，有针对性地来决定。犯罪分子必须严格遵守对其适用的禁止令，如有违反，情节严重的，应当撤销缓刑，执行原判刑罚。

虽然对缓刑人适用禁止令的规定是《刑法修正案（八）》予以明确和系统化的，但实际上，在1997年《刑法》修订之前，就已经有类似的缓刑指示。例如，早在1986年11月8日，最高人民法院、最高人民检察院、公安部、劳动人事部发布的《关于被判处管制、剥夺政治权利和宣告缓刑、假释的犯罪分子能否外出经商等问题的通知》中就已经规定，对宣告缓刑的犯罪分子，不能担任国营或集体企事业单位的领导职务，如外出经商，需事先经公安机关允许。这也就是说，禁止缓刑人担任国营或集体企事业单位的领导，而在通常情况下，也禁止缓刑人外出经商。又如，最高人民检察院1991年9月25日发布的《关于被判处管制、剥夺政治权利和宣告缓刑、假释的犯罪分子能否担任中外合资、合作经营企业领导职务问题的答复》中规定，《关于被判处管制、剥夺政治权利和宣告缓刑、假释的犯罪分子能否外出经商等问题的通知》第3条中的不能担任领导职务的原则，可适用于中外合资、中外合作企业（包括我方与港、澳、台客商合资、合作企业）。这也就是说，禁止缓刑人担任中外合资、中外合作企业的领导职务。再如，最高人民检察院1997年1月20日颁布的《关于被判处徒刑宣告缓刑仍留原单位工作的罪犯在缓刑考验期内能否调动工作的批复》规定，被判处徒刑宣告缓刑仍留原单位工作的罪犯，在缓刑考验期内一般不得调动工作。

第三节　负责缓刑考察的机构和人员

缓刑能否达到预期目标，在很大程度上取决于缓刑监督考察机构和人员的工作是否尽力和有效，因此，缓刑考察机构和人员的设置在缓刑考察制度中具有重要地位。由于各国司法体制和缓刑制度存在很大差别，因而在负责缓刑考察的机构和人员的设置上也各不相同。我国的缓刑考察机构也经历了由公安机关向社区矫正机构的转变。

一、负责缓刑考察的机构和人员的域外考察

（一）法院及其指定的人员

这是目前大多数国家在刑法中确定的负责缓刑考察工作的机构和人员。负责

缓刑考察工作的法院多数是原审法院，有的国家规定也可以是被告人居住地初审法院。[①] 法院指定的负责缓刑监督考察的人员被称为缓刑官或者缓刑帮助者，这类人员既可以是专职的，也可以是兼职的。其主要职责是：第一，与法院一道监督缓刑人履行其在缓刑考验期间应当履行的义务。第二，向法院报告缓刑人的表现。第三，帮助缓刑人解决遇到的困难。例如，现行《德国刑法典》第 56 条 d 第 1 款规定，法院在考验时间的全部期限或者部分期限之内将被判决人置于考验帮助者的监督和管理之下，防止其犯罪。该条第 3 款规定，考验帮助者照料和帮助被判决人。他与法院一道监督负担和指示以及自愿承担和承诺的履行。他定期报告由法院所确定的被判决人的生活指导。向法院通告负担、指示、自愿承担或者承诺的严重或者持续的违反。该条第 4 款规定，考验帮助者由法院指定，法院可以就考验帮助者的活动根据第 3 款作出指示。该条第 5 款规定，考验帮助者专任公职地或者名誉公职地进行活动。

（二）其他非专门机构或者法院负责刑罚执行的法官

在一些国家的刑法或者刑事诉讼法中，规定负责缓刑考察工作的机构为法院之外的其他机构。例如，根据《日本刑事诉讼法》第 349 条的规定[②]，缓刑考察工作由名为保护观察所的行政机构[③]负责。另一些国家的法律则规定缓刑的监督考察工作由专门负责刑罚执行的法官担任。例如，《法国刑事诉讼法》第 739 条规定，当附考验期限的缓刑决定作出后，缓刑人惯常居住地区的刑罚执行法官[④]有权予以监督管理。如果缓刑人在法国无惯常居住地，则由缓刑人所在地区的刑罚执行法官予以监督管理。

（三）专门负责缓刑监督考察工作的机构和人员

这类专门机构和人员的存在是缓刑制度不断发展完善的结果。随着缓刑理论和实践不断深入并走向成熟，被宣告缓刑的犯罪人的比例在许多国家都维持在较

---

① 参见张文学等编著：《中国缓刑制度理论与实务》，人民法院出版社 1995 年版，第 144～145 页。

② 现行《日本刑事诉讼法》第 349 条第 2 项规定，依照《日本刑法典》第 26 条之二第 2 款的规定应予撤销缓刑宣告时，检察官撤销缓刑的请求应当根据保护观察所所长的申请而提出（参见宋英辉译：《日本刑事诉讼法》，中国政法大学出版社 2000 年版，第 79 页）。这说明，在日本保护观察所才是缓刑监督考察机构。

③ 现行《日本刑法典》第 25 条之二第 2 项规定，保护观察可以依据行政机关的决定暂行解除。这说明保护观察所在性质上属于行政机构。据有关资料介绍，日本的保护观察所是法务省的下属机构，专门负责对假释、缓刑、少年院出院人员进行监督改造（参见张文学等编著：《中国缓刑制度理论与实务》，人民法院出版社 1995 年版，第 145 页）。

④ 刑罚执行法官在法国是专门负责刑事判决执行的法官。现行《法国刑事诉讼法》第 709 条 1 规定，每一个大审法院应有一名或数名法官专门负责判决的执行。

高并且稳定的水平上，但缓刑人员在缓刑考验期限内被撤销缓刑的也占一定比例。例如，1970 年西德被宣告缓刑的人中，有 6862 人缓刑考验期满后免除了刑罚的执行，另有 6773 人则被撤销了缓刑，缓刑成功率只有 50% 左右。[①] 对缓刑人员进行有效的监督考察，以实现对缓刑人员的教育感化，提高缓刑的成功率，成为一个迫切需要解决的问题。实际情况表明，仅仅由法院指定的缓刑帮助者来负责缓刑监督考察工作的模式，已经不能适应繁重而复杂的缓刑考察工作的需要。为此，一些缓刑制度较为发达的国家设立了专门负责缓刑考察工作的机构和人员。例如，在英国以及其他许多欧洲国家设立了专门负责缓刑工作的缓刑局，而在英国还有由缓刑局派驻各地的缓刑官。[②]

需要指出的是，这类专门负责缓刑考察工作的机构和人员并不负责对缓刑人员是否应当撤销缓刑进行裁判，而只是负责有关如何教育挽救犯罪人以及对缓刑人员进行监管等方面的工作，有时也可以就是否应当对犯罪人撤销缓刑提出建议。以英国伦敦缓刑局对少年犯的监督工作为例，其职责主要是：第一，为法院，特别是为地方法院提供关于综合治理少年犯罪方面的信息。第二，对法庭经过判决作出的社区服务决定执行缓刑、社区监管等。第三，同社区进行协商，请求他们在社区对少年犯进行安置。第四，预防犯罪，减少对受害人的侵犯。第五，被监管的少年犯在释放前一年，写信告诉被害人实施犯罪行为的青少年要被释放。询问地方当局有没有意见，尤其是看被害人是否有意见。第六，为那些无人监管的孩子依法寻找监管人。此外，缓刑局还有两项重要职责：一是负责为特别需要法律援助的青少年对象和其他的特殊对象提供资助；二是为法院提出报告，以帮助法院在审理少年犯罪案件中保持公平、公正。[③]

二、我国缓刑监督考察机构和人员

(一) 1997 年《刑法》规定的缓刑监督考察机构和人员

1997 年《刑法》第 76 条规定，被宣告缓刑的犯罪分子，在缓刑考验期限内由公安机关考察，缓刑人所在单位或者基层组织予以配合。在缓刑考察工作的具体安排方面，最高人民法院于 1983 年 12 月 30 日在《关于人民法院审判严重刑事犯罪案件中具体应用法律的若干问题的答复（二）》第 38 条规定，对犯罪人的缓刑判决发生法律效力后，由公安机关将犯罪分子交所在单位或者基层组织予

① 参见林山田著：《刑罚学》（修订版），（台湾）商务印书馆 1992 年版，第 233 页。

② 参见王运生、严军兴著：《英国刑事司法与替刑制度》，中国法制出版社 1999 年版，第 169 页。

③ 参见王运生、严军兴著：《英国刑事司法与替刑制度》，中国法制出版社 1999 年版，第 85 ~ 86 页。

以考察。最高人民法院、最高人民检察院、公安部、司法部于1989年8月30日在《关于依法加强对管制、剥夺政治权利、缓刑、假释和暂予监外执行罪犯监督考察工作的通知》中规定，在工作中，县级公安机关可以指定监外罪犯（包括缓刑人）居住地的公安派出所、驻乡人民警察或者罪犯所在单位、基层组织，作为具体负责监督考察的执行单位。由此可见，虽然在《刑法》中我国的缓刑监督考察机构是公安机关，在实践中具体负责对缓刑人进行监督考察的却包括公安派出所驻乡人民警察、罪犯所在单位、基层组织。这些机构和人员既不是专门负责缓刑考察的机关，也不是专门负责缓刑考察的人员。

（二）《刑法修正案（八）》规定的缓刑监督考察机构和人员组成

《刑法修正案（八）》对缓刑监督考察机构作了重大调整。该修正案第13条规定，对宣告缓刑的犯罪分子，在缓刑考验期限内，依法实行社区矫正。据此，我国的缓刑监督考察机构由公安机关变更为被宣告缓刑者居住生活社区的矫正机构和组织，缓刑监督考察工作纳入了社区矫正的大框架之中。

2003年7月10日，最高人民法院、最高人民检察院、公安部、司法部发布了《关于开展社区矫正试点工作的通知》，该通知规定，社区矫正由司法行政机关牵头组织有关单位和社区基层组织开展，并会同公安机关对社区服刑人员进行监督考察，组织协调对社区服刑人员的教育改造和帮助工作。由街道、乡镇司法所具体承担社区矫正的日常管理工作。根据上述规定，社区矫正的主体亦即执行机构是由多个机构和组织所组成，其中的牵头单位是司法行政机关，至于是不是专门机构，并不明确。

不过，随着社区矫正实践活动的全面展开，社区矫正的执行机构已经事实上日趋专门化。据统计，截至2010年年底，司法部已经设立了社区矫正管理局，全国已有24个省、自治区、直辖市的司法厅（局）、189个地（市）司法局和1135个县（区、市）司法局经批准设立了社区矫正工作机构，共有26762个司法所开展社区矫正工作。各地普遍建立了以司法所工作人员为主、社会工作者和社会志愿者积极协助的专群结合的工作队伍，建立了接收、监管、教育、解除矫正等制度，形成了较为规范的工作制度和流程，社区矫正工作体系和保障机制基本形成。北京、上海、江苏、内蒙古等13个省、区、市已经在全辖区开展社区矫正工作。[①] 按照这样的发展趋势，负责缓刑考察的机构将逐渐专门化。

三、关于缓刑考察模式的构想

现有的各种缓刑考察模式主要在三方面存在差别：一是缓刑监督考察工作是

① 参见崔清新：《我国社区矫正工作体制机制逐步完善》，载新华网2011年2月21日。

由个人来负责还是应当由机构来负责。例如，《法国刑事诉讼法》规定的缓刑考察机构和人员设置，实际上是以个人名义，即以法院的刑罚执行法官的名义来开展缓刑监督考察工作,[①] 其他的则是由机构和个人相结合。二是缓刑监督考察工作是由法院来负责还是由法院之外的其他机构来负责。一种模式是法院负责对缓刑人的监督考察工作，另一种模式是由法院之外的其他机构来负责。三是缓刑监督考察是由专门机构来负责还是由相关职能部门来负责。对这三方面的问题，笔者主张以下观点：

（一）缓刑监督考察工作应当由缓刑工作人员以机构的名义进行

这是因为缓刑监督考察工作是刑事司法工作范畴内的事务，是由国家司法权派生出来的一项工作，理应以国家机构的名义来实施。如果以个人名义来实施，一方面容易导致对缓刑监督考察权来源的理解产生混乱，另一方面容易使人对这一工作的公正性产生怀疑，从而影响缓刑监督考察工作的效果。因此，笔者认为，类似法国那种以刑罚执行官或者其他个人的名义负责缓刑监督考察工作的办法有欠妥当。较可取的办法应当是由负责缓刑监督考察工作的人员以国家机构的名义开展工作。

（二）缓刑监督考察工作应当由政府部门来负责

如前所述，目前负责缓刑监督考察工作的机构分为法院和政府部门两种模式。而在美国这种联邦制国家，则两种模式都有，即在有的州是由政府部门负责，在有的州则是由法院负责。赞成由政府部门负责缓刑监督考察工作的人认为，将缓刑列入法院的系统，不利于有效地开展这一为缓刑人服务的工作。为了提高服务质量，应当依靠专业的公共管理机构。赞成由法院来负责缓刑监督管理工作的人认为，法院对缓刑有更多的责任。在缓刑的全过程中，法院能对缓刑工作人员进行指导并随时采取及时的行动，而且，法官往往更相信自己的工作人员的情况报告。[②]

笔者认为，从法治的要求和提高缓刑监督考察工作的质量两方面来看，将缓刑考察机构设置在政府部门内较为合适。其理由是：

（1）由法院负责缓刑监督考察工作有违控审分离的法治基本要求。对缓刑

---

① 这表现在，《法国刑事诉讼法》第739条第3款规定："当刑罚执行法官作出决定要求缓刑人遵守特别的规定履行一项特定的义务时，应立即予以执行。但缓刑人在接到决定后1个月内也可以要求大审法院进行审理以确定其效力。大审法院可以宣布刑罚执行法官的决定有效或者令其撤回或进行修改。"既然大审法院是针对刑罚执行法官个人的决定进行裁判，缓刑监督考察工作当然也就是以其个人的名义而不是以法院的名义进行。

② 参见刘强编著：《美国刑事执法的理论与实践》，法律出版社2000年版，第206～207页。

的撤销过程是一个对有关应当撤销缓刑的事实和证据进行审查认定的过程，而要求撤销缓刑则是一项对被宣告缓刑的犯罪人再次进行追诉的活动。根据现代法治的基本要求，对犯罪嫌疑人或者其他违法者的指控和裁判不能由同一机构包办，而如果由法院负责对缓刑人的监督考察工作，意味着既由法院来负责提供撤销缓刑的证据、提出撤销缓刑的指控，又由法院来负责裁判是否撤销缓刑，这显然有违现代法治的基本要求，从程序角度看难以保证缓刑监督考察和撤销缓刑活动的公正性和合理性。

（2）对缓刑人的监督管理工作从内容上看属于社会管理工作的范围，本应由政府部门来负责。法院的职责在于对各类案件裁判和交付执行，对犯罪人的管理活动并非其分内之事，而政府的职责则正是管理好社会各项公共事务。对缓刑人进行监督考察，帮助他们重返社会，以维护社会秩序，无疑属于社会公共事务的管理活动，因此，从职责分工上看，应当将缓刑监督考察工作纳入政府事务之内。

（3）将缓刑监督考察工作置于政府部门之内，有助于该项工作的正常有效开展。缓刑监督考察工作是一项需要投入大量人力、物力、财力的社会服务性工作，它需要有相应的财政支持。将缓刑监督考察工作置于政府部门之下，显然有利于该项工作获得财政支持。同时，缓刑人的改恶迁善，除了有效的监督考察工作外，缓刑人本身有一个适于其生存和改造的外部环境也是十分重要的。这种外部环境包括给缓刑人以就业机会，而政府本身负责着就业工作，因此，将缓刑监督考察工作置于政府部门内，更有利于安排缓刑人的就业工作，为缓刑人创造尽可能好的改过自新的条件。

（三）在条件允许的情况下，缓刑监督考察工作应当由专门的机构来负责

由专门的机构和人员负责缓刑监督考察工作的好处在于可以使缓刑监督考察工作能够较为独立地开展，不至于受到其他工作的冲击，不利之处则是投入的成本高。由其他机构和人员兼职负责缓刑考察工作的则正好与此相反。究竟应当如何取舍呢？笔者认为，是否设置专门的缓刑监督考察机构和人员，应当根据缓刑适用对象和现实条件而定，具体而言，当条件许可的时候，应当设立专门负责缓刑监督考察工作的机构并配备专门的缓刑考察官；在条件尚不具备的情况下，可以有适当的政府部门兼管，但仍然应当配置负责缓刑监督考察的专门人员。对于未成年缓刑人，则应当由专门的机构和人员负责监督考察。理由如下：

（1）缓刑制度和缓刑实践成败的关键在于缓刑监督考察工作的成败，设置专门的机构并配备专门人员与该项工作的重要性完全相当。对犯罪人宣告缓刑的目的是促使其改过自新，以消除潜在的犯罪因素，维持社会秩序的稳定。这些目的的实现有赖于成功的缓刑监督考察工作，而成功的缓刑监督考察工作必须建立在负责的缓刑监督考察机构和人员有效工作的基础上。缓刑监督考察工作是一项

专业性强且十分复杂的工作，它需要工作人员具备心理学、教育学、管理学、社会学等方面的知识，同时还要设法解决缓刑人日常生活中遇到的某些困难，如就业等。因此，设立专门的机构和人员来负责缓刑工作完全是必要的，也是值得的，特别是在那些缓刑宣告率较高的国家更是如此。

（2）在设置缓刑专门机构条件暂不具备的情况下，由于对成年缓刑人的教育督导工作相对于少年缓刑人要简单，因而对成年缓刑人的监督考察工作可以由某个相关职能部门兼管，但鉴于该项工作对专业知识的要求较高，仍应当由专门人员来负责。成年缓刑人由于自身的认识能力和控制能力已经健全，对他们的监督考察应当建立在相信他们能够自觉保持善行的基础上，监督考察的内容应当侧重了解缓刑人是否履行了为其规定的义务，这样一方面可以增强他们的自信心，保持他们的人格尊严，另一方面可以省却某些不必要的思想教育工作，节省人力、物力。因此，对成年缓刑人的监督考察工作相比于对青少年的监督考察工作而言要简单得多，可以在某些相关的机构（如警察机构）的内部设立一个小部门负责此项工作，这些机构由于在工作性质上与缓刑考察工作有相通之处（如警察机构本身就负责维护社会秩序和人口管理，缓刑监督考察工作亦是如此），在其内部设立一个部门负责此项工作不失为一种可取之策。但缓刑官必须专门化，否则难免陷入人员素质不能胜任工作，职责不清，对工作互相推诿，工作效率底下，缓刑效果很差甚至导致缓刑监督考察工作陷入瘫痪状态，从而严重破坏缓刑制度。①

（3）对未成年缓刑人的教育指导工作艰巨复杂又极为重要，必须有专门机构负责。未成年缓刑人由于身心皆未成熟，智力尚不健全，辨别是非的能力、辨认和控制自己行为的能力也与成年人有较大差距，其人格可塑性较强，教育指导措施得当，未成年缓刑人完全可能改邪归正，保持善行；教育引导措施失当，缓刑人则很可能再次走上犯罪道路，并且长期成为社会的祸害。因此，对未成年缓刑人的监督考察既十分重要，又艰巨复杂，不能像监督考察成年缓刑人那样仅仅关注其外在表现和解决其生活上的某些困难，还应当深入了解其内心的思想动态，并对其外部行为和内在思想加以正确引导，使其树立正确的人生观、是非观、荣辱感。这样的工作绝不是某些兼管部门所能够胜任的。因为如果将对未成年缓刑人的监督考察工作交由某一个部门来兼管，那么能够给予缓刑监督考察工

① 笔者认为，我国的缓刑实践正好印证了这一结论。由于没有专门机构也没有专门人员负责缓刑工作，致使对缓刑人的监督考察基本上陷于名存实亡的状态，这种状况又使公众和犯罪人都认为缓刑就等于无罪释放，最终严重损害了缓刑制度的形象，而缓刑在人们心目中的这种形象又反过来使司法机关轻易不敢也不愿意对犯罪人适用缓刑，使缓刑实践陷入恶性循环之中。

作的关注必定有限，这必然导致缺乏足够的时间对未成年缓刑人加以教育引导，导致缓刑无法取得令人满意的效果。

（4）缓刑监督考察工作非专门人员不能胜任。如前所述，缓刑监督考察工作涉及心理学、教育学、管理学、社会学等诸多学科的知识，还需要对缓刑人进行实际监督考察，了解其思想动态，其内心深处那些细微的感受和变化，以及他对义务的履行情况，非具有专业知识且经历充沛的人无法胜任。缓刑监督考察人员综合素质的高低、工作水平的高低、工作效率的高低，会对缓刑人改过自新的积极性产生直接而重大的影响，从而也会对缓刑实践的成败和缓刑制度的名声产生影响。如果负责缓刑监督考察工作的人员工作严重不负责任，或者工作水平低下，致使缓刑人根本没有受到任何监管，不但无须履行任何义务，还可以自由出入各种场合，甚至违法乱纪也无人查处，那么，缓刑所追求的促使犯罪人改过自新的目的如何能够实现？这时的缓刑除了背上破坏司法公正的罪名，还能给社会和法治带来什么影响呢？可见，负责缓刑监督考察工作的人员专业化和专门化是达到缓刑目的，实现缓刑价值的重要保障。

在《刑法修正案（八）》已经确定对被宣告缓刑的人实行社区矫正的情况下，上述建议基本上得到了采纳。

值得注意的是，社区矫正机构并不是专门针对缓刑考察而设置的，而是针对在社区服刑人员设置的。缓刑从其法律性质上说，并非一种刑罚执行制度，因为其法律后果是原判刑罚不再执行。将法律后果是原判刑罚不再执行的制度界定为刑罚执行制度，在逻辑上是无论如何也说不通的。因此，缓刑犯连服刑人员都谈不上。在这种情况下，社区矫正制度恐怕需要进一步完善。这种完善应当从社区矫正制度和机构的性质、功能定位、部门设置、人员构成、具体运作程序等方面展开。这是下一步关于社区矫正制度的正式立法需要认真解决的问题。如果不能赋予负责缓刑监督考察的社区矫正机构和人员必要的权力和职责，缓刑考察在教育改造犯罪人方面的作用就会大受影响。

第四节　缓刑考验期的缩短和延长

一、缩短和延长缓刑考验期的域外考察

一些国家的刑法规定，根据缓刑人在缓刑考察期间的表现，可以适当缩短或者延长其缓刑考验期。例如，现行《俄罗斯联邦刑法典》第 74 条第 1 款规定，如果在考验期届满前被判缓刑的人以自己的行为证明他已经得到改造，则法院可以根据对缓刑人行为实行监督的机关报告，作出撤销缓刑并撤销被判刑人前科的裁定。在这种情况下，在规定的考验期过半后就可以撤销缓刑。这一条款虽然没

有直接规定可以缩短缓刑的考验期，但根据该条款规定，缓刑考验期限未到缓刑人便可以得到撤销前科这一缓刑考验期满后才有的待遇，实际上也就是将缓刑考验期限缩短了。该条第2款规定，如果被判缓刑的人逃避履行法院责令他履行的义务或者又破坏社会秩序，并因此受到行政处罚，法院可以根据该条第1款所规定的机关报告延长考验期，但延长的部分不得超过1年。现行《德国刑法典》第56条a第2款也规定，缓刑考验时间始于暂缓执行刑罚的决定发生法律效力时。它可以在事后被缩短至最低限或者在其期满前被延长至最高限。

二、缩短或者延长缓刑考验期的意义

根据缓刑人在缓刑考验期的表现可以缩短或者延长缓刑考验期与适用缓刑的目的相吻合，对于促进缓刑人改过自新、维护社会秩序以及节约社会资源均具有积极意义。具体表现在：

（1）从缓刑的目的来看，规定可以缩短或者延长缓刑考验期是必要的。缓刑的目的是教育感化犯罪人，使其早日回归社会。如果缓刑人在缓刑考验期间表现良好，有充分的证据证明其确实已经改过自新，完全可以回归社会，则没有必要继续对其进行监督考察，而可以让他早日过上正常人的生活，这时便有必要缩短其缓刑考验期。倘若缓刑人的行为举止表明其尚未完全改过自新，让人怀疑其有再次危害社会的危险，但又不符合撤销其缓刑的条件，则可以通过延长其缓刑考验期对其加以警告，敦促其尽快改邪归正。

（2）如果规定缓刑人在缓刑考验期间表现好可以缩短缓刑考验期，可以激励其更加积极地自我改造。虽然缓刑是对犯罪人不予实际关押或者执行其他刑罚，因而相对于实际执行刑罚而言要宽大得多，但它毕竟是在宣告行为人有罪的基础上的宽大处理，缓刑人在缓刑考验期间仍然要背负犯罪人这一不光彩的名声，同时，缓刑人在缓刑考验期间人身自由仍然要受到一定限制，与普通公民相比还是要受到更多的限制，甚至要承担更多的义务，因此，没有人会愿意自己长期处于缓刑考验之中。如果规定缓刑人在缓刑考验期间如果表现良好可以缩短缓刑考验期，许多诚心悔罪的缓刑人必然更加积极地投入到改过自新的行动中去，以期尽早结束缓刑考验期，重新过上正常人的生活。

（3）规定可以根据缓刑人在缓刑考验期间的不良表现延长其缓刑考验期，可以防止仍具有人身危险性的人过早流入社会，给社会秩序造成破坏。在实践中，有一些缓刑人在缓刑考验期限届满后仍然没有完全改过自新，但又不符合撤销缓刑的条件，不能撤销其缓刑而实际执行刑罚，这时通过延长其缓刑考验期，便可以将该不稳定分子置于有关机关的监管之下，从而防止因为对其行为失控而给社会增加一份危险。

（4）规定对有不良表现的缓刑人可以延长其缓刑考验期，可以使缓刑监督考察机关对表现不好的缓刑人的反应手段更具有层次性和可感性。撤销缓刑的决定通常只适用于缓刑考验期内又犯新罪或者发现漏罪，以及严重违反缓刑期间应当遵守的规定的缓刑人，如果刑法只规定这一种措施，对那些在缓刑考验期间违反应当遵守的规定但情节尚不严重的缓刑人，就没有相应的措施进行规制，而对这种人如果不以一定方式加以警告，不利于其改过自新，并且可能因未及时加以警告而导致其实施更严重的违法违规甚至犯罪行为，最终被撤销缓刑。规定对有不良表现的缓刑人可以延长其缓刑考验期，正好可以在对缓刑人撤销缓刑和无所作为之间增加一道反应手段，使缓刑监督考察机关的工作更具成效。例如，对于不履行对其规定的赔偿义务或者其他缓刑负担，以及不遵守对其发布的不得出入特定场所或者其他缓刑指示，但情节尚不严重的缓刑人，通过延长其缓刑考验期，可以起到警告作用，这就使得缓刑监督考察工作可以表现为具体的有针对性的措施，避免了该项工作流于形式。

三、我国关于缩短和延长缓刑考验期的理论与实践

（一）我国关于缩短缓刑考验期的司法实践

我国《刑法》没有对是否可以延长或者缩短缓刑考验期作出规定，但曾有司法解释对涉及缓刑考验期是否可以缩短的问题作出过规定，主要是对缓刑人是否可以减刑进行解释。这些解释经历了由否定到肯定的过程。司法部 1956 年 12 月 10 日在《关于有期徒刑缓刑是否可以减刑等问题的复函》中曾规定，“缓刑本身不是一种刑罚，而是针对被判刑人员的一种考验期限；如果被判刑人员在缓刑考验期内，未再犯罪，缓刑期满，原判的徒刑就不再执行。所以对缓刑不发生减刑或免刑的问题”。在此后长期的司法实践中以及制定 1979 年《刑法》时，都遵循了这一规定，因而对缓刑既不能减刑，也不能缩短缓刑考验期。但是，最高人民法院于 1985 年 5 月 9 日发布的《关于缓刑考验期内表现好的罪犯可否缩减其缓刑考验期限的批复》中，对能否缩减缓刑考验期限给予了肯定答复：“被判处拘役或者三年以下有期徒刑、宣告缓刑的犯罪分子，如果在缓刑考验期间确有突出的悔改表现或者立功表现，可以参照刑法第七十一条的规定，对原判刑罚予以减刑，同时相应地缩减其缓刑考验期限。”同时，该批复明确表示：“缓刑不能离开原判刑罚独立存在，因此，对缓刑考验期限单独缩减没有法律依据。”此后，司法实践进入对缓刑人也可以减刑，同时相应地缩短缓刑考验期的阶段。最高人民法院研究室曾经于 1985 年 11 月 12 日电话答复过山东省高级人民法院关于对缓刑人减刑应由哪级单位申报的问题，最高人民法院于 1988 年 1 月 5 日就被判处拘役或者 3 年以下有期徒刑宣告缓刑的罪犯减刑的管辖和处理程序作过批复。最高人民法院 1989 年 2 月 14 日印发的《全国法院减刑、假释工作座谈会纪要》以及 1994 年 3 月 21 日《关于审理刑事案件程序的具体规定》中，再次

重申了对缓刑人可以适用减刑。

至于延长缓刑考验期，由于没有任何法律依据，因此，司法实务部门从未提出过这一问题。

对于最高人民法院关于对缓刑人可以参照《刑法》关于减刑的规定，对原判刑罚予以减刑，同时相应地缩短其缓刑考验期限的司法解释，有学者认为这是创立了缓刑中的减刑制度，贯彻了惩办与宽大相结合的基本刑事政策，有利于改造罪犯，实现预防犯罪的刑法目的，并建议将缓刑中的减刑制度立法化。①

（二）我国刑法理论界就缓刑考验期是否可以延长或者缩短的观点简介

尽管我国《刑法》没有就能否缩短或者延长缓刑考验期作出明确规定，但这并不影响学者们就这一问题展开探讨。对此，刑法理论界存在三种观点：第一种观点认为，对缓刑考验期不得延长或者缩短。其理由是：（1）在考验期内缓刑人不实际服刑，延长或缩短缓刑考验期实际意义不大。（2）如果允许延长或缩短缓刑考验期，容易出现偏差，如任意地延长或无原则地缩短。（3）缓刑人不认真改造，可以根据其具体表现分别处理，如拘留、劳动教养或纪律处分等；如果缓刑人各方面表现确实很好，可以由法院裁定减刑，相应缩短其缓刑考验期。② 显然，在持这种观点的论者看来，缓刑考验期虽然不能直接缩短或延长，但可以通过对犯罪人减刑相应缩短缓刑考验期。第二种观点认为，对缓刑人既不能减刑，也不能缩短其考验期。其主要理由是，缓刑考验期只不过是对被宣告缓刑的犯罪分子的一种考验期限，考验其是否会再次危害社会，重新犯罪。在考验期未满之前，缓刑人是否表现很好，还不能最后定论，因此，缓刑考验期间不能减刑，也不能缩短必要的考验期限。③ 至于能否延长缓刑考验期，持上述观点的论者虽然没有论及，但由于是以 1979 年《刑法》关于缓刑的规定为依据，答案显然是否定的。第三种观点则认为，在对缓刑人考察一段时间后，应根据其不同表现，采取不同的赏罚措施，对缓刑考验期内有立功表现的，可以单独缩短缓刑考验期，以示奖励；对缓刑考验期内严重违法，或屡教不改，或违法行为性质与

① 参见赵秉志著：《刑法总论问题研究》，中国法制出版社 1996 年版，第 573 ~ 574、576 ~ 577 页。

② 参见高铭暄主编：《刑法学原理》（第三卷），中国人民大学出版社 1994 年版，第 469 ~ 470 页。

③ 参见张文学等编著：《中国缓刑制度理论与实务》，人民法院出版社 1995 年版，第 154 页；高铭暄编著：《中华人民共和国刑法的孕育和诞生》，法律出版社 1981 年版，第 110 页。

原罪性质相同的，应延长缓刑考验期，以示惩罚。[①]

（三）对有关司法解释及理论观点的简评

笔者认为，从缓刑的目的和贯彻惩办与教育相结合的刑事政策的要求出发，根据缓刑人在缓刑考验期间的表现适当缩短或者延长缓刑考验期的做法是必要的。具体理由在前面论述规定可以缩短或者延长缓刑考验期的意义时已经阐明，在此需要探讨的另一个问题是，对缓刑人缩减缓刑考验期时，是在先对原判刑罚减刑后，再相应地缩短缓刑考验期更合适，还是直接规定对表现好的缓刑人可以适当缩短缓刑考验期更合适？

首先，应当指出的是，在我国《刑法》没有规定对缓刑人可以减刑的情况下，最高人民法院于1985年5月9日作出的关于对缓刑考验期内表现好的罪犯可以参照《刑法》关于减刑的规定，对原判刑罚予以减刑，同时相应地缩减其缓刑考验期限的批复，是一个越权的司法解释。其原因是，我国《刑法》规定的减刑是一项对刑罚执行期间的犯罪人缩减其原判刑罚的制度，而被宣告缓刑的犯罪人并没有被执行刑罚，因而不能适用减刑的有关规定，最高人民法院在这种情况下规定可以对缓刑人减刑，显然是一种越权创制法律的行为。

其次，笔者认为，对在缓刑考验期间表现好的缓刑人在先对原判刑罚减刑后，再相应缩短缓刑考验期的做法，不如直接缩短其缓刑考验期合理可取。理由是：第一，如前所述，减刑是对正在执行刑罚的犯罪人缩减其原判刑罚的一种制度，它以刑罚实际执行为适用的前提，而缓刑人的刑罚并没有被实际执行，缺乏适用减刑的前提条件。第二，对在缓刑考验期间表现好的缓刑人真正有价值的奖励是缩短其缓刑考验期而不是缩减其原判刑罚。由于缓刑人的原判刑罚并没有执行，因而除非他被撤销缓刑实际执行原判刑罚，否则减不减刑对其并不会产生实际影响。而缓刑人在缓刑考验期间必须遵守缓刑监管规定，履行一定义务，其人身自由受到了一定限制。缩短缓刑考验期限，意味着缓刑人能够更早获得完全的自由，摆脱作为犯罪人的阴影。因此，缩短缓刑考验期才是对缓刑人真正有价值的奖励。第三，对缓刑人减刑可能会引起无法解决的问题。例如，如果对在缓刑考验期间表现好的缓刑人缩减其原判刑罚，而此后他却因在缓刑考验期间又犯罪而被撤销缓刑，司法机关便会面临一个两难问题，即根据《刑法》的规定，对被撤销缓刑的犯罪人，应当实际执行原判刑罚，而既然犯罪人已经被减刑，应当执行的又只能是减刑后剩余的刑罚，于是出现了难以选择的局面。第四，对缓刑人减刑本身有其不合理之处。这主要表现在，对缓刑人设置缓刑考验期就是为了

---

① 参见赵秉志主编：《刑法修改研究综述》，中国人民公安大学出版社1990年版，第215页。

检验其是否已经确实不需要执行原判刑罚，如果他被撤销缓刑，就说明行为人没有经受住缓刑考验，辜负了国家和社会对他的信任，本来就应当执行原判刑罚。另外，如果对缓刑人可以减刑，对表现好的被假释的人岂不是也应当减刑？否则，如果被假释的人后来又因为犯罪而被撤销假释执行余刑的话，其以前的良好表现岂不是白费了？这种结论显然是荒谬的，因为我们考验一个人是否已经改过自新，并不是看他一时的表现，而是看他在较长的时间内的一贯表现。既然行为人在考验期限内未能经受住考验，因而被撤销缓刑，就说明从整体上看他不符合适用缓刑的条件，应当执行原判刑罚，而不应当仅根据其在缓刑考验期间的某一次或者某一段时间的良好表现便缩减其原判刑罚。

综上所述，笔者认为，还是遵循多数国家的规定，对缓刑人可以根据其在缓刑考验期间的良好表现缩短其考验期，而不缩减其原判刑罚较为妥当。

第九章　缓刑的撤销

缓刑是一种有条件消灭刑罚的制度，缓刑人必须在缓刑考验期限内遵守法律法规，服从监管规定，并履行为其规定的义务，才能够最终免除刑罚的执行。如果缓刑人违反缓刑考验期间应当遵守的规定，便有可能导致原来宣告的缓刑被撤销，实际执行原判刑罚。关于对缓刑人在什么情况下应当撤销缓刑，各国刑法因对缓刑人所规定的义务以及缓刑人应当遵守的监管规定的不同而有所不同，同时也因对应当或者可以撤销缓刑的尺度把握的宽严不同而有所不同，但大体的标准却是基本相同的，即各国刑法基本上都规定，如果出现以下情形之一，就应当或者可以撤销缓刑：（1）在缓刑考验期间再犯罪，应当或者可以撤销缓刑；（2）在缓刑考验期间被发现在缓刑前犯他罪，应当或者可以撤销缓刑；（3）在缓刑考验期间发觉在宣告缓刑以前曾犯其他罪，并被判处一定之刑罚；（4）在缓刑考验期限内不遵守缓刑期间应当遵守之事项。前两项的情形在本书第六章第二节已有论述，下面笔者对后两项导致缓刑应当或者可以撤销的情形加以述评。

第一节　缓刑前曾被判处一定之刑罚

一、缓刑前曾被判处一定之刑罚的域外考察

在缓刑适用制度之比较一章中，笔者已经介绍过有的国家刑法规定，对于此次犯罪以前一定时间内被判处过一定刑罚的犯罪人，不得适用缓刑。相应地，如果在宣告缓刑时没有发现犯罪人在以前一定时间内被判处过一定刑罚，而在缓刑考验期间被发现，则存在一个是否应当撤销缓刑的问题。对此，有的国家的刑法作出了肯定的规定。例如，现行《日本刑法典》第26条第3款规定，发觉在宣告缓刑以前曾犯其他罪，被判处监禁以上刑罚的，应当撤销缓刑的宣告。但是受

缓刑宣告的人有第 25 条第 1 项第 2 款所列情形①时，或者符合第 26 条之二第 3 款规定的情形②时，不在此限。

二、我国对缓刑前曾被判处一定之刑罚的司法实践

我国《刑法》并没有规定在缓刑考验期限内发现犯罪人在宣告缓刑以前曾犯其他罪，并被判处一定之刑罚是否应当撤销缓刑，因此，这一事由显然不能成为撤销缓刑的独立根据。发现这种情形是否应当撤销缓刑，主要应当看缓刑人在缓刑考验期限内的表现，如果其表现出改邪归正的决心和行动，表明不对其实际执行刑罚也不至于再危害社会，就没有必要撤销缓刑。即便是在《刑法》规定了前科报告制度的情况下，也不能因此而撤销缓刑。前科报告虽然是缓刑人在缓刑期间应当遵守的缓刑指示内容之一（《刑法》第 75 条要求缓刑人应当遵守的第 1 项规定就是遵守法律、行政法规，服从监督，前科报告就是一项法律规定），不报告前科确实违反了法律规定，但是，《刑法》第 77 条第 2 款规定，违反法律、行政法规或者国务院有关部门关于缓刑的监督管理规定，情节严重的，才撤销缓刑。所谓情节严重，应当理解为表明缓刑人具有明显的人身危险性的情形。而违反前科报告制度并不表明犯罪人存在人身危险性，因而不宜作为撤销缓刑的理由。但是，如果缓刑人因新发现的被判处过刑罚的罪行而成为累犯，那么由于我国《刑法》规定累犯不得适用缓刑，那么，在缓刑考验期限内才发现缓刑人是累犯，则按照法律的规定还是应当撤销缓刑。

第二节　缓刑考验期间违反应当遵守之事项

一、缓刑考验期间违反应当遵守之事项的域外考察

许多国家刑法规定缓刑人如果在缓刑考验期限内违反应当遵守的事项，应当或者可以撤销缓刑。具体而言，以下几种情形可能导致缓刑被撤销：

（一）缓刑人不履行缓刑义务达到一定严重程度，可以或者应当撤销缓刑

如前所述，为了有充分的事实和证据证明缓刑人确有悔改，不致再危害社

① 现行《日本刑法典》第 25 条第 1 项第 2 款规定，以前虽然被判处过监禁以上的刑罚，但从执行完毕或者获得免除执行之日起，在 5 年内未再被判处监禁以上刑罚的，可以适用缓刑。

② 现行《日本刑法典》第 26 条之二第 3 款规定，在缓刑考验期限内发觉缓刑人在缓刑宣告前有其他罪，已被判处监禁以上刑罚，并已宣告缓刑的，可以撤销缓刑的宣告。

会，同时使犯罪人对自己所犯罪行承担一定责任，以缓和缓刑因不实际执行刑罚而对罪刑相当原则造成的破坏，许多国家的刑法对缓刑人设置了一些必须履行的义务，并规定如果不履行这些义务达到情节严重的程度，可以或者应当撤销缓刑。例如，现行《法国刑法典》第 132－47 条第 2 款规定，被判刑人犯不履行其必须履行之义务，附考验期之缓刑得由执行刑罚的法院予以撤销。现行《德国刑法典》第 56 条 f 第 1 句第 2 项、第 3 项规定，如果被判决人严重或者持续地违反指示，或者严重或持续地违反负担，并且因此使人们有理由担心他将重新实施犯罪，法院取消暂缓执行刑罚。

（二）缓刑人不遵守缓刑期间的监管规定达到一定严重程度，可以或者应当撤销缓刑

为了准确及时把握缓刑人在缓刑考验期间的表现，以判断其是否正在改过自新，是否仍具有人身危险性，必须对缓刑人在缓刑期间的活动进行监管。如果缓刑人不听从缓刑监管人的监督管理，屡次违反应当遵守的缓刑监管规定，则足以表明其缺乏改过自新的诚意和行动，难以让人相信其不会再实施危害社会的行为，因而不再符合适用缓刑的条件，应当撤销缓刑。基于上述理由，许多国家刑法都规定，缓刑人如果在缓刑考验期间不遵守法律、法规、规章规定的监管措施，或者不遵守缓刑辅导员的监督与辅导，并达到一定严重的程度，可以或者应当以撤销缓刑。例如，现行《法国刑法典》第 132－47 条第 2 款规定，被判刑人犯不遵守监督措施，附考验期之缓刑得由执行刑罚的法院予以撤销。现行《德国刑法典》第 56 条第 1 句第 2 项规定，如果被判决人持续地脱离考验帮助者的监督和管理，并且因此使人们有理由担心他将重新实施犯罪，法院取消暂缓执行刑罚。

（三）缓刑人不遵守法律法规，达到一定严重程度，应当撤销缓刑

这里的不遵守法律法规，是指缓刑人违反法律法规但不构成犯罪的情形。缓刑人违反法律法规但不构成犯罪同样能够表明其不思悔改，难以令人相信其不会再危害社会，因而有的国家刑法规定，缓刑人在缓刑考验期间违反法律法规，达到一定严重程度的，应当撤销缓刑。例如，我国《刑法》第 77 条第 2 款便规定了这样的内容。

上述关于因不遵守缓刑期间应当遵守的事项而导致缓刑撤销的立法例中，存在两种立法倾向：一种是对缓刑人不遵守有关事项应当达到何种严重程度才撤销缓刑没有作出限制，如现行《法国刑法典》的规定；另一种是作出了限制，即必须是严重地不遵守有关事项，并因此使人们有理由担心他将重新实施犯罪，如现行《德国刑法典》的规定。笔者认为，后一种规定相对更为合理，表现在它一方面限制了因不遵守有关事项而可以撤销缓刑之情形的范围，可以避免使某些

虽然也没有遵守有关事项但还不至于应当撤销缓刑的缓刑人被不适当地撤销缓刑；另一方面，增强了条文的可操作性，限制了法官自由裁量权的滥用。

二、我国《刑法》对缓刑考验期间违反应当遵守之事项的规定及评析

（一）我国《刑法》以及《刑法修正案（八）》的有关规定

我国《刑法》第77条第2款对违反规定撤销缓刑的情形作出了规定。原条文为："被宣告缓刑的犯罪分子，在缓刑考验期限内，违反法律、行政法规或者国务院公安部门有关缓刑的监督管理规定，情节严重的，应当撤销缓刑，执行原判刑罚。"《刑法修正案（八）》对此有所修正，修正后的条文为："被宣告缓刑的犯罪分子，在缓刑考验期限内，违反法律、行政法规或者国务院有关部门关于缓刑的监督管理规定，或者违反人民法院判决中的禁止令，情节严重的，应当撤销缓刑，执行原判刑罚。"可见，我国《刑法》要求缓刑人违反规定或者命令达到严重程度时，才撤销缓刑。这在原则上是正确的，但在具体内容上则有待进一步明确，最突出的表现在用一个"情节严重"来概括犯罪人违反缓刑考验期间应当遵守的事项的严重程度显然过于简单，缺乏可操作性，因而有必要加以完善。

与1997年《刑法》相比，《刑法修正案（八）》对违反规定的内容作了两方面的调整。其一，将违反"国务院公安部门有关缓刑的监督管理规定"改为违反"国务院有关部门关于缓刑的监督管理规定"。这与我国缓刑的监督管理机构的变更有关。过去国务院公安部门是缓刑的监督管理机构，现在社区矫正是司法行政部门牵头的多部门之间协作，以便于更好地监督管理缓刑人。相应地，作出缓刑监督管理规定的部门，就由公安部调整为司法部以及其他参与社区矫正的部门。其二，增加了"违反人民法院判决中的禁止令"的内容。人民法院在对犯罪分子宣告缓刑的时候，认为有必要的可以根据案情同时宣告对其的禁止令，这些禁止令是为了更好地管理被宣告缓刑的犯罪分子。

（二）对违反法律法规、监管规定或者禁止令"情节严重"的把握

对这一条款还应把握好"情节严重"的含义。在有权部门没有将《刑法》第77条第2款规定中的"情节严重"具体化以前，要准确判断是否应当撤销缓刑，存在一个如何界定缓刑人违反法律法规、监管规定或者禁止令"情节严重"之具体内容的问题。有论者认为，可将以下几种情形规定为情节严重：（1）缓刑人在缓刑期间因一般违法行为而受到限制人身自由的行政处罚的；（2）缓刑人严重、持续或两次以上无正当理由违反缓刑负担或缓刑指示，经考察机关给予警告后仍不执行缓刑负担或缓刑指示的；（3）缓刑人持续或两次以上无正当理由脱离缓刑考察机关的监督管理，经考察机关警告后仍不复归监管的。另有论者

认为，对于《刑法》第77条第2款，应当进一步明确什么情况下属于“情节严重”。首先，要明确情节严重是指还未达到犯罪的程度，否则就应该按犯新罪的情形来处理。其次，应全面系统地判断是否情节严重。具体来说，应全面考虑以下几个方面：（1）违法行为的性质；（2）违法行为的对象；（3）违法行为的手段；（4）违法行为的时间和地点；（5）违法行为造成的结果；（6）行为人的主观方面；（7）违法行为的次数。①

笔者认为，从总体上看，这里的“情节严重”，是指缓刑人的违反法律法规、监管规定或者禁止令的行为性质恶劣并且已经接近于构成犯罪。具体而言，应当综合以下几方面来判断被宣告缓刑的犯罪分子违反法律法规或者监管规定的情节是否严重：（1）行为所侵犯的法益是否重大。行为所侵犯的法益的轻重，直接体现了行为社会危害性的大小，因此，被宣告缓刑的犯罪分子违反法律法规、监管规定或者禁止令的行为所侵犯的法益重大，应属判断其行为情节严重的依据之一。（2）行为人违反法律法规、监管规定或者禁止令时的主观心态。这具体表现在行为人违法时的主观心态是故意还是过失，动机是卑劣还是一般，反映出其反社会心理的强弱和再犯可能性的大小。如果被宣告缓刑的犯罪人违反法律或者规定时出于故意并且动机卑劣，应属判断其行为情节严重的另一依据。（3）行为所造成的后果是否严重。行为所造成的后果是否严重，也直接体现着行为社会危害性的大小，因此，被宣告缓刑的犯罪分子违反法律或者规定的行为所造成的危害后果严重，是判断其行为情节严重的又一依据。（4）违反有关法律法规、监管规定或者禁止令次数的多少。行为人违反有关法律法规、监管规定或者禁止令次数的多少，反映了其改过自新的难易程度和再犯可能性的大小，因此，被宣告缓刑的犯罪人违反法律法规、监管规定或者禁止令的次数越多，情节就越严重。

三、缓刑考验期满后才发现缓刑人在缓刑考验期间违反监管规定或者禁止令的处理方法

在实践中，缓刑人在缓刑考验期间可能出现监管失控的情况，以致其在缓刑考验期间违反缓刑监管规定或者禁止令，却在缓刑考验期满后才被发现。例如，蒋某因犯交通肇事罪，被判处有期徒刑1年，缓刑2年。宣判后，蒋某一直不知去向，4年后才被人发现在另一个城市打工。对蒋某是否应当撤销缓刑，执行原判刑罚呢？这恐怕需要根据具体情况作出不同处理。

首先，按照现有法律规定，缓刑考验期满后才发现缓刑人违反缓刑监管规定或者禁止令，并非一概不能撤销缓刑。《刑法》只是规定，被宣告缓刑的犯罪分

① 王炳宽著：《缓刑研究》，法律出版社2008年版，第216～217页。

子，在缓刑考验期限内，违反法律、行政法规或者国务院有关部门关于缓刑的监督管理规定，或者违反人民法院判决中的禁止令，情节严重的，应当撤销缓刑，并没有要求必须在缓刑考验期限内发现缓刑人违反法律法规、监管规定或者禁止令才能撤销缓刑。因此，就法律规定而言，缓刑考验期满后才发现缓刑人违反缓刑监管规定或者禁止令，同样是可以撤销缓刑的。

其次，蒋某已经违反了《刑法》第75条关于缓刑期间应当遵守的规定。《刑法》第75条规定，被宣告缓刑的犯罪分子，应当遵守下列规定：（1）遵守法律、行政法规，服从监督；（2）按照考察机关的规定报告自己的活动情况；（3）遵守考察机关关于会客的规定；（4）离开所居住的市、县或者迁居，应当报经考察机关批准。本案中，蒋某擅自离开其居住地，从未接受有关部门的监管，也从未报告自己的活动情况，因而至少违反了上述四项规定中的三项。

最后，是否应当撤销蒋某的缓刑，应当根据具体情况作出不同处理。其中，最为关键的是看蒋某的行为是否属于“情节严重”。尽管蒋某在宣告缓刑后就一直外出打工，完全脱离了缓刑考察机关的监管，看似情节严重，但应当注意到，在我国缓刑的司法实务中，一直存在疏于监管的问题。因此，应当认真分析蒋某脱离监管以及外出打工的原因。如果蒋某脱离监管是因为有关缓刑监管部门疏于履行职责，没有及时对蒋某进行监管，以致蒋某不知道该向谁去报告自己的活动情况，或者蒋某在生活困难的情况下，需要外出打工谋生，有关监管部门却拒绝批准，蒋某在外出打工期间并无其他违法行为，那么，便不能视为情节严重，不宜撤销缓刑。假如蒋某是在监管部门已经明确告知其缓刑期间应当遵守的规定，且有专人负责与其联系的情况下，拒不事先报告，擅自离开居住地外出打工，致使其在整个缓刑考验期间失控，则表明了他对法律的严重藐视态度和潜在的人身危险性，应当撤销缓刑。

第三节　缓刑撤销的程序及法律后果

一、缓刑撤销的程序

关于缓刑撤销的程序，《刑法》和《刑事诉讼法》中都没有作出规定。1998年9月2日最高人民法院《关于执行〈中华人民共和国刑事诉讼法〉若干问题的解释》第356条规定：“被宣告缓刑、假释的犯罪分子，在缓刑、假释考验期限内再犯新罪或者被发现判决宣告以前还有其他罪没有判决，应当撤销缓刑、假释的，由审判新罪的人民法院在审判新罪时，对原判决、裁定宣告的缓刑、假释予以撤销；如果原来是上级人民法院判决、裁定宣告缓刑、假释的，审判新罪的下级人民法院也可以撤销原判决、裁定宣告的缓刑、假释。审判新罪的人民法院对原审判决、裁定宣告的缓刑、假释撤销后，应当通知原宣告缓刑、假释的人民法院和执行机关。”第 357 条规定：“被宣告缓刑、假释的犯罪分子，在缓刑、假释考验期限内违反法律、行政法规或者国务院公安部门有关缓刑、假释的监督管理规定，应当依法撤销缓刑、假释的，原作出缓刑、假释裁判的人民法院应当自收到同级公安机关提出的撤销缓刑、假释建议书之日起一个月内依法作出裁定。人民法院撤销缓刑、假释的裁定，一经作出，立即生效。”此解释只是解决了缓刑撤销的主体以及缓刑撤销的效力问题，但是对于缓刑撤销的具体程序，以及缓刑犯具体的权利没有作出相应的规定。

针对这个问题，司法实务界和理论界进行了探索。例如，江苏省宜兴市人民法院于 2006 年推出了撤销缓刑公开听证制度。该院于 2006 年 4 月 30 日对撤销罪犯陈某缓刑一案进行了首次公开听证，经公开听证审理，合议庭认定罪犯陈某在缓刑期间参与赌博，已严重违反法律规定，当庭裁定撤销对罪犯陈某的缓刑，收监执行原判刑罚。[①] 推行撤销缓刑公开听证程序，是完善撤销缓刑诉讼制度的有益探索。此前法院在撤销缓刑时，对撤销缓刑事由的审查认定都是采取书面形式，缺乏听取当事人特别是缓刑犯意见的程序，也就剥夺了犯罪人为自己辩护的机会，有欠公正。设立公开听证程序，使申请缓刑撤销机关提起撤销缓刑与犯罪人申辩形成类似“控辩”模式的机制，便于法官全面审查认定事实，作出正确判断。而理论界对缓刑撤销程序的研究探讨主要集中于以下几个方面：

（一）缓刑撤销的审理方式

目前，缓刑撤销在司法实践中采用两种审理方式：第一种是进行书面审查；第二种是参照一审审理程序，实行开庭审理，但是不通知建议撤销缓刑的公安机关作为监管人出庭。有论者认为，这两种方式都不妥当，对所有撤销缓刑的案件都应当开庭审理，同时应当构建缓刑撤销听证程序。除涉及国家秘密、个人隐私的案件外，缓刑撤销听证应当公开举行。[②] 笔者认为，缓刑撤销的审理方式应当区分《刑法》第 77 条第 1 款和第 2 款规定的两种情形分别设置：（1）被宣告缓刑的罪犯在缓刑考验期限内再犯新罪或者发现在判决宣告以前还有其他罪没有判决，需撤销缓刑的，应当由审判新罪或者漏罪的人民法院在审判新罪或者漏罪时，对原判决宣告的缓刑予以撤销。如果原来是上级人民法院判决宣告缓刑的，审判新罪或漏罪的下级人民法院也可以撤销原判决宣告的缓刑。（2）被宣告缓刑的罪犯在缓刑考验期限内因违反法律、行政法规或者国务院有关部门关于缓刑

① 吴杏萍、邹亚鹏：《宜兴法院通过开庭听证撤销一罪犯缓刑》，载中国法院网 2006 年 5 月 10 日。

② 王红梅、尹建军：《论撤销缓刑在司法实践中的具体运用》，载《山东审判》2004 年第 2 期。

的监管规定，或者违反人民法院判决中的禁止令，情节严重，需撤销缓刑的，先由原宣告缓刑的法院举行有缓刑考察机关和缓刑人参加的听证会，再由法院当场或者择日宣布撤销缓刑，或者延长缓刑考验期，或者维持原判决确定的缓刑。[①]

（二）缓刑撤销听证程序的参与主体

原则上，缓刑撤销听证程序的参与主体应当是有助于查明案件事实真相，以利于正确作出是否撤销缓刑决定的有关人员。因此，有学者认为，缓刑撤销听证程序的参与主体应当包括：（1）听证主持人。由人民法院中从事刑事审判工作的人员担任，并依法组成合议庭。为保证裁定的公正性，与案件有利害关系的人不能担任听证主持人，即实行听证主持人回避制度。（2）听证参与人。主要包括建议撤销缓刑的公安机关，被害人及罪犯，还包括被害人委托的诉讼代理人、罪犯委托的辩护人以及证人、鉴定人、翻译人员等。（3）听证监督人。检察机关作为法定监督机关，有权对人民法院撤销缓刑的听证程序进行监督，并参加听证。[②] 笔者认为，上述思路及参与主体的范围界定基本符合实际情况及需要，当然，随着《刑法修正案（八）》的颁布实施，建议撤销缓刑的机关随之发生了变化，撤销缓刑听证程序的具体参与主体也应当做出相应调整。

（三）被撤销缓刑的犯罪人权利保障问题

撤销缓刑意味着将犯罪人收监执行，将导致犯罪人的部分人身权利被剥夺。鉴于撤销缓刑的后果严重，有学者认为，应当注重撤销缓刑过程中对犯罪人权利的保障。为此，法律应明确规定，缓刑撤销程序启动后，法院应将执行机关的撤销缓刑建议书的附件送达缓刑人，并告知其可以委托辩护人。将开庭审理的时间、地点通知给缓刑人和辩护人；缓刑人可以对执行机关的辩护意见提出质疑，必要时经审判长许可，可以与缓刑的执行机关进行辩论；缓刑人有申请回避权等必要的诉讼权利来保障其自身的权利。对于缓刑撤销的决定不服的，缓刑人可以向作出原判决的人民法院或同级人民检察院进行申诉，确有错误的可以通过审判监督的程序予以解决。[③]笔者认为，上述保障被撤销缓刑的犯罪人权益的程序性规定是必要且具有积极意义的。

（四）缓刑撤销的举证责任问题

有学者认为，缓刑撤销听证程序中，为确保听证主持人中立的裁判者地位，

---

① 参见左坚卫著：《缓刑制度比较研究》，中国人民公安大学出版社 2004 年版，第 247 页。

② 王红梅、尹建军：《论撤销缓刑在司法实践中的具体运用》，载《山东审判》2004 年第 2 期。

③ 苏晓磊：《缓刑执行制度系统研究》，中国政法大学 2010 年硕士学位论文。

不宜赋予其调查取证权。必要的举证责任由建议撤销缓刑的公安机关承担，而不是由罪犯承担。行为举证责任可以在听证过程中随双方的主张而转移，结果举证责任只能恒定地由建议撤销缓刑的公安机关承担。[①] 笔者认为，上述主张是可取的，不过，随着《刑法修正案（八）》的颁布实施，举证责任的主体也应当做出相应调整，即由公安机关调整为负责主导缓刑考察的司法行政机关。

二、缓刑撤销的法律后果

（一）我国《刑法》的有关规定

根据《刑法》第77条的规定，撤销缓刑的法律后果是执行原判刑罚。如果是因为缓刑考验期间再犯罪或者发现漏罪而被撤销缓刑，则需要对新犯的罪或者新发现的罪作出判决，把前罪和后罪所判处的刑罚，依照《刑法》关于数罪并罚的规定，决定执行的刑罚。

撤销缓刑的法律后果较之直接判处实刑更为严厉。这是因为缓刑人在缓刑考验期间处于半自由状态，而一旦撤销缓刑，其已经经过的缓刑考验期并不能折算成刑期，从实际效果看，比直接判处实刑受到的处罚要更重。

（二）撤销缓刑后，宣告缓刑前的羁押期限是否折抵刑期

对此问题，最高人民法院在2002年4月10日发布的《关于撤销缓刑时罪犯在宣告缓刑前羁押的时间能否折抵刑期问题的批复》有明确的规定，即根据《刑法》第77条的规定，对被宣告缓刑的犯罪分子撤销缓刑执行原判刑罚的，对其在宣告缓刑前羁押的时间应当折抵刑期。

---

① 王红梅、尹建军：《论撤销缓刑在司法实践中的具体运用》，载《山东审判》2004年第2期。

第十章　适用缓刑的若干案例评析

第一节　关于缓刑适用罪种条件的案例评析

一、对放火、绑架、强奸等严重暴力犯罪分子能否适用缓刑

（一）基本案情及裁判结果

案例一：符某某放火案[①]

被告人符某某，男，36岁，汉族，无业。

被告人符某某由于染上毒瘾，家人送其治疗，帮其戒毒。治疗期间，符某某因心绪不佳，常与家人发生矛盾。1994年9月9日中午时分，被告人符某某因家人未叫其一起吃饭而躺在床上生闷气。下午3时许，符某某起床见家人均外出，遂将餐厅的门窗及部分物品（共计价值人民币2747元）烧毁。后因邻居和公安民警及消防队员及时赶至现场将火扑灭，才避免火势蔓延、危及四邻的严重后果发生。

海南省海口市振东区人民检察院指控称：被告人符某某因与家人发生矛盾，于1994年9月9日下午3点多钟，在海口市汽车运输公司宿舍5幢504房自家住房饭厅内，将煤油灯摔破，然后点燃煤油任其燃烧，引起火灾，烧破宿舍门窗及家中物品。后经派出所民警和消防队赶到奋力扑救，才将火扑灭，避免了更大的火灾。被告人符某某无视国家法律，公然在人口聚居地区的宿舍中放火，引起火灾，造成经济损失2747元，其行为已触犯1979年《中华人民共和国刑法》第100条之规定，构成放火罪，请求依法惩处。

被告人符某某辩称：其因与家人赌气，心情不好，加之正在戒毒期间，控制力差，才放火焚烧自家的东西出气，并不想危害公共安全。符某某的辩护人认

① 参见中国高级法官培训中心、中国人民大学法学院编：《中国审判案例要览》（1996年刑事审判案例卷），中国人民大学出版社1997年版，第187～189页。

为：被告人实施放火，是因为个人生活不顺，心情烦闷，与家人发生矛盾而一时情急引起的，并无害人之意，且未造成严重后果，情节轻微，故请求从宽处罚。

海南省海口市振东区人民法院经公开审理查明事实后认为：被告人符某某因与家人不和，为了赌气，不顾左邻右舍的安危，故意在其位于人口聚居区的家中放火，其行为足以危害公共安全，构成放火罪。符某某在辩解中提出其是在自己家点火，并不想危害邻居和公共安全，所以不构成放火罪。经查，符某某虽然是在自己家里放火，但其住所并非孤家独院，而是位居市区人口密集的繁华地段，如火势失控，即会危及四周居民和仓库、车站等安全。其行为已足以对不特定多数的人身及财产构成严重威胁。从主观上看，其明知自己的行为有可能危害周围邻居，却采取听之任之的放任态度，也是一种间接故意犯罪。据此，符某某的辩解理由不能成立。鉴于被告人符某某的放火行为确系家庭纠纷引起，被告人主观恶性不大，客观上也未造成严重后果，犯罪情节轻微，可以考虑低于1979年《中华人民共和国刑法》第105条规定的量刑幅度减轻处罚。另外，鉴于符某某经法庭教育，确有悔罪之心，不予关押不致再危害社会，以及其正在戒毒所接受戒毒治疗等特殊情况，从有利于巩固其戒毒效果、实行人道主义和有利于扫毒、禁毒方面的社会综合治理工作的实际出发，对被告人符某某可以适用缓刑。

海南省海口市振东区人民法院经审理，根据1979年《中华人民共和国刑法》第105条、第59条、第67条第1款，作出判决：

符某某犯放火罪，判处有期徒刑1年，缓刑1年。

案例二：章某某等绑架案[①]

被告人章某某，男，38岁，原中国农业银行泗阳县支行办事员。因涉嫌犯绑架罪，于2000年1月24日被逮捕。

被告人王某敏，女，20岁，原泗阳县中亚大酒店服务员。因涉嫌犯绑架罪，于2000年1月24日被逮捕。

被告人章某娟，女，29岁，原中国人寿保险公司沭阳县支公司营销员。因涉嫌犯绑架罪，于2000年1月24日被逮捕。

被告人章某某承租泗阳县中亚大酒店，因经营不善而严重亏损，遂产生了绑架勒索财物的犯意。经考察，章某某选定了泗阳县摄影个体户吴某某之子吴某迪（本案被害人，7岁）为绑架对象，并对吴某迪的活动规律进行了跟踪了解。2000年1月14日上午，章某某向在自己承包的大酒店从事服务员工作的被告人王某敏提出：有人欠债不还，去把其子带来，逼其还债。王某敏表示同意。当日

① 参见中华人民共和国最高人民法院刑事审判第一庭、第二庭编：《刑事审判参考》（2002年第1辑），法律出版社2002年版，第40～45页。

13 时 10 分左右，章某某骑摩托车载着王某敏至泗阳县实验小学附近，将去学校上学的被害人吴某迪指认给王某敏，王某敏即跟随吴某迪至教室，将吴某迪骗出。章某某骑摩托车与王某敏一起将吴某迪带至泗阳县中亚大酒店，用胶带将吴某迪反绑置于酒店贮藏室内关押。16 时许，章某某电话寻呼被告人章某娟（系章某某外甥女），告诉章某娟自己绑架了一个小孩，要求章某娟帮助自己打电话给被害人家勒索财物，并告知章某娟被害人家的电话号码以及勒索 50 万元人民币和一部手机等条件。章某娟表示同意。当日 16 时至 17 时许，章某娟共 3 次打电话给被害人家，提出了勒索 50 万元人民币和一部手机等条件。次日，章某某赶到沭阳县城，再次要求章某娟继续向被害人家打电话勒索，章某娟予以拒绝。因被害人家属报案，1 月 17 日凌晨，被告人章某娟、章某某、王某敏先后被公安机关抓获，被害人吴某迪同时被解救。被害人吴某迪被绑架长达 63 小时之久，送医院治疗 5 天，诊断为双腕软组织挫伤，轻度脱水。吴某迪父母吴某某、马某为吴某迪治疗共花去医疗费总计人民币 2214.31 元。

2000 年 5 月 25 日，江苏省宿迁市人民检察院以被告人章某某、王某敏、章某娟犯绑架罪，向宿迁市中级人民法院提起公诉。

被告人章某某对指控的犯罪事实没有异议，其辩护人提出：章某某归案后认罪态度较好，可酌情从轻处罚。被告人王某敏辩称：自己没有绑架的故意。其辩护人提出：王某敏的绑架行为是在受骗的情况下实施的，主观恶性小，归案后认罪态度好，有悔罪表现，可予以从轻处罚。被告人章某娟对指控的犯罪事实没有异议，其辩护人提出：第一，被告人章某娟的行为符合犯罪中止的有关规定；第二，被告人章某娟属从犯，没有共同预谋和参与绑架，归案后能供述同案犯和被害人被关押的地点，能认罪悔罪，对其可以减轻处罚，并考虑缓刑。

宿迁市中级人民法院认为：被告人以勒索财物为目的，绑架他人，被告人章某娟在明知被告人章某某实施绑架行为后，仍打电话勒索财物，章某某、章某娟的行为均已构成绑架罪。被告人王某敏在被告人章某某谎称扣押人质而索债的认识支配下非法拘禁儿童，其行为已构成非法拘禁罪。章某某、章某娟系绑架的共犯，其中，章某某系主犯；章某娟系从犯，可依法予以减轻处罚。三被告人给附带民事诉讼原告人造成的经济损失应予赔偿。公诉机关指控章某某、章某娟的罪名正确，予以支持；其指控王某敏犯绑架罪，因王某敏主观上无绑架勒索财物的故意和目的，故公诉机关指控的罪名不准确，应予纠正。章某某归案后虽能如实供述自己的犯罪事实，但根据其犯罪的手段、后果及社会影响不足以对其从轻处罚。王某敏是在章某某谎称扣押人质而索债的故意支配下实施犯罪，作案后章某某也没有把自己的真实目的告诉王某敏，王某敏在主观上只有非法拘禁的故意，没有绑架的故意，故其辩解和辩护意见成立，予以采纳。章某娟在明知章某某实施绑架行为后，帮助章某某实施勒索行为，其后来虽然拒绝继续实施勒索行为，但不足以防止危害结果的发生，不属于犯罪中止，故其辩护意见不能成立，不予采纳。章某娟是在章某某实施绑架行为后，帮助实施勒索行为，属从犯，归案后能如实供述同案犯和被害人被关押的地点，能认罪悔罪，其要求减轻处罚的理由成立，予以采纳。但根据其犯罪情节及社会危害，不宜适用缓刑，故要求适用缓刑的意见不能成立，不予采纳。

宿迁市中级人民法院经审理后于2000年7月7日作出如下刑事判决：

1. 被告人章某某犯绑架罪，判处无期徒刑，剥夺政治权利终身，并处没收财产。

2. 被告人章某娟犯绑架罪，判处有期徒刑3年，并处罚金5000元。

3. 被告人王某敏犯非法拘禁罪，判处有期徒刑3年。

该案后被提起上诉。江苏省高级人民法院经二审审理后，于2000年9月22日作出裁定：

驳回上诉，维持原判。

案例三：王某明强奸案①

被告人王某明，男，1970年5月20日出生，工人。因涉嫌强奸，于1997年10月14日被刑事拘留，同月27日被释放，同年12月11日被取保候审。

1992年11月，被告人王某明经人介绍与被害人钱某相识，1993年1月登记结婚，1994年4月生育一子。1996年6月，王某明与钱某分居，同时向上海市青浦县人民法院起诉离婚。同年10月8日，青浦县人民法院认为双方感情尚未破裂，判决不准离婚。此后双方未曾同居。1997年3月25日，王某明再次提起离婚诉讼。同年10月8日，青浦县人民法院判决准予离婚，并将判决书送达双方当事人。双方当事人对判决离婚无争议，虽然王某明表示对判决涉及的子女抚养、液化气处理有意见，保留上诉权利，但后一直未上诉。同月13日晚7时许（离婚判决尚未生效），王某明到原居住的桂花园公寓3号楼206室，见钱某在房内整理衣物，即从背后抱住钱某，欲与之发生性关系，遭钱某拒绝。被告人王某明说：住在这里，就不让你太平。钱某挣脱欲离去。王某明将钱某的双手反扭住并将钱某按倒在床上，不顾钱某的反抗，采用抓、咬等暴力手段，强行与钱某发生了性行为。致钱某多处软组织挫伤、胸部被抓伤、咬伤。当晚，被害人即向公安机关报案。

上海市青浦县人民检察院以被告人王某明犯强奸罪，向青浦县人民法院提起公诉。

---

① 参见中华人民共和国最高人民法院刑事审判第一庭编：《刑事审判参考》（2000年第2辑），法律出版社2000年版，第26～27页。

被告人王某明辩称：发生性关系时对方自愿，不是犯罪。其辩护人提出：离婚判决尚未生效，夫妻关系尚未解除，指控王某明采用暴力的证据不足，王某明的行为不构成强奸罪。

青浦县人民法院经审理后认为：被告人王某明主动起诉，请求人民法院判决解除与钱某的婚姻，人民法院一审判决准予离婚后，双方对此均无异议。虽然该判决尚未发生法律效力，但被告人王某明与被害人已不具备正常的夫妻关系。在此情况下，被告人王某明违背妇女意志，采用暴力手段，强行与钱某发生性关系，其行为已构成强奸罪，应依法惩处。公诉机关指控被告人王某明的罪名成立。被告人关于发生性行为系对方自愿及其辩护人认为认定被告人采用暴力证据不足的辩解、辩护意见，与庭审质证的证据不符，不予采纳。依照《中华人民共和国刑法》第236条第1款、第72条第1款的规定，于1999年12月21日判决如下：

被告人王某明犯强奸罪，判处有期徒刑3年，缓刑3年。

一审宣判后，被告人王某明服判，未上诉。

（二）涉及的缓刑问题

上述三个案例中，被告人分别犯下了放火、绑架、强奸等严重暴力犯罪，对于案例一和案例三中的被告人，人民法院均适用了缓刑，但是，对于案例二中的被告人章某娟，尽管辩护人提出了适用缓刑的请求，人民法院却没有接受，而是对其判处了实刑。由此产生了一个问题：对放火、绑架、强奸等严重暴力犯罪能否适用缓刑？如果可以，应当如何适用？

（三）简要评析

我国《刑法》对缓刑适用，在罪种方面没有设置排除性规定，因此，从逻辑上看，对任何性质的犯罪分子都可以适用缓刑，但是，这并不意味着对任何性质的犯罪在考虑是否适用缓刑时应当一视同仁。在许多情况下，犯罪性质对犯罪情节都有重要影响。例如，抢劫罪的犯罪情节通常比抢夺罪更严重，强奸罪的犯罪情节通常比侮辱罪更严重。这是因为犯罪情节由主观恶性和客观危害组成，实施抢劫、强奸的犯罪分子的主观恶性通常要大于实施抢夺、侮辱的犯罪分子，因而前者的犯罪情节通常会比后者更加恶劣。基于这一道理，对实施放火、抢劫、强奸等严重暴力犯罪的犯罪分子，应当从严适用缓刑。

但是，从严适用缓刑并不是一概不适用缓刑。某些放火、绑架、强奸犯罪由于具有特别从宽情节，还是可以适用缓刑。例如，案例一中，被告人符某某的放火行为确系家庭纠纷引起，被告人主观恶性不大，客观上也未造成严重后果，犯罪情节轻微；案例三中，被告人王某明违背妇女意志，采用暴力手段，强行与钱某发生性关系，其行为已构成强奸罪，但王某明与被害人毕竟曾经是夫妻，且行为发生时，离婚判决尚未生效，也属于有特别从宽情节的情形。因此，人民法院对这两名被告人适用缓刑并无不当。至于案例二中，被告人章某娟虽然是在被告人章某某实施绑架行为后，帮助实施勒索行为，属从犯，且归案后能如实供述同案犯和被害人被关押的地点，能认罪悔罪，应当从轻或者减轻处罚，但是，该案并无其他特别从宽处罚情节，因此，人民法院没有对章某娟适用缓刑。从严格掌握对严重暴力犯罪分子适用缓刑的要求出发，人民法院的裁判是适当的。

（四）结论性观点

（1）对于放火、绑架、强奸等严重暴力犯罪分子，在具有特别从宽情节的情况下，只要符合《刑法》规定，仍然可以适用缓刑。

（2）对实施放火、绑架、强奸等严重暴力犯罪的罪犯，应当从严适用缓刑。

二、对贪污、受贿犯罪分子如何正确适用缓刑

（一）基本案情及裁判结果

李某明受贿案①

被告人（被上诉人）李某明，男，出生于1941年7月，汉族，河南省桐柏县人，系中国工商银行桐柏县支行会计师、营业楼筹建领导小组副组长。1995年7月2日因涉嫌受贿被监视居住。

河南省桐柏县人民检察院以被告人李某明犯受贿罪向桐柏县人民法院提起公诉。

河南省桐柏县人民法院经公开审理查明：1994年10月、12月及1995年1月，被告人李某明利用自己担任中国工商银行桐柏县支行新营业楼筹建领导小组副组长（主管工程资金，一支笔审批）的职务，在桐柏县建筑公司和该公司第五施工队提出申请拨付新营业楼基建工程款等要求之机，三次收受建筑公司和第五施工队的工作人员张某青、王某宽、程某聚转交该公司和第五施工队现金及四组合柜、“席梦思”床各一套（价值2000元）共计价值人民币1.6万元。1995年6月17日、18日，在行贿人的追要下，被告人李某明两次将1995年1月收受的行贿款1万元退还行贿单位。案发后，余赃款4000元及“席梦思”床、四组合柜各一套，由被告人李某明家人全部退出。

河南省桐柏县人民法院认为：被告人李某明无视国法，破坏国家的廉政制度，违背国家工作人员应遵守的廉政义务，利用职务之便，收受他人财物据为己有，其行为触犯了《中华人民共和国刑法》第185条第1款和全国人民代表大

① 参见赵秉志主编：《中国刑法典型案例研究》（第一卷），北京大学出版社2008年版，第294~295页。

会常务委员会《关于惩治贪污罪贿赂罪的补充规定》第4条第1款、第5条第1款、第2条第1款第2项的规定，构成受贿罪，应依法惩处。但被告人李某明于1995年1月收受现金1万元，1995年6月18日又在行贿人的索要下，于立案前退回，犯罪没有最终得逞，应属受贿未遂。李某明能坦白认罪，全部退赔赃款、赃物，原工作表现较好，故对辩护人的意见予以部分采纳，李某明受贿实得现金及实物合款6000元，受贿未遂1万元，应减轻处罚并适用缓刑。

河南省桐柏县人民法院根据所认定的事实、证据和判案理由，依照1979年《中华人民共和国刑法》第185条第1款、第20条、第67条及全国人民代表大会常务委员会《关于惩治贪污罪贿赂罪的补充规定》第4条第1款、第5条第1款、第2条第1款第2项、第12条的规定，于1995年12月12日作出如下判决：

1. 李某明犯受贿罪，判处有期徒刑3年，缓刑4年。

2. 没收李某明违法所得现金4000元及四组合柜、“席梦思”床各一套。

一审法院判决后，被告人李某明服判不上诉。公诉机关河南省桐柏县人民检察院以判决适用法律错误，对被告人李某明适用缓刑不当为由，向河南省南阳市中级人民法院提出抗诉。主要抗诉理由是：第一，1995年1月被告人李某明利用给桐柏县建筑公司拨付工程款之机，通过该公司经理张某青、副经理王某宽收受该公司贿赂款1万元，归本人及其子李某使用，其行为完全符合受贿罪的主、客观要件，属受贿罪（既遂）。因此，被告人李某明受贿1.6万元，均应认定为犯罪既遂。第二，被告人李某明受贿1.6万元，属受贿数额巨大，犯罪情节严重，不符合缓刑条件。一审法院判决对被告人李某明适用1979年《中华人民共和国刑法》第20条、第67条，显属不当。

河南省南阳市中级人民法院认为：桐柏县人民法院认定被上诉人李某明受贿的事实清楚，证据确实充分，以受贿罪追究其刑事责任是正确的。被上诉人李某明1995年1月收受1万元属犯罪未遂，结合其认罪态度好，并已退赃，原来表现较好，从全案考虑，对被上诉人李某明判处缓刑是适宜的。河南省南阳市中级人民法院根据所认定的事实、证据和上述判案理由，于1996年4月7日依照1979年《中华人民共和国刑事诉讼法》第136条第1项之规定，裁定如下：

驳回抗诉，维持原判决。

（二）涉及的缓刑问题

对本案被告人李某明是否可以适用缓刑，公诉机关持反对意见，两级法院则持肯定态度，这就涉及对贪污、受贿犯罪分子如何正确适用缓刑的问题。

（三）简要评析

对于贪污、受贿、挪用公款犯罪分子如何依法正确适用缓刑，最高人民法院在1996年曾经发布《关于对贪污、受贿、挪用公款犯罪分子依法正确适用缓刑的若干规定》。在该规定中，最高人民法院指出了当时少数法院对贪污、受贿、挪用公款等经济犯罪分子适用缓刑面过宽的问题，并对审理贪污、受贿、挪用公款案件如何适用缓刑作出了明确规定。本案发生在该规定发布以前，当然不可能适用该规定来处理案件，但根据当时的法律规定，对受贿数额巨大的犯罪分子也是不宜适用缓刑的。问题的关键在于李某明所收受贿款中的退还给行贿人的1万元是否属于受贿未遂。笔者认为，收受他人财物后，事隔5个月之久，才在行贿人的追要下将款退还给行贿人，显然属于受贿既遂而不是未遂，因此，审理本案的两级法院以被告人受贿款中的1万元已经在案发前退回给行贿人，因而以犯罪未遂为理由，对被告人李某明适用缓刑，在定性以及法律适用上显然是错误的。

1997年《刑法》对贪污、受贿犯罪的起刑点和量刑数额都作了调整，1996年发布的《关于对贪污、受贿、挪用公款犯罪分子依法正确适用缓刑的若干规定》中的具体内容显然不能再作为定罪量刑的依据，但是，该司法解释所体现的对贪污、受贿犯罪分子从严掌握适用缓刑的精神是否也随之无需再贯彻了呢?笔者认为，这种从严精神还是应当继续贯彻，这是因为当前的腐败犯罪的严峻形势与1996年相比，并没有缓和，因此，有必要对腐败犯罪继续保持高压态势，这就要求司法机关对贪污、受贿犯罪分子从严掌握缓刑适用标准，对贪污、受贿数额巨大的犯罪分子，除具有投案自首或者立功表现等法定减轻情节的之外，一般仍然不能适用缓刑。上述司法解释所列不得适用缓刑的情形，仍然不得适用缓刑。

（四）结论性观点

（1）最高人民法院在1996年发布的《关于对贪污、受贿、挪用公款犯罪分子依法正确适用缓刑的若干规定》的精神，司法机关至今仍然应当贯彻。

（2）对贪污、受贿犯罪分子，应当从严掌握适用缓刑。

第二节 关于缓刑适用实质条件的案例评析

一、在某种犯罪以情节严重为成立条件的情况下，能否对犯罪人适用缓刑

（一）基本案情及裁判结果

案例一：马某根、袁某林、马某庆、李某钢侵犯商业秘密案①

被告人马某根，男，1949年1月11日生于浙江省绍兴市，汉族，大专文

① 参见赵秉志主编：《中国刑法典型案例研究》（第三卷），北京大学出版社2008年版，第332～334页。

化，系杭州森锐道路机械科技有限公司（以下简称森锐公司）常务副总经理兼总工程师。

被告人袁某林，男，1963年10月16日生于浙江省绍兴县，汉族，高中文化，系森锐公司董事长。

被告人马某庆，男，1950年10月11日生于浙江省绍兴市，汉族，初中文化，系森锐公司员工。

被告人李某钢，男，1977年10月12日生于浙江省绍兴县，汉族，高中文化，系森锐公司总经理。

浙江兰亭高科有限公司（以下简称兰亭公司）是一家具有从事生产、加工改性沥青与成套设备系列产品等经营范围的有限责任公司。该公司为适应市场需求而自主研发的移动式改性沥青成套设备系列产品，为公司带来了良好的经济效益并获得多项奖励。前述设备中关于“SBS改性沥青生产溶胀罐的搅拌器结构”和“研磨工艺流程”等技术信息以及与生产改性沥青成套设备有关的原材料、设备仪器采购及配件外加工单位名录等各类经营信息，被该公司界定为商业秘密加以保护，制定了《技术资料保管保密制度》、《自动控制保密制度》、《研究中心保密制度》（均于2003年6月10日起施行）等保密制度。同时，兰亭公司还通过与员工签订《劳动合同》、《企业员工保密合同》等形式确定了企业员工对公司商业秘密的保密义务。在兰亭公司与其他单位发生前述设备的买卖业务中，亦作了“买受人不得对设备进行仿制测绘及向其他单位扩散”内容的明确约定。

被告人马某根、马某庆、李某钢原均系兰亭公司的员工，依照公司的惯例，上述三被告人均与兰亭公司签订了《劳动合同》、《企业员工保密合同》或《保密协议》，合同约定“与兰亭公司利益有关的关键原材料、设备仪器采购及产品销售的各类经营信息”、“兰亭公司和产品的分子结构、生产配方、工艺流程和参数、技术要求及操作方法、步骤、要点等相关技术”及“兰亭公司研究制造的设备图纸、设计技术数据及仪器仪表、生产专用工具的规格、型号、形状、产地及其流程图等技术”信息为公司的商业秘密，被告人马某根、马某庆、李某钢均以签名的形式承诺在兰亭公司工作期间及离职后承担保密义务。在兰亭公司任职期间，被告人马某根曾任设计室主任，被告人马某庆曾任质检评估处处长，利用各自职务形成的条件，马某根掌握了移动式改性沥青成套设备中多项涉及保密的技术信息，马某庆掌握了兰亭公司前述设备关键零部件采购渠道及配件外加工单位名录等经营信息。

2004年2月，被告人马某根因故离开兰亭公司。2004年8月16日，被告人马某根伙同被告人李某钢，违反前述合同中有关保密义务的要求，与知晓两人原为兰亭公司员工的被告人袁某林经多次商议后签订《合作协议书》。三人约定：

三被告人合作组建森锐公司生产改性沥青成套设备；袁某林以固定资产及流动资金入股占公司股份的55%；马某根、李某钢以技术入股，各占有公司20%的股份，股东分红按股份分配。2004年9月29日，森锐公司正式登记成立，由袁某林任董事长，马某根、李某钢分别担任该公司常务副总经理兼总工程师、总经理职务，并开始生产和兰亭公司同类的移动式改性沥青成套设备。被告人马某根利用在兰亭公司工作期间掌握的专有技术，为生产移动式改性沥青成套设备提供了主要技术支持。为获取制造设备所需的关键设备采购渠道及配件外加工单位名录，被告人马某根又于2004年10～12月期间，多次致电被告人马某庆提出泄露要求，马某庆违反兰亭公司保密义务要求将相关经营信息泄露给马某根，并分三次收受了马某根给予的现金共计600元。2005年3月，被告人马某庆亦因故离开兰亭公司进入森锐公司从事与兰亭公司同类的工作，并继续披露兰亭公司的经营信息为森锐公司物色配件外加工单位，促使森锐公司与兰亭公司九家原业务单位建立了业务联系，并最终形成了生产移动式改性沥青成套设备的生产能力。截至2005年6月，森锐公司利用上述条件共制造移动式改性沥青成套设备6套，并已用于山西省汾阳至柳林高速公路项目，从事加工改性沥青成品业务，约定加工费为每吨250元，实际加工量合计15414.89吨。

经浙江省科技信息研究院进行国内查新，兰亭公司“采用螺旋式与框式、浆式集成搅拌器”及“以二台或三台磨机为核心配置，通过回路直接连接，实现串联的工艺流程”的技术信息，在所检文献中未见述及。经浙江省科技咨询中心鉴定，兰亭公司生产的SG—12Ⅱ移动式改性沥青成套设备包含前述两项技术信息，森锐公司生产的移动式改性沥青成套设备中用于SBS改性沥青生产溶胀罐的搅拌器结构与兰亭公司设备相应的技术信息相同，森锐公司设备中研磨工艺流程与兰亭公司设备相应的技术信息相同。经浙江武林资产评估有限公司评估，森锐公司在山西省汾柳高速公路改性沥青加工业务中获得的利润计人民币267万元。

浙江省绍兴县人民法院审理后认为：被告人马某根违反商业秘密权利人兰亭公司有关保守商业秘密的要求，为获取非法利益，伙同被告人李某钢等人成立森锐公司，披露、使用其掌握的商业秘密，生产与兰亭公司同类的产品；被告人袁某林在知悉马某根违反保守商业秘密义务后，仍决定并实际参与涉案侵权产品的继续生产，并将产品投放市场；被告人马某庆在被告人马某根的利诱下违反保守商业秘密的义务，泄漏商业秘密；被告人李某钢明知马某根违反保密义务披露、使用商业秘密生产侵权产品，仍为牟利而参与涉案犯罪；四被告人的行为给权利人造成了特别严重的后果，均已构成侵犯商业秘密罪，属于共同犯罪，分别判处被告人马某根有期徒刑3年，并处罚金12万元；袁某林有期徒刑2年，缓刑2年6个月，并处罚金10万元；马某庆有期徒刑2年，缓刑2年6

个月，并处罚金8万元；李某钢有期徒刑1年6个月，缓刑2年，并处罚金4万元。

案例二：徐某庆、王某霞等故意杀人、帮助毁灭证据案①

被告人徐某庆，男，48岁，汉族，文盲，农民。因涉嫌故意杀人罪于1998年12月11日被南阳市公安局刑事拘留，同年12月31日被南阳市公安局执行逮捕。

被告人王某霞，又名王某某，女，38岁，汉族，小学肄业，农民。因涉嫌帮助毁灭证据罪于1998年12月28日被南阳市公安局宛城区分局刑事拘留，1999年1月11日被南阳市公安局执行逮捕。

被告人李某庆，又名李某海，男，35岁，汉族，小学肄业，农民。因涉嫌帮助毁灭证据罪于1999年1月5日被南阳市公安局宛城分局刑事拘留，1999年1月11日被南阳市公安局执行逮捕。

被告人徐玉某，男，49岁，汉族，小学肄业，农民。因涉嫌帮助毁灭证据罪于1999年1月5日被南阳市公安局宛城分局刑事拘留，1999年1月11日被南阳市公安局执行逮捕。

1998年11月27日下午5时许，被告人徐某庆与其弟徐某法为其母肖某珍的1900元占地款发生争吵，被害人徐某法先持酒瓶砸徐某庆，引起二人厮打。在厮打中，徐某庆持单刃刀先后照徐某法颈部、腹部各刺一刀，致徐某法当场倒地死亡。徐某庆作案后，分别告诉其妻王某霞，其母肖某珍、堂兄徐玉某、妹夫李某庆，称其在与徐某法打架中将徐某法打死，并与王某霞一起就如何处理此事征求其母肖某珍的意见，肖某珍让连夜将徐某法的尸体掩埋。被告人王某霞谎称徐某法因醉酒而死，请邻居雷某奇、肖某安、雷某林帮忙挖墓坑。后徐某庆伙同李某庆将徐某法尸体连夜运到墓地掩埋。经法医鉴定，徐某法系被他人持单刃锐器致伤腹腔、脏器致创伤失血性休克死亡。

河南省南阳市人民检察院以被告人徐某庆犯故意杀人罪，被告人王某霞、李某庆、徐玉某犯包庇罪向河南省南阳市中级人民法院提起诉讼。

被告人徐某庆对公诉机关指控其犯故意杀人罪不持异议。其辩护律师辩称：徐某庆无杀死其弟徐某法的故意，应定故意伤害罪；被害人徐某法先持酒瓶找被告人徐某庆系寻衅滋事有一定过错，且被害人平时表现不好，不孝敬母亲。被告人有酌定从轻情节。被告人王某霞、李某庆、徐玉某对公诉机关指控其犯包庇罪无辩解意见。

---

① 参见国家法官学院、中国人民大学法学院编：《中国审判案例要览》（2000年刑事审判案例卷），中国人民大学出版社2002年版，第176～179页。

河南省南阳市中级人民法院依法经公开审理后认为：被告人徐某庆因家务琐事持刀致死人命，已构成故意杀人罪，被告人王某霞、李某庆、徐玉某明知他人已构成犯罪，而以毁灭现场、掩埋尸体的方法帮助其毁灭证据，其行为已构成帮助毁灭证据罪。南阳市人民检察院对被告人徐某庆所犯罪行的指控成立。辩护人辩称被害人徐某法有一定过错，被告人徐某庆有酌定从轻情节的辩护意见成立，予以采纳。根据相关规定，判决如下：

1. 被告人徐某庆犯故意杀人罪，判处无期徒刑，剥夺政治权利终身。
2. 被告人王某霞犯帮助毁灭证据罪判处有期徒刑 2 年，缓刑 3 年。
3. 被告人李某庆、徐玉某犯帮助毁灭证据罪各判处有期徒刑 2 年，缓刑 2 年。

案例三：王某民、刘某新、田某莲、沙某丹等遗弃案①

被告人王某民，男，1943 年 10 月 8 日出生，山东省运城市人，汉族，大学文化，乌鲁木齐市精神病福利院院长。2000 年 11 月 16 日因本案被拘留，同年 12 月 11 日被逮捕，2001 年 1 月 20 日被取保候审。

被告人刘某新，男，1956 年 9 月 14 日出生，新疆维吾尔自治区乌鲁木齐市人，汉族，大专文化，乌鲁木齐市精神病福利院四病区科主任。2000 年 11 月 12 日因本案被拘留，同年 12 月 11 日被逮捕，2001 年 4 月 30 日被取保候审。

被告人田某莲，女，1971 年 2 月 9 日出生，新疆维吾尔自治区乌鲁木齐市人，汉族，大专文化，乌鲁木齐市精神病福利院四病区护士长。2000 年 11 月 12 日因本案被拘留，同年 12 月 11 日被逮捕，2001 年 4 月 30 日被取保候审。

被告人沙某丹，女，1958 年 10 月 20 日出生，新疆维吾尔自治区伊宁市人，维吾尔族，大专文化，乌鲁木齐市精神病福利院五病区科主任。2001 年 1 月 19 日因本案被取保候审。

被告人（上诉人）于某枝，女，1962 年 8 月 8 日出生，新疆维吾尔自治区乌鲁木齐市人，汉族，中专文化，乌鲁木齐市精神病福利院五病区护士长。2001 年 1 月 19 日因本案被取保候审。

新疆维吾尔自治区乌鲁木齐市新市区人民检察院指控称：被告人刘某新、田某莲、沙某丹、于某枝在乌鲁木齐市精神病福利院院长被告人王某民的同意和指派下，与其他该院工作人员，将 28 名“三无”公费病人，送往甘肃省境内及新疆维吾尔自治区昌吉自治州附近遗弃。被遗弃的 28 名病人中，除杜某新一人安全返回家中外，另 27 名病人均下落不明。被告人王某民、刘某新、田某莲、沙

① 参见最高人民法院中国应用法学研究所编：《人民法院案例选》（2004 年刑事专辑），人民法院出版社 2005 年版，第 227 ~ 284 页。

某丹、于某枝5人的行为均已触犯《中华人民共和国刑法》第261条的规定，构成遗弃罪。

新市区人民法院经公开审理查明：1996年至1999年8月间，被告人刘某新、田某莲、沙某丹、于某枝在乌鲁木齐市精神病福利院院长王某民的指派下，安排该院工作人员将精神病福利院的28名“三无”公费病人（即无家可归、无依无靠、无生活来源，由国家拨款救治的病人）遗弃在甘肃省及昌吉自治州附近。经四病区科主任被告人刘某新的认可和护士长田某莲的参与，送走“三无”公费病人4次，病人19名。其中，1996年6月由该院工作人员王某新、王某茂乘火车将病人王某鹏、周某宁、荣某站、沙某山遗弃在甘肃省境内；1999年5月由被告人刘某新、田某莲将张某堂、努某克、里某甫遗弃在昌吉自治州附近；1999年7月由王某新乘火车将病人刘某生、单某义、郑某忠、王某春、杜某新与名遗弃在甘肃境内。经五病区科主任被告人沙某丹的认可和护士长于某枝的参与，送走“三无”公费病人4次，病人9名。其中，1999年4月被告人沙某丹与张某玲大夫将病人罗某珍遗弃在乌鲁木齐市红山附近；1999年5月被告人于某枝与张某玲大夫将病人沙某遗弃在昌吉自治州附近；1999年8月被告人沙某丹将磕某、库某汗、马某清、吴某珍、吴某遗弃在昌吉自治州附近；1999年11月被告人沙某丹、于某枝将病人曹某及一名哑女遗弃在昌吉自治州附近。以上被遗弃的“三无”公费病人中，只有杜某新已安全回到家中，其他27名被遗弃的病人均下落不明。

新市区人民法院根据上述事实和证据认为：被告人王某民、刘某新、田某莲、沙某丹、于某枝身为福利院的工作人员，对依赖于福利院生存、救助的“无家可归、无依无靠、无生活来源”的公费病人，负有特定扶养义务，应当依据其各自的职责，积极履行监管、扶养义务，而不应将被扶养的28名病人遗弃，拒绝监管和扶养。被告人王某民、刘某新、田某莲、沙某丹、于某枝的行为均已触犯我国《中华人民共和国刑法》中关于对于年老、年幼、患病或者其他没有独立生活能力的人，负有扶养义务而拒绝扶养，情节恶劣的处5年以下有期徒刑的规定，构成了遗弃罪，应予惩处。公诉机关的指控事实及指控的罪名成立，予以采纳。被告人王某民及其辩护人陈某的辩护认为，指控遗弃病人是在王某民的“同意和安排下”一节事实不清，证据不足。现有被告人刘某新、沙某丹的供述以及证人的证言，证实被告人王某民安排四病区、五病区对尚无自理能力的病人进行遗弃，并在事前、事后积极作为，有证据予以印证，应予采信。而被告人王某民及其辩护人主张的意见缺乏证据印证，且与查证的事实不符，本院不予采纳。辩护人陈某、宋某、杨某英、艾某尔、张某认为，被告人王某民、刘某新、田某莲、沙某丹、于某枝不具有犯罪主体资格，其行为不构成犯罪的辩护意见，与事实不符。遗弃罪的主体，是指法律上对被遗弃者有扶养义务的人。本案中的被告人依据国家法律、行政法规，担负着对精神病福利院公费病人的监护、扶养的义务，与病人之间已形成了监护、扶养与被监护、被扶养的关系，具备特定的扶养义务主体资格。同时，被告人的遗弃行为，在社会上造成了恶劣的影响，具有严重的社会危害性和刑事违法性，理应受到刑事处罚，因此对辩护人的辩护意见，不予采纳。被告人王某民、刘某新、田某莲、沙某丹、于某枝对病人的遗弃，符合共同犯罪的特征，系共同犯罪。被告人王某民起主要作用，系主犯；被告人刘某新、田某莲、沙某丹、于某枝起次要辅助作用，系从犯，应当从轻、减轻处罚。新市区人民法院依照《中华人民共和国刑法》第261条、第72条第1款、第73条第2款、第3款、第25条、第26条第1款、第27条的规定，作出如下判决：

1. 王某民犯遗弃罪，判处有期徒刑2年，缓刑3年。
2. 刘某新犯遗弃罪，判处有期徒刑1年，缓刑2年。
3. 田某莲犯遗弃罪，判处有期徒刑1年，缓刑2年。
4. 沙某丹犯遗弃罪，判处有期徒刑1年，缓刑2年。
5. 于某枝犯遗弃罪，判处有期徒刑1年，缓刑2年。

一审法院判决后，被告人于某枝不服，提出上诉。

乌鲁木齐市中级人民法院经审理认为：上诉人于某枝、原审被告人王某民、刘某新、田某莲、沙某丹身为福利院的工作人员，将依赖于福利院生存救助的"三无"公费病人28人遗弃，其行为均构成了遗弃罪。上诉人于某枝的上诉要求和理由于事实不符，也无法律依据，故不予采纳。原判认定事实清楚，证据确实充分，定罪准确，量刑适当，审判程序合法，应予维持。乌鲁木齐市中级人民法院依照《中华人民共和国刑事诉讼法》第189条第1项之规定，作出如下裁定：

驳回上诉，维持原判。

（二）涉及的缓刑问题

案例一中，被告人马某根、袁某林、马某庆、李某钢犯的是侵犯商业秘密罪，该罪的成立以给商业秘密的权利人造成重大损失为要件；案例二中，被告人王某霞、李某庆、徐玉某触犯的是帮助毁灭证据罪，该罪以情节严重为构成要件；案例三中，被告人王某民、刘某新、田某莲、沙某丹等人犯的是遗弃罪，该罪以情节恶劣为构成要件。而《刑法》规定的缓刑适用的实质条件之一是犯罪情节较轻。由此产生的一个问题是：在行为人所犯罪行以情节严重为成立条件的情况下，能否适用缓刑？造成重大损失是否属于情节严重？

（三）简要评析

《刑法》规定某个罪以情节严重或者情节恶劣为构成要件，说明立法者意图将部分情节较轻的这类行为排除在犯罪之外，实际上提高了这类行为的入罪门槛。因此，行为人实施这类危害行为达到情节严重或者情节恶劣的程度，只表明其行为已经构成犯罪，并不意味着不能对其宣告缓刑。换言之，这种作为构罪要件的情节严重或者情节恶劣，与不能适用缓刑的情节严重或者情节恶劣的功能不同，后者为裁量刑罚时需要考虑的因素，而前者是定罪时应当考虑的因素。在构成以情节恶劣或者情节严重为要件的犯罪时，量刑方面还是存在情节较轻与情节严重的区别，前一种情形符合犯罪情节较轻这一缓刑适用实质条件，因而仍然可以宣告缓刑。因此，审理案例二和案例三的司法机关对案件中的多个被告人宣告缓刑，并没有违反法律的规定。

造成重大损失只是犯罪行为造成的客观危害，它与既要考虑主观恶性、又要考虑客观危害的“情节严重”或者“情节恶劣”的评价标准是不同的，因此，危害行为造成重大损失，并不当然说明犯罪情节严重或者情节恶劣。

（四）结论性观点

（1）在行为人所犯罪行以情节严重或者情节恶劣为成立条件的情况下，只要其具体犯罪行为在同类案件中属于情节较轻的情形，同样可以宣告缓刑。

（2）造成重大损失不一定属于情节严重，二者的判断标准不同，存在交叉关系。

二、对情节严重的共同犯罪中的从犯能否适用缓刑

（一）基本案情及裁判结果

案例一：刘某娟等组织淫秽表演案①

1999年3月至4月间，被告人刘某娟伙同被告人徐某静、任某，每晚在某市德成美食娱乐中心组织女服务员谢某、姬某，在该中心的KTV包间内当众进行脱衣舞表演，后期逃避公安机关的监督检查，被告人刘某娟于每晚11时左右，通知德成美食娱乐中心一楼的看门人王某和关闭该中心的大门和门口的照明灯，制造该娱乐中心已经关门打烊的假象，再通知徐某静安排谢某、姬某二人进入KTV包间内进行脱衣舞表演。1999年4月21日晚，被告人徐某静、任某安排谢某、姬某在德成美食娱乐中心的KTV包间内进行脱衣舞表演时，被公安机关当场抓获。

南京市建邺区人民法院认为：被告人刘某娟、徐某静、任某组织他人进行淫秽表演，其行为均已构成组织淫秽表演罪，被告人刘某娟、徐某静犯罪情节严重，且在共同犯罪中起主要作用，系主犯；被告人任某在共同犯罪中起次要作

① 参见赵秉志主编：《中国刑法典型案例研究》（第二卷），北京大学出版社2008年版，第516页。

用，系从犯。南京市建邺区人民检察院关于被告人刘某娟、徐某静、任某犯组织淫秽表演罪，被告人刘某娟、徐某静犯罪情节严重，且均系主犯的指控，事实清楚，证据确实、充分，指控的罪名成立，予以采纳。谢某、姬某在表演脱衣舞时，将全身衣服脱掉直至裸露全身，因此，对谢某、姬某的脱衣舞表演应当认定为诲淫性的演出，属淫秽表演，故本院对辩护人胡某关于需要进一步查证谢某、姬某的表演是否淫秽表演的辩护意见不予支持。被告人徐某静、任某均证实，被告人刘某娟不仅亲自组织过谢某、姬某进行脱衣舞表演，还在表演的后期，安排实施了逃避公安机关打击的措施。证人谢某、姬某也证实，被告人刘某娟安排过谢、姬二人进入包间内为客人表演脱衣舞，故本院对被告人刘某娟关于自己未参与组织淫秽表演的辩解，以及辩护人胡某关于被告人刘某娟未策划、组织1999年4月21日晚的淫秽表演的辩护意见不予采纳。德成美食娱乐中心KTV包间内进行淫秽表演的时间长、次数多、观看的人数多，造成了恶劣的社会影响，被告人刘某娟身为KTV总经理，应当对自己管理的KTV包间内出现淫秽表演承担责任，而且被告人刘某娟不仅允许、纵容谢某、姬某在自己负责管理的KTV包间内进行淫秽表演，还亲自安排过她们进入包间为客人表演脱衣舞，在后期又亲自安排实施了逃避检查的措施，故对被告人刘某娟、徐某静组织淫秽表演的行为应当认定为情节严重，且在共同犯罪中系主犯。综上，本院对辩护人胡某、张某伟提出的认定被告人刘某娟犯罪情节严重依据不足、被告人徐某静犯罪情节一般且不能认定为主犯、德成美食娱乐中心包间内进行的淫秽表演时间不长、影响较小的辩护意见，以及被告人徐某静提出的自己不应当被认定为主犯和犯罪情节严重的辩解不予采纳。被告人刘某娟在公安机关侦查期间以及庭审过程中，不能如实供述自己的主要犯罪事实，故对辩护人胡某提出被告人刘某娟认罪态度较好的辩护意见不予采纳。辩护人张某伟提出的被告人徐某静认罪态度较好，建议对其从轻处罚的辩护意见，以及辩护人朱某前提出的被告人任某在共同犯罪中系从犯，犯罪情节一般，没有前科劣迹，认罪态度较好，建议对其从轻处罚的辩护意见，与事实相符，可以采纳。但是被告人任某犯罪行为具有较大的社会危害性，不予适用缓刑，故对辩护人朱某前提出的对被告人任某判处缓刑的辩护意见不予采纳。南京市建邺区人民法院依照《中华人民共和国刑法》第365条、第25条第1款、第26条第1款、第27条的规定，作出如下判决：

1. 被告人刘某娟犯组织淫秽表演罪，判处有期徒刑5年，罚金人民币5000元。

2. 被告人徐某静犯组织淫秽表演罪，判处有期徒刑4年，罚金人民币4000元。

3. 被告人任某犯组织淫秽表演罪，判处有期徒刑1年，罚金人民币1000元。

一审法院判决后，被告人刘某娟、徐某静不服，提出上诉。上诉人刘某娟及其辩护人诉称：上诉人刘某娟的行为不能认定为情节严重，且一审量刑过重；上诉人徐某静及其辩护人诉称：上诉人徐某静的犯罪行为不构成严重，且只能算从犯。

江苏省南京市中级人民法院经审理查明：1999 年 3 月至 4 月间，上诉人刘某娟伙同上诉人徐某静、原审被告人任某，每晚在本市德成美食娱乐中心组织女服务员谢某、姬某，在该中心的 KTV 包间内当众进行脱衣舞表演，后期为逃避公安机关的监督检查，由上诉人刘某娟安排制造该娱乐中心已经关门打烊的假象，再通知徐某静安排谢某、姬某二人进入 KTV 包间内进行脱衣舞表演。1999 年 4 月 21 日晚，被告人徐某静、任某安排谢某、姬某在德成美食娱乐中心的 KTV 包间内进行脱衣舞表演时，被公安机关当场抓获。

江苏省南京市中级人民法院认为：上诉人刘某娟身为南京德成美食娱乐中心 KTV 总经理，除授意公关经理徐某静安排谢某、姬某进包间跳脱衣舞外，还亲自实施了安排谢某、姬某跳脱衣舞以及采取措施逃避检查等行为。上诉人徐某静在南京德成美食娱乐中心的包间内安排了大部分的脱衣舞表演，是主要的组织实施者。上诉人刘某娟、徐某静在经营过程中，组织淫秽表演的时间长，观看的人数多，造成了极坏的社会影响，原审法院根据上述情节和恶劣的社会影响，认定上诉人刘某娟、徐某静和原审被告人任某的量刑是正确的，故对上诉人刘某娟、徐某静及其各自的辩护人的上诉、辩护意见不予采纳。江苏省南京市中级人民法院依照《中华人民共和国刑事诉讼法》第 189 条第 1 项的规定作出如下裁定：

驳回上诉，维持原判。

案例二：唐某俊等伪造货币案①

被告人唐某俊，1973 年 10 月 7 日生于四川省达县，汉族，初中文化，农民，曾在广东从事彩印工作多年，任高级主管，负责彩排。

被告人彭某平，曾用名彭某辉，1974 年 4 月 17 日生于江西省宜春市袁州区，汉族，初中文化，农民，曾在广东从事彩印工作多年，系彩印技术工人。

被告人邹某生，1968 年 5 月 28 日生于江西省宜春市袁州区，汉族，小学文化，农民，曾在广东从事彩印工作多年，系彩印技术工人。

被告人许某民，1961 年 6 月 15 日生于广东省陆丰市，汉族，小学文化，无业。

被告人黄某平，1982 年 1 月 6 日生于江西省宜春市袁州区，汉族，中专文

① 参见赵秉志主编：《中国刑法典型案例研究》（第三卷），北京大学出版社 2008 年版，第 69 ~ 70 页。

化，袁州区慈化镇政府干部。

经查明，2003 年下半年，被告人唐某俊与李某汉共谋制造假币并进行了分工，同年 10 月，唐某俊邀被告人彭某平参与印制假币，彭某平找到被告人黄某平的养猪场作为造币地点。等唐某俊购买设备后，李某汉于同年 12 月、2004 年 1 月，先后两次向被告人许某民提出购买专用钞票纸。许某民明知李某汉等人的目的，仍帮忙联系并介绍郑某销售了 1.5 吨红蓝纤维纸给李某汉等人。2003 年 12 月至 2004 年 2 月期间，被告人唐某俊、彭某平等人共伪造了三批第五套面值 100 元的人民币 50 余箱，价值近 1 亿元（这些假币没有水印头像、金属条等，属半成品，需进一步加工）。随后，李某汉联系到买主后通知唐某俊，唐某俊又通知彭某平把假币交给李某逢。李某汉按每 100 元假币 3.8 ~4.5 元不等的价格付款给被告人唐某俊，共出售假币约 6000 万元，所得赃款 200 余万元，其中被告人唐某俊分得约 60 万元，彭某平分得 30 余万元，邹某生分得 7.5 万元，黄某平包括房租一起分得 3 万元。剩余的钱由李某汉、黄某及做工人员分得。2004 年 3 月 1 日被告人彭某平得知公安机关在追查假币后，与被告人黄某平及黄某一起将尚未卖出的部分假币予以烧毁，所用机器与房屋也被黄某平拆毁、掩埋和破坏。2004 年 7 月，被告人唐某俊又邀集李某生（在逃）等人准备再次伪造第五套面值 100 元的人民币时，被公安机关及时查获捣毁。

江西省宜春市人民检察院指控被告人唐某俊等构成伪造货币罪，且系共同犯罪。宜春市中级人民法院认为：被告人唐某俊等为谋取高额非法利益故意伪造货币或为伪造货币提供积极帮助，其行为均构成伪造货币罪，且伪造货币数额特别巨大。根据各被告人制造的假币属半成品，社会危害性相对较小的情况，各被告人在共同犯罪中所起的作用，以及归案前后各自立功或自首的情节，分别作出如下判决：

1. 被告人唐某俊犯伪造货币罪，判处死刑缓期 2 年执行，剥夺政治权利终身，并处罚金 50 万元。

2. 被告人彭某平犯伪造货币罪，判处有期徒刑 14 年，并处罚金 30 万元。

3. 被告人邹某生犯伪造货币罪，判处有期徒刑 10 年，并处罚金 20 万元。

4. 被告人许某民犯伪造货币罪，判处有期徒刑 5 年，并处罚金 18 万元。

5. 被告人黄某平犯伪造货币罪，判处有期徒刑 3 年，缓刑 4 年，并处罚金 15 万元。

（二）涉及的缓刑问题

案例一中，被告人任某所犯的组织淫秽表演罪比案例二中许某民所犯的伪造货币罪罪行要轻，且任某与许某民一样，都是共同犯罪中的从犯。然而，许某民获得了缓刑，任某却被人民法院拒绝适用缓刑。由此引发的问题是：对情节严重的共同犯罪中的从犯能否适用缓刑？

（三）简要评析

案例一中，被告人刘某娟、徐某静、任某所犯组织淫秽表演罪被认定为情节严重，因而人民法院在该罪的第二个法定刑幅度（即3年以上10年以下）内量刑。这里的情节严重，不再是定罪要件，而是量刑情节。在这种情况下，被认定为主犯的刘某娟显然已经不具备适用缓刑的第一个实质条件，即犯罪情节较轻，因而不能适用缓刑。但是，对作为从犯的任某能否适用缓刑呢？一、二审法院均以任某的犯罪行为具有较大的社会危害性为理由，决定对其不予适用缓刑。笔者认为，这种判决理由不妥。

犯罪行为具有较大的社会危害性并不是排除适用缓刑的理由。即使犯罪人所犯罪行具有较大的社会危害性，其具体犯罪情节也可能较轻，因而可以适用缓刑。例如，抢劫犯罪显然具有很大的社会危害性，但是，抢劫犯罪中也可能存在情节较轻的情形，也可以适用缓刑。例如，某高校贫困学生何某损坏同学的自行车无力赔偿，又被同学要求必须赔偿，因此选择拦路抢劫。两名路人目击何某作案，怒喝“站住”，将何某吓得呆立原地，抢劫未遂。笔者认为，本案中何某的犯罪情节就可以认定为较轻，综合各方面因素，可以考虑对其适用缓刑。共同犯罪尤其如此。在多人共同犯罪，主犯行为已经达到情节严重的情况下，从犯完全可能尚处于情节较轻的范围。又如，甲胁迫乙和他一起将欠债不还的丙非法拘禁达10天之久。在非法拘禁过程中，甲对丙大肆折磨，侮辱、殴打丙，致丙轻伤。乙在甲的胁迫下，负责对丙进行看管。后乙伺机帮助丙逃脱。本案中，甲、乙共同实施的非法拘禁犯罪显然已经到达了情节严重的程度，对甲不宜适用缓刑，但是，乙在本案中的犯罪情节却明显较轻，符合缓刑适用的实质条件。因此，笔者认为，就共同犯罪而言，“犯罪情节较轻”这一缓刑适用实质条件不是针对整个犯罪而言，而是针对具体犯罪人的犯罪情节而言。在整个共同犯罪情节严重的情况下，其中的个别共犯的犯罪情节仍然可能较轻，因而仍然可以考虑适用缓刑。

案例二中，人民法院就很好地做到了这一点。尽管该案的主犯被告人唐某俊罪行严重，被判处死刑，缓期二年执行，但人民法院同时对作为帮助犯的从犯许某民判处3年有期徒刑的较轻刑罚，并根据其悔罪表现以及其他情况适用缓刑，这就充分体现了罪责刑相适应原则的要求。

（四）结论性观点

（1）对情节严重的共同犯罪中的从犯，仍然可以适用缓刑。

（2）在共同犯罪中，《刑法》第72条所规定的“犯罪情节较轻”这一缓刑适用实质条件，指的是具体犯罪人的犯罪情节，而不是指整个共同犯罪的犯罪情节。

三、被告人不认罪能否适用缓刑

（一）基本案情及裁判结果

胡某故意伤害案①

上诉人（原审被告人）胡某，男，1970 年 3 月 11 日出生，汉族，高中文化，安康铁路分局万源工务段工人。2000 年 12 月 28 日因涉嫌犯伤害罪被安康铁路公安处取保候审。

安康铁路运输法院经审理查明：2000 年 9 月 10 日 11 时许，蒲家火车站桥燧工区职工杨某平及陈某慧与养路工区职工黎某成夫妇在该站工务家属区因琐事发生争执。被告人胡某闻讯到现场后，帮助陈某慧与黎某成扭打起来。随后，胡某平拳击黎某成，并拣起地上的三齿耙，打在黎某成的背部。当被告人胡某再次抡起三齿耙打黎某成时，黎某成闪身躲过，三齿耙打在仍拉扯着黎某成衣服的陈某慧头部右侧。被害人陈某慧被送往医院救治，诊断为右脑颞顶叶脑内血肿，硬脑膜破裂，右侧顶骨粉碎性骨折，出现脑受压症状。经法医鉴定属重伤。

安康铁路运输法院认为：被告人胡某见他人发生争执，不进行劝阻，反而帮人打架，打伤被帮之人，致其重伤，其行为已构成故意伤害罪。被告人辩称其没有伤害被害人的故意，属过失行为。经查，胡某确有伤害他人的故意，而且实施了伤害他人的行为，造成了伤害结果，为了追求一个犯罪目的，放任了另一个危害结果的发生，其行为符合间接故意犯罪特征。鉴于胡某归案后能如实交待犯罪事实，有悔罪表现，得到了被害人的谅解，故可从轻处罚。依照《中华人民共和国刑法》第 234 条第 2 款、第 72 条第 1 款之规定，判决如下：

被告人胡某犯故意伤害罪，判处有期徒刑 3 年，缓刑 3 年。

一审宣判后，上诉人胡某以证据不充分、不客观、定性不准及原判认定部分事实不符为由提出上诉。

郑州铁路运输中级法院认为：上诉人胡某在得知陈某慧与人发生争斗后，非但不进行积极劝阻，而是上前帮其厮打，混乱中将陈某慧打伤且致其重伤，其行为已构成故意伤害罪。对于胡某的上诉理由，经查，本案证据足以证实其具有伤害他人的故意和伤害他人的行为及造成他人重伤的结果，只是所追求伤害对象的错误。证人与被告人之间无利害攸关，且有被害人的陈述佐证，有被告人的供述印证。上诉理由不予采纳。原判事实清楚。证据确实、充分，定罪准确，量刑适当，审判程序合法。依照《中华人民共和国刑事诉讼法》第 189 条第 1 项之规

---

① 参见赵秉志主编：《中国刑法典型案例研究》（第一卷），北京大学出版社 2008 年版，第 108 页。

定，裁定如下：

驳回上诉，维持原判。

（二）涉及的缓刑问题

本案中，被告人胡某对人民检察院的指控不服，对一审判决也不服，但一审法院仍然对其适用了缓刑，二审法院则维持了一审法院的缓刑判决。由此产生一个问题：在被告人不认罪的情况下，能否适用缓刑？

（三）简要评析

按照《刑法》的规定，缓刑的适用以行为人具有悔罪表现为实质要件之一，因此，在司法实务中，对不认罪的被告人一般不适用缓刑，理由是，被告人既然不认罪，就谈不上有悔罪表现，也就不可能满足缓刑适用的实质条件。笔者认为，对被告人不认罪的情形不能一概认定为没有悔罪表现，因而不适用缓刑，而应当分析其不认罪的原因，再行决定是否可以适用缓刑。

被告人不认罪，可以分为两种情况：一种是对公诉机关指控的主要犯罪事实完全或者基本予以否定，因而不认罪；另一种是对公诉机关指控的主要犯罪事实完全或者基本承认，但对行为如何定性有不同看法，认为自己的行为不构成犯罪或者不构成被指控的罪。前一种情况中，被告人既然对主要事实予以否定，就谈不上认罪，更谈不上有悔罪表现了，因而确实不具备“有悔罪表现”这一缓刑适用实质要件，不宜适用缓刑。后一种情况则不然，行为人在这种情况下，实际上已经承认了自己所实施的危害行为，只是对自己所实施的行为是否构成犯罪或者构成何种罪有不同于公诉机关的看法。这种看法不同，应当认定为是被告人在依法行使自己的辩护权，而不能认定为是没有悔罪表现。事实上，在后一种情况下，行为人完全可能在否认自己的行为构成犯罪或者构成某罪的同时，对自己的危害行为感到后悔，并向受害人道歉。在这种情况下，同样应当认定为具有悔罪表现，符合适用缓刑的实质要件。

本案中，被告人胡某在帮助被害人陈某慧伤害他人时，误将陈某慧打成重伤，公诉机关指控其行为已构成故意伤害罪，被告人胡某辩称其没有伤害被害人的故意，属过失行为。人民法院最后认定其行为构成故意伤害罪。在诉讼过程中，胡某以一审判决证据不充分、不客观、定性不准以及认定部分事实不符为由提出上诉，表明了其不认罪的态度，但两级法院最后还是都对其适用了缓刑。笔者认为，综合本案情况来看，人民法院的判决是适当的。理由是，本案中，被告人胡某虽然不认为自己构成故意伤害罪，但承认了主要犯罪事实，且有悔罪表现，得到了被害人的谅解，因而仍然符合“有悔罪表现”这一缓刑适用实质条件。

（四）结论性观点

被告人不认罪，可以分为两种情况：一种是对公诉机关指控的主要犯罪事实完全或者基本予以否定，因而不认罪；另一种是对公诉机关指控的主要犯罪事实完全或者基本承认，但对行为如何定性有不同看法，认为自己的行为不构成犯罪或者不构成被指控的罪。对前一种情况，不宜适用缓刑；对后一种情况，仍然可以适用缓刑。

四、过失造成特别严重后果能否适用缓刑

（一）基本案情及裁判结果

陈某金过失投放危险物质案①

附带民事诉讼原告人许某天，男，45 岁，汉族，农民，系死者许某江之父。

附带民事诉讼原告人郑某丽，女，42 岁，汉族，农民，系死者许某江之母。

附带民事诉讼原告人蔡某练，男，20 岁，汉族，学生，同安区第五中学学生。

附带民事诉讼原告人张某强，男，19 岁，汉族，学生，同安区第五中学学生。

被告人（上诉人）陈某金，男，19 岁，汉族，原系同安区第五中学学生。1999 年 10 月 11 日因本案被逮捕。

福建省厦门市同安区人民法院经审理查明：被告人陈某金在同安区第五中学读书期间，与同校学生许某江、蔡某练、张某强一同租住在同安区新店镇西岩路 90 号楼。1999 年 9 月 21 日中午，被告人陈某金在清理旅行袋时发现一包其于同年 7 月间注入灭鼠药液（内含氟乙酰胺毒素）准备用于灭鼠的美味牌即溶营养麦片，但因疏忽将该包麦片放置于租住宿舍的桌上。同年 9 月 23 日下午 5 时 30 分左右，与其同住的许某江、蔡某练、张某强放学后返回住处，在蔡某练的提议下，三人将仍放置于桌上的该包麦片冲泡饮用。饮完后，三人一同上街吃饭，途中，许某江、蔡某练因麦片所含毒性发作而先后倒地，张某强见状即与他人一起将许、蔡二人送往新店镇卫生院抢救。到达医院后，张某强亦出现同样中毒症状而瘫倒在地。当日下午 6 时许，许某江经抢救无效死亡。经法医鉴定：许某江系吸入含氟乙酰胺的食物引起中毒而死亡；蔡某练、张某强均系氟乙酰胺重度中毒，损伤程度均为重伤。案发后，被告人陈某金的家属暂交纳赔偿款人民币 3000 元。蔡某练中毒后住院治疗 13 天，共支付医疗费人民币 8503.7 元。张某强中毒后住院治疗 8 天，共支付医疗费人民币 2775.7 元。

厦门市同安区人民法院认为：被告人陈某金无视公共安全，因疏忽大意而对

---

① 参见赵秉志主编：《中国刑法典型案例研究》（第一卷），北京大学出版社 2008 年版，第 134 ~ 135 页。

有毒食物管理不当，致三人误食，造成一人死亡两人重伤的结果，其行为已构成过失投放危险物质罪。公诉机关指控的罪名成立。鉴于被告人陈某金归案后认罪态度较好，依法可以从轻处罚。但关于自首的辩解及辩护意见，无证据证实，不予采纳。根据《中华人民共和国刑法》第115条第2款、第36条第2款、第64条以及《中华人民共和国民法通则》第119条之规定，判决如下：

1. 陈某金犯过失投放危险物质罪，判处有期徒刑3年。

2. 责令陈某金赔偿附带民事诉讼原告人许某天、郑某丽因许某江死亡造成的经济损失人民币55140元；赔偿附带民事诉讼原告人蔡某练经济损失人民币9553.7元；赔偿附带民事诉讼原告人张某强经济损失人民币3339.7元。款项限本判决生效之日起10日内付清。

3. 随案移送的物证灭鼠药9瓶、注射针筒3支、麦片1包予以没收。

一审宣判后，被告人陈某金不服，提出上诉。其上诉理由是：第一，其有自首情节；第二，其仅将麦片放在宿舍的桌上，非公共场所，并曾告诉蔡某练麦片可能变质，不可食用。因此，其犯罪情节较轻，且有悔罪表现，请求宣告缓刑。

福建省厦门市中级人民法院经二审审理，确认了一审查明的事实和证据。并认为：公安机关在案发后已掌握本案犯罪事实，并于1999年9月26日对上诉人进行传讯，上诉人并没有主动到公安机关或向有关组织投案，其有自首的上诉理由不能成立。另查，蔡某练证实案发前三四天曾看到该包麦片，并询问能否让他泡喝，陈某金说："要泡你去泡，那包是上学期留下来的"，并未明确告知该包麦片有毒或变质不能食用，更未采取防范措施。故其第二个上诉理由也不成立。本案所造成的后果十分严重，不能认为犯罪情节轻微。原判定性准确，量刑适当，民事判决赔偿数额合理，审判程序合法。根据《中华人民共和国刑事诉讼法》第189条第1项之规定，裁定如下：

驳回上诉，维持原判。

（二）涉及的缓刑问题

本案中，被告人陈某金将注入鼠药的麦片放在与他人合租的宿舍的桌上，致使合租人误食后一死二重伤，被人民法院以过失投放危险物质罪判处有期徒刑3年，陈某金则要求适用缓刑。由此引发的问题是：犯罪所造成的危害结果特别严重，能否适用缓刑？

（三）简要评析

如果从字面理解，《刑法》并没有规定犯罪所造成的危害结果特别严重，就不能适用缓刑，但是，仔细分析造成特别严重的危害结果的犯罪，就可以发现，在这种情况下，行为人往往存在重大过失，因而主观上是较为恶劣的。以重大责任事故罪或者其他造成特别严重的危害结果的责任事故为例，通常可以发现，在事故发生过程中，行为人往往存在一系列严重不负责任的行为，表明行为人对他人生命权利以及健康权利的漠视，再加上犯罪行为所造成的客观危害结果特别严重，应当认定其犯罪情节较为严重，通常不宜适用缓刑。

本案中，被告人陈某金将注入鼠药的麦片放在与他人合租的宿舍的桌上，显然应当预见到合租的其他人可能食用麦片发生中毒事故，却没有采取任何错误防止危害结果发生。在合租的受害人蔡某练看到该包麦片，并询问能否让他泡喝时，陈某金居然还说："要泡你去泡，那包是上学期留下来的"，并未明确告知该包麦片有毒或变质不能食用，更未采取防范措施。最终导致合租的其他三人在误食有毒麦片后，发生一死二重伤的惨剧。综观整个案情，可以看到被告人对结果的发生负有重大罪过，应当认定为情节较为恶劣，因此，人民法院对其不适用缓刑是适当的。

（四）结论性观点

过失导致多人死伤等特别严重的危害结果发生，通常表明行为人主观上存在重大过错，恶性较大，同时又造成了特别严重的客观危害，应当认定为犯罪情节较为严重，不宜适用缓刑。

第三节　关于撤销缓刑的案例评析

缓刑考验期内又犯新罪是否应当一概撤销缓刑

（一）基本案情及裁判结果

案例一：王某缓刑考验期内犯重大责任事故罪案①

2002 年，被告人王某承包北京市石景山区某鞋业城广告牌工程，因为违章组织施工，致使广告牌倒塌砸死两人。2002 年 10 月，石景山区人民法院以重大责任事故罪判处王某有期徒刑两年，缓刑两年。2003 年 8 月下旬，正处于缓刑考验期间的王某在无经营执照、无施工资质、无施工方案、无安全规章制度的情况下，非法承揽该市西城区某小区游泳馆改造工程。其雇用几个收购废品的人员，在未经安全培训的情况下便让他们进行施工。同年 9 月 7 日，不懂安全施工规定的工人王某男在 2. 94 米高的脚手架上作业，在没有系安全带的情况下，头朝地摔下，经抢救无效死亡。王某又因重大责任事故再次被推上了被告席。

石景山区人民法院认为：被告人王某在犯重大责任事故罪缓刑期间不思悔

---

① 参见李罡、智勇：《装广告牌建游泳馆屡出人命 缓刑人终成狱中人》，载《北京青年报》2003 年 11 月 24 日。

改，再次违反建筑业规章制度，组织高处危险作业造成他人死亡，系缓刑考验期内犯新罪，被依法撤销缓刑，对前罪和后罪实行数罪并罚，以重大责任事故罪判处其有期徒刑4年。

案例二：鲁某交通肇事案①

2006年5月16日，被告人鲁某驾驶捷达出租车，从四川省中江县人民桥经SI01线驶向飞天桥方向时，与行人刘某相撞。刘某经抢救无效于2006年5月21日死亡。事故发生后，鲁某立即报警，如实供述了自己的犯罪事实。警方认定，鲁某承担本次事故主要责任。此后，鲁某赔偿了死者妻子183909元。2006年11月，中江县人民法院一审宣判：鲁某违反交通运输管理法规，发生重大交通事故，致一人死亡，其行为危害了公共安全，已构成交通肇事罪。考虑到鲁某犯罪后自首且赔偿了死者的全部损失，人民法院判处其交通肇事罪成立，判处有期徒刑1年，缓刑2年。

交通肇事后，鲁某的驾照被吊销。对受害人家属18万的赔偿，让鲁某大肆举债，生活压力剧增。2007年10月23日，还在缓刑考验期内的鲁某，无证驾驶出租车，在四川省中江县南渡场镇SI06线256KM+600M处，由南华联合汽配厂往公路上倒车时，将81岁的行人马某撞倒后，车左后轮将马某碾压。事故发生后，鲁某将马某从车下救出并拨打了急救电话，马某后因抢救无效死亡。

公安机关侦查时，鲁某为逃避法律惩罚，让其聘请的驾驶员吴某某替其承担事故责任。2007年10月24日，吴某某主动到公安机关说明了事实真相。鲁某亦如实供述了肇事经过。交通事故认定书认定：鲁某承担事故全部责任，马某不承担责任。鲁某在案发后赔偿受害人家属经济损失34762元，受害人家属请求对鲁某从轻处罚。

2008年1月，中江县人民法院审理后作出判决，认为鲁某构成交通肇事罪。鲁某在缓刑考验期内犯新罪，应撤销缓刑，将前罪与后罪并罚。案发后，鲁某积极赔偿受害人家属的经济损失，取得了受害人家属的谅解，可酌情从轻处罚。鲁某犯罪后认罪态度好，具有悔罪表现，可对其适用缓刑。据此，人民法院作出判决：

1. 鲁某犯交通肇事罪，判处有期徒刑2年，前犯交通肇事罪，判处有期徒刑1年，缓刑2年。

2. 人民法院撤销缓刑，数罪并罚，决定执行有期徒刑3年，缓刑5年。

判决生效后半年多的2008年10月13日，四川省德阳市人民检察院认为，该案判决确有错误，向德阳市中级人民法院提起抗诉。抗诉理由是：第一，原审

① 《四川男子1年内2次撞死人 均被判缓刑》，载网易新闻网2009年11月30日。

被告人鲁某第二次交通肇事犯罪情节恶劣，后果严重。为逃避法律制裁，鲁某在第二次交通肇事犯罪后以金钱为诱饵，指使他人替自己顶罪，严重侵犯国家正常司法秩序。而中江县人民法院却以被告人鲁某“犯罪后认罪态度好，具有悔罪表现”为由，对其适用缓刑确属于事实不符，于法无据。第二、鲁某在缓刑考验期内无证驾驶汽车并交通肇事致人死亡，实属在缓刑考验期内违反法律及行政法规、情节严重的行为，依照法律，应当撤销缓刑，执行原判刑罚。中江县人民法院在撤销缓刑后又宣告缓刑确属错误。第三、依照我国《刑法》规定，鲁某在缓刑考验期内犯新罪，应当撤销缓刑，数罪并罚。撤销缓刑后，应当实际执行原判刑罚，这是违反缓刑制度必须承担的法律后果。由此，无论后罪判处实体刑还是缓刑，数罪并罚的结果均应执行实体刑。中江县人民法院适用法律错误，对鲁某数罪并罚后再次宣告缓刑不当。

再审过程中，鲁某所在社区为其提供了贫困证明，证明鲁某是家里唯一的劳动力，请求人民法院轻判。中江大北街社区唐主任称：“这两次变故，他家里已一贫如洗，老婆没工作，父亲还是残疾，女儿上初三，他要是关进去，家里就更没着落了。”当时法官也到家里调查过这个情况。

德阳市中级人民法院经过审理后，于2009年6月15日作出再审裁定书：德阳市人民检察院的抗诉理由不成立，依法维持中江县人民法院的判决。维持原判理由：根据《中华人民共和国刑法》第77条第1款的规定：“被宣告缓刑的犯罪分子，在缓刑考验期限内犯新罪或者发现判决宣告以前还有其他罪没有判决的，应当撤销缓刑，对新犯的罪或者新发现的罪作出判决，把前罪和后罪所判处的刑罚，依照本法第六十九条的规定，决定执行的刑罚。”《中华人民共和国刑法》第74条只规定累犯不得适用缓刑。本案中，鲁某在缓刑考验期内犯新罪，不属于累犯，而且《中华人民共和国刑法》第72条规定，对于被判处拘役、3年以下有期徒刑的犯罪分子，根据犯罪分子的犯罪情节和悔罪表现，适用缓刑且确实不致再危害社会的，可以宣告缓刑。本案中鲁某属于过失犯罪，主观恶性小，适用缓刑也不致再危害社会，所以鲁某符合适用缓刑的条件。鲁某犯罪后积极施救，能够及时认识到自己的错误并且向公安机关如实交代了犯罪经过，同时最大限度给予被害人家属相应的赔偿，得到被害人家属的谅解，被害人家属申请人民法院对鲁某从宽处理，充分证明被告人鲁某“犯罪后认罪态度好，具有悔罪表现”，原判对被告人适用缓刑符合法律规定，故抗诉机关抗诉理由人民法院不予支持。

再审裁定作出后，2009年7月17日，德阳市人民检察院经检委会讨论，决定提请四川省人民检察院向四川省高级人民院提出抗诉，四川省人民检察院已正式向四川省高级人民法院提出抗诉。抗诉理由是：鲁某身为出租车驾驶员，在驾照被吊销后，还驾驶出租车肇事撞死一人，说明其主观恶性较深，如果适用缓刑可能造成鲁某再次以同样危险的方法危害公共安全；同时，鲁某在第二次交通肇事后逃离现场，以金钱为诱饵找人顶包属于有意逃避法律制裁的行为，犯罪情节严重应从重处罚，其屡屡挑战法律尊严的行为也反映出第一次交通肇事后对其使用缓刑没有起到教育震慑作用。虽然鲁某积极的赔偿取得被害人的谅解，但犯罪的恶劣情节和严重后果不足以减轻其罪责。

（二）涉及的缓刑问题

同样是在缓刑考验期间又犯新罪，案例一中的被告人王某被撤销缓刑，数罪并罚后实际执行刑罚；案例二中的鲁某却在数罪并罚后再次宣告缓刑。由此引发的问题是：缓刑考验期间又犯新罪，是否应当一律撤销缓刑，实际执行刑罚？

（三）简要评析

对于在缓刑考验期限内又犯新罪，在与原来所犯罪行进行数罪并罚后，能否再次适用缓刑，我国《刑法》没有明确规定，司法解释也没有作出过回答。从理论上分析，在这种情况下，如果综合考察认为仍然符合缓刑条件，可以考虑对犯罪人再次宣告缓刑，只不过应当严格加以限制。但是，从《刑法》第 77 条第 1 款和第 2 款的关系，以及第 2 款规定的具体内容来判断，对在缓刑考验期限内又犯新罪的，应当在数罪并罚后一律实际执行刑罚（具体理由参见本书第六章第二节）。因此，案例一中，人民法院对缓刑考验期间再次犯重大责任事故罪的王某撤销缓刑，数罪并罚后实际执行刑罚的做法是合法的。案例二中，人民法院对缓刑考验期内再次犯交通肇事罪，且有为逃避罪责指使他人作伪证等恶劣情节的鲁某在数罪并罚之后再次宣告缓刑，不但直接违反了法律规定，而且裁判理由与基本案情不符，明显不当。

（四）结论性观点

根据现有法律规定，在缓刑考验期限内犯新罪的情形，应当一律撤销缓刑，在数罪并罚后实际执行刑罚。

结 束 语

本书主要是对缓刑在司法实务中的运用问题进行探讨。随着《刑法修正案(八)》的颁布实施，缓刑的适用有了更广阔的空间和更具有可操作性的具体步骤，这一制度在矫正犯罪人、促进犯罪人回归社会方面应当能够发挥更大的作用。当然，这有赖于司法机关以及其他有关部门对缓刑的价值和功能有更深刻的认识，并在此基础上有充分发挥缓刑的价值和功能的意愿。同时，还受制于社区矫正制度和体系的完善程度。不可否认的是，目前缓刑的适用效果还有很大的提升余地，司法人员对缓刑的冷淡态度尚未发生根本转变，缓刑作为刑罚社会化的路径尚未向犯罪人充分敞开。然而，这正是缓刑适用在今后应当努力的方向，也是缓刑未来充满希望的现实基础。笔者相信，随着缓刑配套条件的完善、法官司法观念的转变以及社会秩序的好转，缓刑制度的用武之地一定会越来越大。

附录一：我国关于缓刑的相关规定

一、立法规定

中华人民共和国刑法修正案（八）（节选）

（2011年2月25日第十一届全国人民代表大会常务委员会第十九次会议通过　2011年2月25日中华人民共和国主席令第41号公布　自2011年5月1日起施行）

十一、将刑法第七十二条修改为："对于被判处拘役、三年以下有期徒刑的犯罪分子，同时符合下列条件的，可以宣告缓刑，对其中不满十八周岁的人、怀孕的妇女和已满七十五周岁的人，应当宣告缓刑：

"（一）犯罪情节较轻；

"（二）有悔罪表现；

"（三）没有再犯罪的危险；

"（四）宣告缓刑对所居住社区没有重大不良影响。

"宣告缓刑，可以根据犯罪情况，同时禁止犯罪分子在缓刑考验期限内从事特定活动，进入特定区域、场所，接触特定的人。

"被宣告缓刑的犯罪分子，如果被判处附加刑，附加刑仍须执行。"

十二、将刑法第七十四条修改为："对于累犯和犯罪集团的首要分子，不适用缓刑。"

十三、将刑法第七十六条修改为："对宣告缓刑的犯罪分子，在缓刑考验期限内，依法实行社区矫正，如果没有本法第七十七条规定的情形，缓刑考验期满，原判的刑罚就不再执行，并公开予以宣告。"

十四、将刑法第七十七条第二款修改为："被宣告缓刑的犯罪分子，在缓刑考验期限内，违反法律、行政法规或者国务院有关部门关于缓刑的监督管理规定，或者违反人民法院判决中的禁止令，情节严重的，应当撤销缓刑，执行原判刑罚。"

中华人民共和国刑法（节选）

（1979年7月1日第五届全国人民代表大会第二次会议通过
1997年3月14日第八届全国人民代表大会第五次会议修订
通过　1997年3月14日中华人民共和国主席令第83号公布
自1997年10月1日起施行）

第一编　总　　则

第四章　刑罚的具体运用

第五节　缓　　刑

第七十二条　对于被判处拘役、三年以下有期徒刑的犯罪分子，根据犯罪分子的犯罪情节和悔罪表现，适用缓刑确实不致再危害社会的，可以宣告缓刑。

被宣告缓刑的犯罪分子，如果被判处附加刑，附加刑仍须执行。

第七十三条　拘役的缓刑考验期限为原判刑期以上一年以下，但是不能少于二个月。

有期徒刑的缓刑考验期限为原判刑期以上五年以下，但是不能少于一年。

缓刑考验期限，从判决确定之日起计算。

第七十四条　对于累犯，不适用缓刑。

第七十五条　被宣告缓刑的犯罪分子，应当遵守下列规定：

（一）遵守法律、行政法规，服从监督；

（二）按照考察机关的规定报告自己的活动情况；

（三）遵守考察机关关于会客的规定；

（四）离开所居住的市、县或者迁居，应当报经考察机关批准。

第七十六条　被宣告缓刑的犯罪分子，在缓刑考验期限内，由公安机关考察，所在单位或者基层组织予以配合，如果没有本法第七十七条规定的情形，缓刑考验期满，原判的刑罚就不再执行，并公开予以宣告。

第七十七条　被宣告缓刑的犯罪分子，在缓刑考验期限内犯新罪或者发现判决宣告以前还有其他罪没有判决的，应当撤销缓刑，对新犯的罪或者新发现的罪作出判决，把前罪和后罪所判处的刑罚，依照本法第六十九条的规定，决定执行的刑罚。

被宣告缓刑的犯罪分子，在缓刑考验期限内，违反法律、行政法规或者国务院公安部门有关缓刑的监督管理规定，情节严重的，应当撤销缓刑，执行原判刑罚。

中华人民共和国刑法（节选）

（1979年7月1日第五届全国人民代表大会第二次会议通过 1979年7月6日中华人民共和国全国人民代表大会常务委员会委员长令第5号公布 自1980年1月1日起施行）

第一编 总 则

第四章 刑罚的具体运用

第五节 缓 刑

第六十七条 对于被判处拘役、三年以下有期徒刑的犯罪分子，根据犯罪分子的犯罪情节和悔罪表现，认为适用缓刑确实不致再危害社会的，可以宣告缓刑。

被宣告缓刑的犯罪分子，如果被判处附加刑，附加刑仍须执行。

第六十八条 拘役的缓刑考验期限为原判刑期以上一年以下，但是不能少于一个月。

有期徒刑的缓刑考验期限为原判刑期以上五年以下，但是不能少于一年。

缓刑考验期限，从判决确定之日起计算。

第六十九条 对于反革命犯和累犯，不适用缓刑。

第七十条 被宣告缓刑的犯罪分子，在缓刑考验期限内，由公安机关交所在单位或者基层组织予以考察，如果没有再犯新罪，缓刑考验期满，原判的刑罚就不再执行；如果再犯新罪，撤销缓刑，把前罪和后罪所判的刑罚，依照本法第六十四条的规定，决定执行的刑罚。

中华人民共和国刑事诉讼法（节选）

（1979年7月1日第五届全国人民代表大会第二次会议通过　1979年7月7日中华人民共和国全国人民代表大会常务委员会委员长令第6号公布　自1980年1月1日起施行　根据1996年3月17日第八届全国人民代表大会第四次会议通过的《关于修改〈中华人民共和国刑事诉讼法〉的决定（1996年3月17日中华人民共和国主席令第64号公布自1997年1月1日起施行）》修正）

第二百一十七条　对于被判处徒刑缓刑的罪犯，由公安机关交所在单位或者基层组织予以考察。

……

二、司法解释及司法解释性文件

最高人民法院西北分院关于缓刑的具体适用问题的批复（节选）

（1952年4月10日）

……“关于处理贪污、浪费及克服官僚主义错误的若干规定”中的缓刑，应如何运用？经我们研究，提出以下意见，希作参考……有期徒刑的缓刑期间，一般的应与刑期相等或较刑期为长；经过较长时间的考验，对于犯人的教育改造是有好处的。

最高人民法院关于缓刑等问题请示及意见的批复（节选）

（1953 年 11 月 28 日）

第一问题：对于你院意见的第一段，我们的意见如下：通常对于比较轻微的案件所用“缓刑”与一般简称所谓“缓期执行”是有区别的。“缓刑”一般的是适用于对社会危害性不大，处刑较轻，并因其他具体情况，以暂不执行为宜的被告，即于判决处刑同时宣告缓刑若干时期。受宣告缓刑的被告，不予关押。如果在缓刑期内不再犯罪，表现还好，就可以根本不执行了。一般简称所谓“缓期执行”，原系用于反革命犯，即“判处死刑、缓期二年执行、强迫劳动，以观后效”。受这种宣告的被告，仍须监禁，并强迫劳动；在劳动中加以考察，根据其表现，决定执行原判或于缓刑期满时予以减刑改判。按照“惩治贪污条例草案的说明”，这种案件亦适用贪污案件的死刑、无期徒刑和有期徒刑，但“有期徒刑的缓刑，可以酌情在缓刑期内不予监禁，而在管制中加以考察”。所以惩治贪污条例所定“缓刑”与通常对于比较轻微案件所称缓刑有所不同。

对于第二段我们的意见可酌改如下：干部犯罪判徒刑缓刑者，除另有行政处分外，并非当然不能回原机关工作；他能否在机关工作，要看犯罪的情节与性质来定。其未被宣告剥夺政治权利，亦未交付管制者，在机关工作时，也并非当然不能叙职，机关对于徒刑缓刑而仍在机关工作者，必须加强教育和监督。

最高人民法院关于判处徒刑缓刑的人在缓刑期间应否降职降薪应否予以管制与剥夺政治权利和开除工会会籍问题的复函（节选）

（1957 年 1 月 28 日　法行字第 2191 号）

一、判处徒刑缓刑与降职降薪是两回事情，徒刑缓刑是一种刑事处分，而降职降薪是行政处分。至于受徒刑缓刑处分的人是否同时给予降职降薪等行政处分，由本人所属单位行政领导上根据情况决定，法院不能对此作出判决。

二、对于被判处徒刑缓刑的人，如果法院没有宣告管制或剥夺政治权利，那么对其政治权利就不能加以剥夺和限制。

三、被判处徒刑缓刑的人的工会会籍问题，由工会决定。

最高人民法院关于对反革命犯罪不宜适用判处徒刑宣告缓刑的批复（节选）

（1957 年 4 月 2 日　法研字第 6260 号）

……对于反革命犯罪判处徒刑是否可以宣告缓刑问题，经与有关部门研究并经本院审判委员会第 21 次会议讨论决定：在国家未有明文规定以前，反革命罪按其性质，以不适用缓刑为宜。

最高人民检察院关于缓刑期间被告人是否有政治权利等问题的批复（节选）

（1957 年 4 月 16 日）

……（一）人民法院判处徒刑宣告缓刑的被告人，如果原判决未剥夺政治权利，是应当有政治权利的。（二）对反革命判处徒刑是否可以宣告缓刑的问题，根据最高人民法院本年 4 月 2 日法研字第 6260 号对北京铁路运输法院的批复："在国家未有明文规定以前，反革命罪按其性质，以不适用缓刑为宜。"本院同意这一批复。（三）缓刑和缓期执行是不相同的，宣告缓刑的，在缓刑期间，如果再无新的犯罪，缓刑期满后，原判处的徒刑即不再执行，而缓期执行是对某些罪犯（如犯罪者怀孕或患重病的）不宜立即执行刑罚的，由人民法院判处后宣告延期执行，直到妨碍刑罚执行的情况消失后再予执行……

最高人民法院关于报请批捕未准移送法院判处有期徒刑缓刑等问题的批复（节选）

（1963年3月27日 〔63〕法研字第32号）

二、人民法院不应当把有期徒刑缓刑当成一个单独的刑种，适用于不够判处有期徒刑的人。应当理解，判处有期徒刑宣告缓刑，是以判处有期徒刑为其前提的，如果不应判处有期徒刑，则前提已不存在，是无从宣告缓刑的。因此，对被告尚未构成犯罪，或者只有轻微犯罪但不够判处有期徒刑，报请州委批捕未准或估计不会批准的案件，如果人民法院把他们判处有期徒刑缓刑，就是违法的。过去对于不该判处有期徒刑缓刑而判了的，应当予以纠正。

三、对判处有期徒刑宣告缓刑的犯罪分子，在缓刑期限内，如果只是一般的表现不好，应当加强监督，不要随便收监执行；如果再犯新罪，按照他们所犯新罪，确有必要逮捕的，应当根据逮捕拘留条例规定，执行逮捕。人民法院在判处刑罚的时候，应当撤销缓刑，并根据前罪所判刑罚和后罪应判的刑罚，确定应当判处的适当刑罚，并予以执行。

最高人民法院关于判处徒刑宣告缓刑上诉后维持原判的案件其缓刑考验期应从何时起算问题的批复

（1964年9月19日 〔64〕法研字第84号）

云南省高级人民法院：

你院〔64〕法办研字第40号请示已收阅。关于判处徒刑宣告缓刑上诉后维持原判的案件，其缓刑考验期应从何时起算的问题，我们同意你们的意见。

此复。

附：

云南省高级人民法院关于判处徒刑宣告缓刑上诉后维持原判的案件其缓刑考验期应从何时起算问题的请示

（1964年9月9日）

最高人民法院：

有些轻微刑事案件，一审法院判处被告短期徒刑宣告缓刑后，原（被）告不服上诉，经二审法院审理维持原判，其缓刑考验期限应从一审判决确定之日起算或从二审终审判决确定之日起算问题，各地做法不一致，多数法院是从一审判决确定之日起算。经我们研究认为，根据人民法院组织法关于两审终审制规定的精神，一审法院判决后，原（被）告提出上诉，在二审法院未作出审理决定之前，一审判决不发生法律效力，只有待二审法院审理，作出判决，案件才为审结，判决始发生法律效力。因此，判处徒刑宣告缓刑，上诉后维持原判的案件，对被告的缓刑考验期应从二审终审判决确定之日起计算。

是否妥当，请予指示。

最高人民法院关于缓刑考验期内表现好的罪犯可否缩减其缓刑考验期限的批复

（1985年5月9日　法（研）复〔1985〕27号）

上海市高级人民法院：

你院〔85〕沪高法办字第30号《关于缓刑犯可否减刑的请示报告》收悉。经研究，我们认为，运用缓刑必须符合刑法第六十七条、第六十八条、第七十条的规定，缓刑不能离开原判刑罚独立存在，因此，对缓刑考验期单独缩减没有法律依据。被判处拘役或者三年以下有期徒刑宣告缓刑的犯罪分子，如果在缓刑考验期间确有突出悔改表现或者立功表现，可以参照刑法第七十一条的规定，对原判刑罚予以减刑，同时相应地缩减其缓刑考验期限。减刑后的刑期不能少于原判刑期的二分之一，减刑后相应缩减的缓刑考验期限不能低于减刑后的刑期，而且判拘役的缓刑的考验期限不能少于一个月，判有期徒刑的缓刑的考验期限不能少于一年。

此复。

最高人民法院关于人民法院审判严重刑事犯罪案件中具体应用法律的若干问题的答复（三）（节选）

（1985 年 8 月 21 日）

三十五、问：在缓刑考验期限内发现犯罪分子有漏罪没有判决的，是撤销缓刑，对前罪和漏罪所判处的刑罚实行数罪并罚，还是按照审判监督程序全部重新审判？（北京、广西、江西）

答：在缓刑考验期限内，发现被宣告缓刑的犯罪分子在缓刑宣告以前还有其他罪没有判决的，应当参照我国刑法第七十条的规定，并依照刑法第六十五条的规定，对漏罪定罪判刑，再对前罪与漏罪实行数罪并罚，决定执行的刑罚。如果必须判处实刑，则应撤销对前罪所宣告的缓刑，已经执行的缓刑考验期，不予折抵刑期；但是，判决执行以前先行羁押的日期应当予以折抵刑期；如果仍符合缓刑条件，仍可宣告缓刑，已经执行的缓刑考验期，应当计算在新决定的缓刑考验期以内。

三十六、问：被判处拘役、有期徒刑宣告缓刑的犯罪分子，在缓刑考验期限内再犯新罪，而在缓刑考验期满后才被发现，对这样的犯罪分子是否应当撤销缓刑，把前罪和后罪所判处的刑罚，按照刑法第六十四条的规定实行数罪并罚？这种做法是否也适用于同样情况的被假释的犯罪分子？（北京）

答：根据我国刑法第七十条的规定，对被宣告缓刑的犯罪分子不再执行原判的刑罚，是以罪犯在缓刑考验期限内不再犯新罪为条件的；如果罪犯在缓刑考验期限内再犯新罪，就应当撤销缓刑，把前罪和后罪所判处的刑罚，依照刑法第六十四条的规定，决定执行的刑罚。即使是在缓刑考验期满后，才发现该罪犯在缓刑考验期限内所犯的新罪，如未超过追诉时效期限的，也应当按照刑法第七十条的有关规定执行。

对于被假释的犯罪分子，如果在假释考验期满后，才发现该罪犯在假释考验期限内又犯新罪，对尚未超过追诉时效期限的，也应当依照刑法第七十五条的有关规定，撤销假释，把前罪没有执行的刑罚和后罪所判处的刑罚，按照刑法第六十四条的规定，决定执行的刑罚。

三十七、问：犯罪分子在缓刑考验期限内又犯罪的，应当由哪个法院撤销缓刑？如果原来是上级法院宣告缓刑的，审判新罪的下级法院是否可以撤销？（广西、湖北）

答：被宣告缓刑的犯罪分子，在缓刑考验期限内再犯新罪需撤销缓刑的，依照我国刑事诉讼法有关管辖的规定，并考虑到我院1956年11月24日《关于宣告假释或缓刑的罪犯另犯新罪，应由哪一个法院撤销假释或缓刑等问题的批复》的精神，应当由审判新罪的人民法院，在审判新罪时，对前罪判决宣告的缓刑予以撤销。如果原来是上级法院宣告缓刑的，审判新罪的下级法院也可以撤销原判宣告的缓刑，并将前罪和后罪所判处的刑罚，依照刑法第七十条的规定，决定执行的刑罚；但是，不能改变原判的刑罚，也不能撤销原判决。

三十八、问：对于被判处拘役或有期徒刑，宣告缓刑的，犯罪分子在押，第一审宣判后，是否应立即释放？（江西）

答：根据我国刑法第六十七条第一款和第七十条的规定，对于被判处拘役或有期徒刑，宣告缓刑的犯罪分子，在缓刑考验期限内，是放在社会上予以考察的。因此，第一审人民法院宣告缓刑后，对于犯罪分子已无须再予关押。但是，依照我国刑事诉讼法第一百五十一条第一款、第二款第一项的规定，已过法定期限没有上诉、抗诉的判决和裁定，即发生法律效力的判决和裁定，才能交付执行。据此，第一审人民法院宣告缓刑后，尚未发生法律效力的判决，还不能立即交付执行。如果被宣告缓刑的犯罪分子在押，第一审人民法院可以先作出变更强制措施的决定，改为监视居住或者取保候审，并即通知有关的公安机关。待判决发生法律效力后，再依照刑事诉讼法第一百五十八条第一款的规定，由公安机关将犯罪分子交所在单位或者基层组织予以考察。

最高人民法院　最高人民检察院　公安部劳动人事部关于被判处管制、剥夺政治权利和宣告缓刑、假释的犯罪分子能否外出经商等问题的通知

（1986年11月8日　〔86〕高检会（三）字第2号）

各省、自治区、直辖市高级人民法院、人民检察院、公安厅（局）、劳动人事厅（局）：

近年来，不少地方对被判处管制、剥夺政治权利和宣告缓刑、假释的犯罪分

子在监督改造或考察期间，能否外出经商，能否搞承包或从事其他个体劳动，能否担任国营企事业或乡镇企业的领导职务等问题，屡有请示。对此，现特作如下通知：

一、对被判处管制、剥夺政治权利和宣告缓刑、假释的犯罪分子，公安机关和有关单位要依法对其实行经常性的监督改造或考察。被管制、假释的犯罪分子，不能外出经商；被剥夺政治权利和宣告缓刑的犯罪分子，按现行规定，属于允许经商范围之内的，如外出经商，需事先经公安机关允许。

二、犯罪分子在被管制、剥夺政治权利、缓刑、假释期间，若原所在单位确有特殊情况不能安排工作的，在不影响对其实行监督考察的情况下，经工商管理部门批准，可以在常住户口所在地自谋生计；家在农村的，亦可就地从事或承包一些农副业生产。

三、犯罪分子在被管制、剥夺政治权利、缓刑、假释期间，不能担任国营或集体企事业单位的领导职务。

最高人民检察院关于被判处管制、剥夺政治权利和宣告缓刑、假释的犯罪分子能否担任中外合资、合作经营企业领导职务问题的答复

（1991年9月25日　高检发研字〔1991〕4号）

四川省人民检察院：

你院川检研〔1991〕18号《关于犯罪分子在被管制、剥夺政治权利、缓刑、假释期间能否担任中外合资经营企业经理、副经理的请示》收悉。经研究，并征求有关部门意见，现答复如下：

最高人民法院、最高人民检察院、公安部、劳动人事部〔86〕高检会（三）字第2号《关于被判处管制、剥夺政治权利和宣告缓刑、假释的犯罪分子能否外出经商等问题的通知》第三条所规定的不能担任领导职务的原则，可适用于中外合资、中外合作企业（包括我方与港、澳、台客商合资、合作企业）。

此复。

最高人民法院关于办理减刑、假释案件具体应用法律若干问题的规定（节选）

（1991 年 10 月 10 日　法刑二发〔1991〕28 号）

五、关于有期徒刑犯减刑起始和间隔时间的问题

被判处五年以上有期徒刑的罪犯，一般在执行一年半以上方可减刑；两次减刑之间一般以间隔一年以上为宜；被判处十年以上有期徒刑的罪犯，一次减二年或者三年有期徒刑之后，再减刑时，其间隔时间一般不得少于二年。被判处不满五年有期徒刑的罪犯，可以比照上述规定的时间适当缩短。

对有立功表现的，可以不受上述时间的限制。

最高人民法院关于对贪污、受贿、挪用公款犯罪分子依法正确适用缓刑的若干规定

（1996 年 6 月 26 日　法发〔1996〕21 号印发）

根据刑法的有关规定，结合当前审判工作实际，现对审理贪污、受贿、挪用公款案件适用缓刑问题，作如下规定：

一、国家工作人员贪污、受贿数额在二千元以上不满一万元，犯罪情节较轻，能主动坦白，积极退赃，确有悔改表现的，可以适用缓刑。

二、国家工作人员贪污、受贿一万元以上，除具有投案自首或者立功表现等法定减轻情节的之外，一般不适用缓刑。

国家工作人员贪污、受贿数额一万元以上不满五万元，根据案件具体情况，适用刑法第五十九条第二款减轻处罚在有期徒刑三年以下量刑的，一般不适用缓刑。对其中犯罪情节较轻，积极退赃的，且在重大生产、科研项目中起关键性作用，有特殊需要，或者有其他特殊情况的，可以适用缓刑，但必须从严掌握。

三、对下列贪污、受贿、挪用公款犯罪分子不适用缓刑：

（一）犯罪行为使国家、集体和人民利益遭受重大损失的；

（二）没有退赃，无悔改表现的；

（三）犯罪动机、手段等情节恶劣，或者将赃款用于投机倒把、走私、赌博

等非法活动的；

（四）属于共同犯罪中情节严重的主犯，或者犯有数罪的；

（五）曾因经济违法犯罪行为受过行政处分或者刑事处罚的；

（六）犯罪涉及的财物属于国家救灾、抢险、防汛、优抚、救济款项和物资，情节严重的。

最高人民检察院关于被判处徒刑宣告缓刑仍留原单位工作的罪犯在缓刑考验期内能否调动工作的批复

（1997 年 1 月 20 日　高检发释字〔1997〕2 号）

广西壮族自治区人民检察院：

你院〔1996〕桂检监字第 21 号《关于被判处徒刑宣告缓刑后仍留原单位工作的人员在缓刑考验期内能否调动工作的请示》收悉。经研究，批复如下：

根据刑法第七十条的规定，被宣告缓刑的犯罪分子，在缓刑考验期内，由公安机关交所在单位或者基层组织予以考察。为严肃缓刑的考察执行，被判处徒刑宣告缓刑仍留原单位工作的罪犯，在缓刑考验期内一般不得调动工作。对缓刑考验期已经过二分之一以上，并有认罪、悔罪态度，工作表现良好，确因工作特殊需要调动的，应当由所在单位报经负责执行的公安机关批准后办理调动手续。

最高人民法院关于适用刑法时间效力规定若干问题的解释（节选）

（1997 年 9 月 25 日法释〔1997〕5 号公布　自 1997 年 10 月 1 日起施行）

第六条　1997 年 9 月 30 日以前犯罪被宣告缓刑的犯罪分子，在 1997 年 10 月 1 日以后的缓刑考验期间又犯新罪、被发现漏罪或者违反法律、行政法规或者国务院公安部门有关缓刑的监督管理规定，情节严重的，适用刑法第七十七条的规定，撤销缓刑。

最高人民法院关于办理减刑、假释案件具体应用法律若干问题的规定（节选）

（1997年10月29日法释〔1997〕6号公布　自1997年11月8日起施行）

第五条　对判处拘役或者三年以下有期徒刑、宣告缓刑的犯罪分子，一般不适用减刑。如果在缓刑考验期间有重大立功表现的，可以参照刑法第七十八条的规定，予以减刑，同时相应的缩减其缓刑考验期限。减刑后实际执行的刑期不能少于原判刑期的二分之一，相应缩减的缓刑考验期限不能低于减刑后实际执行的刑期。判处拘役的缓刑考验期限不能少于两个月，判处有期徒刑的缓刑考验期限不能少于一年。

最高人民法院关于执行《中华人民共和国刑事诉讼法》若干问题的解释（节选）

（1998年9月2日法释〔1998〕23号公布　自1998年9月8日起施行）

第三百五十五条　第一审人民法院判处拘役或者有期徒刑宣告缓刑的犯罪分子，判决尚未发生法律效力的，不能立即交付执行。如果被宣告缓刑的罪犯在押，第一审人民法院应当先行作出变更强制措施的决定，改为监视居住或者取保候审，并立即通知有关公安机关。判决发生法律效力后，应当将法律文书送达当地公安机关。

第三百五十六条　被宣告缓刑、假释的犯罪分子，在缓刑、假释考验期限内再犯新罪或者被发现判决宣告以前还有其他罪没有判决，应当撤销缓刑、假释的，由审判新罪的人民法院在审判新罪时，对原判决、裁定宣告的缓刑、假释予以撤销；如果原来是上级人民法院判决、裁定宣告缓刑、假释的，审判新罪的下级人民法院也可以撤销原判决、裁定宣告的缓刑、假释。审判新罪的人民法院对原审判决、裁定宣告的缓刑、假释撤销后，应当通知原宣告缓刑、假释的人民法院和执行机关。

第三百五十七条　被宣告缓刑、假释的犯罪分子，在缓刑、假释考验期限内违反法律、行政法规或者国务院公安部门有关缓刑、假释的监督管理规定，应当依法撤销缓刑、假释的，原作出缓刑、假释裁判的人民法院应当自收到同级公安机关提出的撤销缓刑、假释建议书之日起一个月内依法作出裁定。

人民法院撤销缓刑、假释的裁定，一经作出，立即生效。

最高人民检察院法律政策研究室关于对数罪并罚决定执行刑期为三年以下有期徒刑的犯罪分子能否适用缓刑问题的复函

（1998 年 9 月 17 日　〔1998〕高检研发第 16 号）

山东省人民检察院研究室：

你院鲁检发研字〔1998〕第 10 号《关于对数罪并罚决定执行刑期三年以下的犯罪分子能否适用缓刑的请示》收悉，经研究，答复如下：

根据刑法第七十二条的规定，可以适用缓刑的对象是被判处拘役、三年以下有期徒刑的犯罪分子；条件是根据犯罪分子的犯罪情节和悔罪表现，适用缓刑确实不致再危害社会。对于判决宣告以前犯数罪的犯罪分子，只要判决执行的刑罚为拘役、三年以下有期徒刑，且符合根据犯罪分子的犯罪情节和悔罪表现，适用缓刑确实不致再危害社会的案件，依法可以适用缓刑。

全国法院维护农村稳定刑事审判工作座谈会纪要（节选）

（1999 年 10 月 27 日最高人民法院法〔1999〕217 号印发）

会议在认真分析了农村中犯罪、农民犯罪的原因和特点的基础上，结合我国农村基层组织的作用和现状，对处理农村中犯罪案件和农民犯罪案件应当把握的政策界限进行了研究，对正确处理以下问题取得了一致意见：

（二）关于对农民被告人依法判处缓刑、管制、免予刑事处罚问题

对农民被告人适用刑罚，既要严格遵循罪刑相适应的原则，又要充分考虑到农民犯罪主体的特殊性。要依靠当地党委做好相关部门的工作，依法适当多适用非监禁刑罚。对于已经构成犯罪，但不需要判处刑罚的，或者法律规定有管制刑

的，应当依法免予刑事处罚或判处管制刑。对于罪行较轻且认罪态度好，符合宣告缓刑条件的，应当依法适用缓刑。

要努力配合有关部门落实非监禁刑的监管措施。在监管措施落实问题上可以探索多种有效的方式，如在城市应加强与适用缓刑的犯罪人原籍的政府和基层组织联系落实帮教措施；在农村应通过基层组织和被告人亲属、家属、好友做好帮教工作等等。

最高人民法院关于撤销缓刑时罪犯在宣告缓刑前羁押的时间能否折抵刑期问题的批复

（2002 年 4 月 10 日法释〔2002〕11 号公布　自 2002 年 4 月 18 日起施行）

各省、自治区、直辖市高级人民法院，解放军军事法院，新疆维吾尔自治区高级人民法院生产建设兵团分院：

最近，有的法院反映，关于在撤销缓刑时罪犯在宣告缓刑前羁押的时间能否折抵刑期的问题不明确。经研究，批复如下：

根据刑法第七十七条的规定，对被宣告缓刑的犯罪分子撤销缓刑执行原判刑罚的，对其在宣告缓刑前羁押的时间应当折抵刑期。

最高人民法院关于审理未成年人刑事案件具体应用法律若干问题的解释（节选）

（2006 年 1 月 11 日法释〔2006〕1 号公布　自 2006 年 1 月 23 日起施行）

第十一条　对未成年罪犯适用刑罚，应当充分考虑是否有利于未成年罪犯的教育和矫正。

对未成年罪犯量刑应当依照刑法第六十一条的规定，并充分考虑未成年人实施犯罪行为的动机和目的、犯罪时的年龄、是否初次犯罪、犯罪后的悔罪表现、个人成长经历和一贯表现等因素。对符合管制、缓刑、单处罚金或者免予刑事处罚适用条件的未成年罪犯，应当依法适用管制、缓刑、单处罚金或者免予刑事处罚。

第十六条　对未成年罪犯符合刑法第七十二条第一款规定的，可以宣告缓刑。如果同时具有下列情形之一，对其适用缓刑确实不致再危害社会的，应当宣告缓刑：

（一）初次犯罪；

（二）积极退赃或赔偿被害人经济损失；

（三）具备监护、帮教条件。

最高人民法院　最高人民检察院　公安部司法部关于对判处管制、宣告缓刑的犯罪分子适用禁止令有关问题的规定（试行）

（2011 年 4 月 28 日　法发〔2011〕9 号印发）

为正确适用《中华人民共和国刑法修正案（八）》，确保管制和缓刑的执行效果，根据刑法和刑事诉讼法的有关规定，现就判处管制、宣告缓刑的犯罪分子适用禁止令的有关问题规定如下：

第一条　对判处管制、宣告缓刑的犯罪分子，人民法院根据犯罪情况，认为从促进犯罪分子教育矫正、有效维护社会秩序的需要出发，确有必要禁止其在管制执行期间、缓刑考验期限内从事特定活动，进入特定区域、场所，接触特定人的，可以根据刑法第三十八条第二款、第七十二条第二款的规定，同时宣告禁止令。

第二条　人民法院宣告禁止令，应当根据犯罪分子的犯罪原因、犯罪性质、犯罪手段、犯罪后的悔罪表现、个人一贯表现等情况，充分考虑与犯罪分子所犯罪行的关联程度，有针对性地决定禁止其在管制执行期间、缓刑考验期限内“从事特定活动，进入特定区域、场所，接触特定的人”的一项或者几项内容。

第三条　人民法院可以根据犯罪情况，禁止判处管制、宣告缓刑的犯罪分子在管制执行期间、缓刑考验期限内从事以下一项或者几项活动：

（一）个人为进行违法犯罪活动而设立公司、企业、事业单位或者在设立公司、企业、事业单位后以实施犯罪为主要活动的，禁止设立公司、企业、事业单位；

（二）实施证券犯罪、贷款犯罪、票据犯罪、信用卡犯罪等金融犯罪的，禁止从事证券交易、申领贷款、使用票据或者申领、使用信用卡等金融活动；

（三）利用从事特定生产经营活动实施犯罪的，禁止从事相关生产经营活动；

（四）附带民事赔偿义务未履行完毕，违法所得未追缴、退赔到位，或者罚金尚未足额缴纳的，禁止从事高消费活动；

（五）其他确有必要禁止从事的活动。

第四条 人民法院可以根据犯罪情况，禁止判处管制、宣告缓刑的犯罪分子在管制执行期间、缓刑考验期限内进入以下一类或者几类区域、场所：

（一）禁止进入夜总会、酒吧、迪厅、网吧等娱乐场所；

（二）未经执行机关批准，禁止进入举办大型群众性活动的场所；

（三）禁止进入中小学校区、幼儿园园区及周边地区，确因本人就学、居住等原因，经执行机关批准的除外；

（四）其他确有必要禁止进入的区域、场所。

第五条 人民法院可以根据犯罪情况，禁止判处管制、宣告缓刑的犯罪分子在管制执行期间、缓刑考验期限内接触以下一类或者几类人员：

（一）未经对方同意，禁止接触被害人及其法定代理人、近亲属；

（二）未经对方同意，禁止接触证人及其法定代理人、近亲属；

（三）未经对方同意，禁止接触控告人、批评人、举报人及其法定代理人、近亲属；

（四）禁止接触同案犯；

（五）禁止接触其他可能遭受其侵害、滋扰的人或者可能诱发其再次危害社会的人。

第六条 禁止令的期限，既可以与管制执行、缓刑考验的期限相同，也可以短于管制执行、缓刑考验的期限，但判处管制的，禁止令的期限不得少于三个月，宣告缓刑的，禁止令的期限不得少于二个月。

判处管制的犯罪分子在判决执行以前先行羁押以致管制执行的期限少于三个月的，禁止令的期限不受前款规定的最短期限的限制。

禁止令的执行期限，从管制、缓刑执行之日起计算。

第七条 人民检察院在提起公诉时，对可能判处管制、宣告缓刑的被告人可以提出宣告禁止令的建议。当事人、辩护人、诉讼代理人可以就应否对被告人宣告禁止令提出意见，并说明理由。

公安机关在移送审查起诉时，可以根据犯罪嫌疑人涉嫌犯罪的情况，就应否宣告禁止令及宣告何种禁止令，向人民检察院提出意见。

第八条 人民法院对判处管制、宣告缓刑的被告人宣告禁止令的，应当在裁判文书主文部分单独作为一项予以宣告。

第九条 禁止令由司法行政机关指导管理的社区矫正机构负责执行。

第十条 人民检察院对社区矫正机构执行禁止令的活动实行监督。发现有违反法律规定的情况，应当通知社区矫正机构纠正。

第十一条 判处管制的犯罪分子违反禁止令，或者被宣告缓刑的犯罪分子违反禁止令尚不属情节严重的，由负责执行禁止令的社区矫正机构所在地的公安机关依照《中华人民共和国治安管理处罚法》第六十条的规定处罚。

第十二条 被宣告缓刑的犯罪分子违反禁止令，情节严重的，应当撤销缓刑，执行原判刑罚。原作出缓刑裁判的人民法院应当自收到当地社区矫正机构提出的撤销缓刑建议书之日起一个月内依法作出裁定。人民法院撤销缓刑的裁定一经作出，立即生效。

违反禁止令，具有下列情形之一的，应当认定为“情节严重”：

（一）三次以上违反禁止令的；

（二）因违反禁止令被治安管理处罚后，再次违反禁止令的；

（三）违反禁止令，发生较为严重危害后果的；

（四）其他情节严重的情形。

第十三条 被宣告禁止令的犯罪分子被依法减刑时，禁止令的期限可以相应缩短，由人民法院在减刑裁定中确定新的禁止令期限。

三、规范性文件

司法部关于假释、缓刑、褫夺公权等问题的解释（节选）

（1950年5月20日）

四、缓刑一般适用于对社会危害性较小的、处刑较轻的，且依据具体情况又暂不执行为宜的徒刑。

司法部关于财产刑罚使用问题的检查报告的批复（节选）

（1951年9月12日）

四、罚金无论专科或并科，都不能宣告缓刑；至徒刑是否宣告缓刑，应根据具体案件的实际情况来定。数罪并罚徒刑案件，可知其行为是不好的，一般不需宣告缓刑。

中央节约检查委员会关于处理贪污、浪费及克服官僚主义错误的若干规定（节选）

（1952 年 3 月 8 日政务院第 127 次政务会议批准　1952 年 3 月 11 日政务院公布）

第二，对贪污分子的处理办法

……

三、……宣告缓刑者，有期徒刑缓刑，可不关押，改用机关管制或劳役改造办法，以观后效。无期徒刑缓刑和死刑缓刑两种，均应实行关押，强迫劳动，以观后效。

……

政务院政治法律委员会关于中华人民共和国惩治贪污条例草案的说明（节选）

（1952 年 4 月 18 日彭真在中央人民政府委员会第十四次会议上的报告）

对于死刑、无期徒刑和有期徒刑，均得酌情予以缓刑。缓刑主要是适用于坦白悔改或有立功表现的犯人……有期徒荆的缓刑，可以酌情在缓刑期内不予监禁，而在管制中加以考察。

中央人民政府法制委员会关于处理贪污、浪费及克服官僚主义错误的若干规定中诸问题的答复（节选）

（1952年5月15日　法制刑字第105号）

（一）有期徒刑、无期徒刑及死刑之宣告缓刑与否，主要的是适用于坦白悔改或有立功表现的犯人；主要的是看犯人犯罪后的表现，例如他是在未被发觉前自动坦白，被发觉后彻底坦白悔改，立功赎罪，或是抗拒运动死不坦白等，因此，在依其犯罪情节判刑后，有的不宣告缓刑；有的却可以也应该宣告缓期执行，以观后效。这也正是镇压与宽大相结合，惩罚与教育相结合的方针之具体实现。至于缓刑期限问题，以不作统一硬性的规定而应按具体情况决定为宜。一般说，缓刑期间，以能够保证对犯人作适当考察，以便根据其在缓刑期间的表现，确定是执行原判，还是变更原判为原则。待将来经验成熟后，再对缓刑期限作统一规定。其次，这里所说的缓刑，与处理反革命罪犯中及一般刑事案件中所采取的缓刑，实际上并无区别。

国防部关于被判徒刑宣告缓刑的犯罪军人薪金待遇问题的规定（节选）

（1957年5月20日）

我军各级军事法院对于已被剥夺政治权利的犯罪军人，一般均不适用缓刑，而对于未被剥夺政治权利的过失性犯罪和罪行不甚严重、对社会危害不大、处刑较轻、不需要在监狱或劳改中执行刑罚的犯罪军人，则多已适用了缓刑制度，并由原机关分配其一定的工作；但在生活待遇上，各部队、机关、学校均根据“中国人民解放军薪金、津贴暂行办法”第十三条的规定，不论其是否干部或技术人员，均一律按新兵待遇发给新兵津贴，这是不尽合理的，而实际上亦影响其家属生活。

1956年12月30日国务院对司法部“关于机关干部被判徒刑宣告缓刑在原

机关工作的工资问题的报告”的批复中，曾规定：“被宣告缓刑的被告人，如果未被剥夺政治权利，是可以叙职的。如果被剥夺了政治权利，在被剥夺政治权利的期间不能叙职，工资问题，根据按劳取酬的原则，按照职务发给相应的工资。”根据国务院上述规定的精神，对于被判徒刑宣告缓刑的犯罪军人薪金待遇问题，特作如下规定：

（一）对于被判徒刑宣告缓刑未被剥夺政治权利的犯罪军人，在法院宣判后，仍需留在部队、机关、学校继续服务的，应按军队任免条例，由有权任免的行政首长，根据具体情况，决定是否降低其衔级，然后分配其一定的工作职务（但不宜担任主官或机要性的职务）；并按其宣告缓刑后所确定的级别、职务发给薪金。

（二）因为被判徒刑宣告缓刑的犯罪军人，未被剥夺政治权利和军衔，自应保留其军衔，也应佩戴与宣告缓刑后所确定的军衔相适应的肩章符号，以便于进行工作。

四、公安部规定

公安机关办理刑事案件程序规定（节选）

（1998年5月14日公安部令第35号发布施行
根据2007年10月25日公安部令第95号修正）

第二百八十条 对于被宣告缓刑的罪犯，在缓刑考验期内，由罪犯居住地派出所考察，所在单位或者基层组织予以配合。

……

第二百九十六条 对被宣告缓刑、假释罪犯，执行的派出所应当根据人民法院的判决、裁定，向罪犯原所在单位或者居住地的群众宣布其犯罪事实、监督考察期限以及监督考察期限内应当遵守的规定。

第二百九十七条 执行机关应当向被宣告缓刑或者假释的罪犯宣布，在监督考察期限内应当遵守下列规定：

（一）遵守法律、行政法规和公安部制定的有关规定，服从监督；

（二）按照公安机关的规定，定期报告自己的活动情况；

（三）遵守公安机关关于会客的规定；

（四）离开所居住的市、县或者迁居，应当报经县级公安机关批准；

（五）附加剥夺政治权利的缓刑、假释罪犯还必须遵守本规定第二百八十八条的规定；

（六）遵守公安机关制定的具体监督管理措施。

第二百九十八条 对被宣告缓刑、假释的罪犯，执行的派出所应当定期向罪犯原所在单位或者执行地街道居民委员会、村民委员会了解其表现情况，建立监督考察档案。

第二百九十九条 被宣告缓刑、假释的罪犯，在缓刑、假释期限内，发现判决宣告前还有其他罪没有判决的，公安机关应当及时移送人民检察院处理，并通知原判决的人民法院。

第三百条 被宣告缓刑、假释的罪犯在缓刑、假释考验期限内，违反法律、行政法规或者公安部制定的有关规定，尚未构成新的犯罪的，公安机关应当向人民法院提出撤销缓刑、假释的建议。

人民法院裁定撤销缓刑、假释的，公安机关应当及时将罪犯送交原关押的监狱、看守所、拘役所收监执行。

第三百零一条 被宣告缓刑、假释的罪犯违反本规定第二百九十七条的规定，尚未构成新的犯罪的，由公安机关依法给予治安管理处罚。

第三百零二条 被宣告缓刑的罪犯，在缓刑考察期限内没有刑法第七十七条规定的情形，缓刑考验期满，原判的刑罚就不再执行。如果被判处附加刑，附加刑仍须执行。缓刑考验期满，公安机关应当向本人宣布并通报原判决的人民法院。

……

第三百零三条 罪犯在缓刑、假释期间死亡的，公安机关应当及时通报原判决的人民法院和原执行的监狱、看守所、拘役所及罪犯家属、单位。

第三百零八条 被剥夺政治权利、管制、宣告缓刑和假释的罪犯在执行期间又犯新罪的，由犯罪地公安机关立案侦查。

……

公安机关对被管制、剥夺政治权利、缓刑、假释、保外就医罪犯的监督管理规定（节选）

（1995年2月21日公安部令第23号发布施行）

第一条 为了保障刑事诉讼的顺利进行和刑事判决、裁定的严格执行，加强对被管制、剥夺政治权利、缓刑、假释、保外就医罪犯的监督管理，根据刑法、刑事诉讼法和治安管理处罚条例，制定本规定。

第二条 对被管制、剥夺政治权利、缓刑、假释、保外就医罪犯的监督管理，由县（市）公安局、城市公安分局负责组织实施。

第三条 公安机关对被管制、剥夺政治权利、缓刑、假释、保外就医罪犯进行监督管理，必须落实监督管理责任制，依法管理、文明管理。

第四条 公安机关收到人民法院对罪犯作出的管制、剥夺政治权利、缓刑、假释、保外就医的判决、裁定、决定或者监狱管理机关对罪犯批准保外就医的决定后，应当及时组成监督考察小组，建立被监督管理罪犯档案，并制定和落实监督管理的具体措施。

第五条 经公安机关批准，被管制、剥夺政治权利、缓刑、假释、保外就医的罪犯迁居时，原执行的公安机关应当向迁入地负责执行的公安机关介绍罪犯的情况，移送监督考察档案。

第六条 公安机关应当向人民检察院、人民法院和监狱管理机关及时通报被管制、剥夺政治权利、缓刑、假释、保外就医罪犯的监督管理情况。

第七条 公安机关对被管制、剥夺政治权利、缓刑、假释、保外就医罪犯的监督管理工作，接受人民检察院的监督。

第十五条 对被宣告缓刑、假释的罪犯，在缓刑、假释考验期限内，由县（市）公安局、城市公安分局指定罪犯居住地公安派出所进行监督考察，罪犯居住地街道居民委员会、村民委员会或者原所在单位协助进行监督。

第十六条 负责监督考察被宣告缓刑、假释罪犯的公安机关，应当根据人民法院的判决、裁定，向罪犯原所在单位或者住地的群众，宣布其犯罪事实、考察期限，以及考验期间必须遵守的规定。

第十七条 公安机关应当向被宣告缓刑或者假释的罪犯宣布必须遵守下列规定：

（一）遵守国家法律、法规和公安部制定的有关规定；

（二）定期向执行机关报告自己的活动情况；

（三）迁居或者离开居住地域必须经公安机关批准；

（四）附加剥夺政治权利的缓刑、假释罪犯必须遵守本规定第十二条的规定；

（五）遵守公安机关制定的具体监督管理措施。

第十八条 对被宣告缓刑、假释的罪犯，公安机关应当定期向罪犯原所在单位或者居住地的街道居民委员会、村民委员会了解其表现情况，建立考察档案。

第二十条 对被宣告缓刑、假释的罪犯违反本规定尚未构成犯罪的，由公安机关依法给予治安管理处罚；构成犯罪的，公安机关应当依法报请人民法院撤销缓刑、假释，追究其刑事责任。

第二十一条 缓刑考验期满，被宣告缓刑的罪犯在缓刑考验期间没有再犯新罪的，原判刑罚不再执行，公安机关应当向本人宣布并通报原判决人民法院。

……

附录二：关于犯罪人个人情况的三个统计表①

一、美国缓刑机构使用的犯罪人需要评价量表②

犯罪人编号：　　犯罪人姓名：　　缓刑官编号：	
项目与分值	得分
1. 学习/职业技能 0（中学或有较高的职业技能） 1（受过职业训练；没有另外的需要） 3（有一定的技能；有另外的需要） 5（没有技能；需要训练）	
2. 职业 0（有1年或更长时间令人满意的职业记录） 1（有职业，没有报告说有困难；或是家庭主妇/学生/退休人员/残疾人） 4（部分时间工作，季节性工作，职业不稳定或有另外的就业需要；失业但是有一定技能） 7（失业并且实际上不可能被雇佣；需要培训）	
3. 经济状况 0（长期自给自足） 1（目前没有困难） 4（情境性的或轻微的经济困难） 6（有严重经济困难）	

① 以下表格参考了吴宗宪、陈志海、叶旦声、马晓东著：《非监禁刑研究》，中国人民公安大学出版社2003年版，第384～390页。在此向吴宗宪老师等四位作者谨致谢忱。

② 该表格可以用于判断犯罪人的人身危险性以及在对犯罪人适用缓刑期间重点进行哪方面的监督和帮助。

<table>
<tr><td colspan="2">犯罪人编号：　　　　犯罪人姓名：　　　　缓刑官编号：</td></tr>
<tr><td>项目与分值</td><td>得分</td></tr>
<tr><td>4. 在过去 6 个月中的生活安排
0（与家庭或生活群体中的其他人员保持稳定的、支持性的关系）
1（犯罪人独身生活或在另一个家庭中独自生活）
4（犯罪人在生活群体中有偶尔的或一定的人际关系问题）
6（犯罪人在生活群体中经常遇到严重的人际关系问题）</td><td></td></tr>
<tr><td>5. 情绪稳定性
1（没有不稳定的症状）
5（有一定的症状，但是不影响适当地发挥功能）
8（情绪不稳定的症状抑制了正常功能的发挥）</td><td></td></tr>
<tr><td>6. 目前饮酒的状况
1（饮酒对正常功能没有干扰）
4（偶尔酗酒，对正常功能的发挥具有一定的干扰，可能需要治疗）
7（经常酗酒，严重干扰正常功能，需要治疗）</td><td></td></tr>
<tr><td>7. 目前使用其他精神药物的情况
1（不影响正常功能的发挥）
4（偶尔滥用精神药物，对正常功能的发挥具有一定的干扰，可能需要治疗）
6（经常滥用精神药物，严重干扰正常功能，需要治疗）</td><td></td></tr>
<tr><td>8. 推理/智力能力
1（能独立生活）
4（需要一定帮助；有恰当适应的潜力）
7（有缺陷，使个人难以独立活动）</td><td></td></tr>
<tr><td>9. 健康
1（身体健康，很少生病）
2（有身体残疾，或疾病复发干扰正常功能的发挥）
3（有严重身体残疾或慢性疾病，经常需要治疗）</td><td></td></tr>
</table>

犯罪人编号：	犯罪人姓名：	缓刑官编号：
项目与分值		得分
10. 评价人员对犯罪人的需要的印象 0（没有需要） 1（有低度需要） 4（有中度需要） 6（有高度需要）		
总分（在 5～61 分之间）：		
根据监督等级打分：（　）严格监督；（　）中等监督；（　）宽松监督		
最后的监督等级：（　）严格监督；（　）中等监督；（　）宽松监督		

二、美国威斯康星危险评价工具①

项目与分值	得分
1. 过去 12 个月中改变住址的次数 0（没有改变） 2（改变 1 次） 3（改变 2 次或更多次）	
2. 过去 12 个月中就业时间的百分数 0（60%或更多时间） 1（40%～59%） 2（不到 40%）	
3. 饮酒问题 0（没有明显问题） 2（有中等程度的问题） 3（有严重问题）	

① 此表由美国学者贝尔德（S. C. Baird）、海因茨（R. C. Heinz）和贝姆斯（B. J. Bemus）在 1979 年编制，用于考察犯罪人的人身危险性。

<table>
<tr><th>项目与分值</th><th>得分</th></tr>
<tr><td>4. 其他药物使用问题
0（没有明显问题）
2（有中等程度的问题）
3（有严重问题）</td><td></td></tr>
<tr><td>5. 态度
0（希望转变；接受帮助）
3（有依赖性或不愿承担责任）
5（将行为合理化，消极地不愿转变）</td><td></td></tr>
<tr><td>6. 初次判罪（或少年判决）时的年龄
0（24 岁或更大）
2（20 ~ 23 岁）
4（19 岁或更小）</td><td></td></tr>
<tr><td>7. 以前被判处缓刑或假释监督的次数
0（无）
4（1 次或更多）</td><td></td></tr>
<tr><td>8. 以前被撤销缓刑或假释的次数
0（无）
2（1 次）
4（2 次或更多）</td><td></td></tr>
<tr><td>9. 以前被判决犯有重罪的次数
0（无）
2（1 次）
4（2 次或更多）</td><td></td></tr>
<tr><td>10. 判罪或少年判决
2（夜盗/盗窃/盗窃汽车/抢劫；每次 2 分）
3（伪造支票，每次 3 分）</td><td></td></tr>
</table>

项目与分值	得分
11. 因（使用武器、体力或武力威胁进行）伤害犯罪而被判罪或少年判决 15（否） 0 （是）	
总分：	

三、犯罪人监督等级清单①

项　目	得分
犯罪历史 1. 以前被判罪（成年人）/次数 2. 以前被判罪 2 次或更多次 3. 以前被判罪 3 次或更多次 4. 目前的犯罪有 3 项或更多项/数量 5. 在 16 岁之前被逮捕 6. 因判罪而被监禁过 7. 有从监禁机构中逃跑的历史 8. 在监禁机构中由于不良行为而受过处罚/次数 9. 在以前进行社区监督期间被起诉或暂缓缓刑或假释 10. 有进行过伤害/暴力行为的官方记录	

① 此表由加拿大犯罪学家安德鲁斯（D. A. Andrews）和邦塔（James Bonta）在 20 世纪 80 年代创制，用于判断是否对犯罪人适用缓刑，以及对适用缓刑的犯罪人进行监督的等级。具体方法为，有项目所描述的现象，得分为 1；没有项目所描述的现象，得分为 0，根据最后总分进行判断。

项　　目	得分
教育/职业 11. 目前有职业 12. 经常失业 13. 1 年内从未就过业 14. 被解雇过 （学业或如果犯罪人正在上学） 15. 不到 10 年级 16. 没有完成正规的 12 年级教育 17. 至少 1 次停学或被学校开除 （如果是家庭主妇或领养老金者，只回答第 18 个问题；如果正在上学、工作或失业，回答下列所有问题） 18. 参加（participation）/成绩 19. 同伴交往 20. 与当局的交往（authority interaction）	
经济状况 21. 有经济困难 22. 依靠社会救济生活	
家庭/婚姻 23. 对婚姻或类似处境不满意 24. 没有得到父母的奖赏 25. 没有得到其他亲属的奖赏 26. 家庭成员/配偶有犯罪行为	
住宿状况 27. 不满意 28. 在过去 1 年中搬迁 3 次或更多次 29. 居住在犯罪高发邻里	
闲暇时间 30. 最近没有参加有组织的活动 31. 能够更好地使用时间	

项　目	得分
交往 32. 不与人交往 33. 有一些犯罪熟人 34. 有一些犯罪朋友 35. 很少不赞同犯罪的熟人 36. 很少不赞同犯罪的朋友	
饮酒/药物问题 37. 曾经有饮酒问题 38. 曾经有使用药物问题 39. 目前有饮酒问题 40. 目前有使用药物问题，药物的名称： （如果第 39 或第 40 个问题得分的话，第 41 ~45 个问题才能得分） 41. （有酒精/药物方面的）违法行为 42. 婚姻/家庭成员（有酒精/药物问题） 43. （在）学校/工作（中有酒精/药物问题） 44. （有）医疗（方面的酒精/药物问题） 45. 其他临床指示：	
情绪方面 46. 有一定的干扰 47. 有严重的干扰 48. 过去接受过精神病学治疗 49. 目前正在接受精神病学治疗 50. 心理学评价指明的方向	
态度/倾向性 51. 有支持犯罪的态度 52. 不赞同常规 53. 过去对刑罚的态度差 54. 现在对监督的态度差	
建议：	
总分：	
在本表格中没有给予关注的积极或消极的情形：	